Über dieses Buch

Die öffentliche Verschuldung erreicht in jedem Haushaltsjahr ungekannte Milliardenhöhen, dabei wäre ein Großteil der horrenden Staatsausgaben gar nicht nötig, würden die Damen und Herren Beamten mit den ihnen anvertrauten Geldern gewissenhafter umgehen. Nicht die Skandale, die zum Rücktritt bekannter Politiker führten (Streibl, Möllemann, Münch, Krause), interessieren den Autor. Er zeigt, daß die »Amigos« nur die Spitze des Eisbergs sind. Seine haarsträubenden Beispiele aus allen Ebenen der Bürokratie zeigen die Schwächen auf: »Schiere Raffgier«, »übersteigertes Repräsentationsbedürfnis«, »Inkompetenz«, »Cleverle-Mentalität«, »Drang zur Perfektion«, »Sinn für Skurrilitäten«, »allgemeine Schlamperei« diagnostiziert Möntmann immer wohlinformiert und mit satirischem Unterton.

Der Autor

Hans G. Möntmann, ein erfahrener Wirtschaftsjournalist, veröffentlicht in Zeitungen und Zeitschriften regelmäßig mit den Themenschwerpunkten Marketing, Unternehmensanalyse, Unternehmensführung, Länderanalyse und Außenhandel. Sein Buch über Fehlentwicklungen und Mißbrauch im Bankwesen. »Raubritter in Glaspalästen«, ist als Fischer Taschenbuch 12631 erschienen.

Fischer Wirtschaft

Herausgegeben von
Prof. Dr. Dr. h. c. Bert Rürup

Hans G. Möntmann

Protzkis Traumland

Das Brevier über Bereicherung, Verschwendung
und Prunksucht im öffentlichen Dienst

Fischer
Taschenbuch
Verlag

Veröffentlicht im Fischer Taschenbuch Verlag GmbH,
Frankfurt am Main, August 1995

Lizenzausgabe mit freundlicher Genehmigung des Wirtschaftsverlags
Carl Ueberreuter, Wien

Satz: Fotosatz Otto Gutfreund GmbH, Darmstadt
Druck und Bindung: Clausen & Bosse, Leck
Printed in Germany
ISBN 3-596-12632-0

Gedruckt auf chlor- und säurefreiem Papier

Inhalt

Als die Schlange endlich mit ihrer Arbeit fertig war, die Welt mit Banken zu versehen, und als sie sah, daß es trotzdem noch glückliche Menschen gab, traf sie sich mit dem Teufel, um weitere Mittel zu erfinden, die Welt zu verderben. »Laß uns Drohnen unter die Menschen mischen, die befugt sind, anderen vorzuschreiben, was ihnen Spaß macht und was nicht; die Gesetze sinnloser Zahl erfinden, dank derer sie das Geld der Menschen nehmen dürfen, um die Kontrolle der Gesetze zu sichern. Laß uns ihnen die Lust einhauchen, immer mehr zu werden und in glänzenden, teuren Gebäuden zu leben, die ihnen die Menschen bezahlen müssen. Laß uns ihnen ein gräßliches Aussehen geben, damit sich die Menschen fürchten und sie stets verehren. Laß sie uns Protzkis nennen!« – »Gib ihnen ein menschliches Aussehen, und mische sie unter Beamte und Politiker«, hieß der Teufel seine Dienerin. Dann lachte er sehr lange und sehr laut.

Ein Dank und ein Kompliment an die Streiter für die Lauterkeit im öffentlichen Dienst, die Mitarbeiter der Rechnungshöfe des Bundes und der Länder. Mag dem einen oder anderen Präsidenten auch der scharfe Biß etwas abhanden gekommen sein – die Berichte ihrer Ämter tragen doch wesentlich dazu bei, daß dieser Staat nicht völlig kampflos an die Raffkes und Protzkis übergehen wird.

Vorwort

Der Fisch stinkt am Kopf zuerst ...

... und es soll sich niemand wundern, wenn die unteren Chargen dem Beispiel der Ministerpräsidenten und Minister gerne nacheifern. 1993 war so ein Jahr, an das sich die Beamten, wegen der Häufung richtungweisender Skandale, gerne erinnern werden. Rekapitulieren wir noch einmal, wer wann wegen Vetternwirtschaft und Selbstbedienungsmentalität hat gehen müssen – zumindest für eine gewisse Karenzzeit. Erinnern wir uns an

- *Braun, Carola,* FDP. Einst Vorsitzende der FDP-Fraktion im Berliner Abgeordnetenhaus. Verwechselte ihr persönliches mit dem Schönheitsempfinden der Fraktion und ließ diese unter anderem Friseurrechnungen bezahlen.
- *Gauweiler, Peter,* CSU. Parteifürst in München und bayerischer Umweltminister, bis ihm die eigene Partei vorwarf, persönliche und politische Interessen vermengt zu haben.
- *Krause, Günther,* CDU. Ehemaliger Bundesverkehrsminister. Er stolperte über: Putzfrauen, Umzugsgelder, Grundstücksgeschäfte, Autobahnraststätten.
- *Kubicki, Wolfgang,* FDP. Abgeordneter im Landtag von Schleswig-Holstein. Legte sein Amt als FDP-Chef des Landesverbandes nieder, als ruchbar wurde, daß er beim Deal um die Mülldeponie Schöneberg mitkassiert hatte: 860000 Mark Anwaltsgebühren.
- *Kupfer, Lothar,* CDU. Ehemaliger Innenminister von Mecklenburg-Vorpommern, der mit ausländerfeindlichen Ausschreitungen in Rostock nicht zurechtgekommen ist.
- *Möllemann, Jürgen,* FDP. Nicht mehr Bundeswirtschaftsmini-

ster. Protegierte die Verwandtschaft, indem er Ministerbriefbögen für Empfehlungen benutzte. Hat sich ein bleibendes Denkmal gesetzt: Die Plastikchips, die sich inzwischen statt des Markstückes bei der Ausleihe von Einkaufswagen durchsetzen, heißen bundesweit »Möllemännchen«.

- *Münch, Werner,* CDU. Zuerst Finanzminister, später Ministerpräsident von Sachsen-Anhalt. Legte den Grundstein für die »Gehälteraffäre«. Dabei kam heraus, daß einige Minister des Landes doppelte Bezüge kassierten – ihre Ruhegelder aus vorhergegangenen Tätigkeiten als Beamte oder Politiker und die aktuellen Gehälter.
- *Perschau, Hartmut,* CDU. Bezog zuviel Gehalt als Innenminister von Sachsen-Anhalt.
- *Pfarr, Heide,* SPD. War Frauenministerin in Hessen. Ihre privaten Renovierungskosten waren überhöht und die Abrechnung bei der Landeskasse unberechtigt.
- *Streibl, Max,* CSU. Ehemaliger bayerischer Ministerpräsident. Fuhr ein paarmal zu oft auf Kosten von Freunden in Urlaub. Prägte den Begriff »Amigoaffäre«.
- *Uhlmann, Petra,* CDU. Als Ministerin für Umwelt in Mecklenburg-Vorpommern war sie verantwortlich für die Verträge um die Mülldeponie Schönberg, die das Land Millionen kostet, den Betreibern aber eine Lizenz zum Gelddrucken einbrachte. Sie fand auch nichts dabei, dem damaligen FDP-Chef (Schleswig-Holstein) Wolfgang Kubicki 860000 Mark für Vermittlungshilfen in Sachen Mülldeponie zu zahlen.

Da soll es denn niemanden wundern, wenn die Schamschwelle sinkt. Natürlich gibt es in jeder Verwaltung die schwarzen Schafe, die ein paar tausend Mark unterschlagen und später vor Gericht aus Scham Rotz und Wasser heulen. Wenn aber eine Buchhalterin des Regierungspräsidiums Köln erst 1,2 Millionen Mark abzweigt und dann ungerührt behauptet, die Unterschlagung sei ihr so leicht gemacht worden, daß jeder sie hätte begehen können, daher habe sie halt zugegriffen, bevor es ein anderer tun konnte – dann treten grundsätzliche Fragen nach der Sicherheit des Systems auf.

Wo also stinkt der Fisch sonst noch außer am Kopf? An Leib und

Gliedern und in der Seele. Das sind die Krankheitssymptome, die der deutsche Steuerzahler baldigst wird kurieren müssen – wenngleich bisher noch niemand in Sicht ist, der in der Lage wäre, die Operationen durchzuführen.

Erste Krankheit: die schiere Raffgier. Wenn ein Ministerpräsident sich und seinen Ministern doppelte Bezüge genehmigt, dann ist das zwar skandalös, aber doch nicht mehr als Peanuts. Schlimm wird es, wenn aus der Sorge um das persönliche Auskommen die Gier nach wirklichem Reichtum wird. Dann zeigen sich die Politiker und die Beamten nämlich bestechlich.

Die Bestechlichkeit äußert sich nicht immer so, wie das bei hessischen Bürgermeistern oder Münchner Baubeamten im Doppelpaßspiel mit Handwerks- und Industrieunternehmen zum Ausdruck kommt. Das ist schon schlimm genug: Jährlich zahlen die öffentlichen Hände zehn Milliarden Mark zuviel, weil die Verantwortlichen die Regeln des Ausschreibungsrechts mißachten und keinen Wert darauf legen, daß Preisabsprachen aufgedeckt werden. Und wenn dann doch etwas an die Öffentlichkeit dringt, dann ersetzen freundliche Abmahungen die geharnischte Kündigung aller Geschäftsbeziehungen.

Bestechlichkeit äußert sich auch in der politischen Willfährigkeit, dem, was der Kölner als »Klüngel«, die ehemaligen DDR-Bürger als »Seilschaften« zu fürchten gelernt haben. Es entstehen *Closed shops* aus Geschäftemachern und Politikern, bei denen erstere auf wunderbare Weise stets zu den fettesten Aufträgen kommen und die Politiker, die sie fördern, sehr schnell vorankommen und sich auch bald, ganz legal, auf einträglichen Vorstands- oder Aufsichtsratsposten ausruhen. Nebenbei fallen dann auch noch ein paar Parteispenden ab – für den Wahlkampf des Protegierten und direkt in die Kasse.

Zweite Krankheit: das übersteigerte Repräsentationsbedürfnis. Bisher hat noch kein Psychiater zu ergründen versucht, wie viele staatliche Fehlinvestitionen aus der Großmannssucht von Politikern resultieren. Das wäre einmal eine neue Sicht der Dinge: Was wollte Eberhard Diepgen, der Regierende Bürgermeister Berlins, eigentlich mit dem Versuch, die Olympiade nach Berlin zu holen, bezwecken? Hat der Mann die geschätzten 65 Millionen Mark Bewerbungskosten (andere sprechen von 100 Millionen) nur deshalb ausgegeben, um wirklich einmal in seinem Leben im Mittelpunkt des Interesses zu stehen? Um sich als Macher von Gottes Gnaden aufzuspielen? Oder hatte er wirklich nur das Wohl der Berliner Bürger im Sinn?

Großmannssucht bei der Büroeinrichtung – Gardinen für 3000 Mark im Vorzimmer einer Ministerin; eine Küchenzeile im Büro eines sächsischen Gefängnisdirektors; überkandidelte Sicherheitsvorkehrungen in der und um die Wohnung eines Justizministers (der noch vor dem Einzug abgehalftert wird) oder Gardinchen im Fond gepanzerter Staatskarossen – die Berichte der Rechnungshöfe sind voll davon. Das übersteigerte Geltungsbedürfnis äußert sich aber auch im aufgeblähten Verwaltungsapparat und pflanzt sich nach unten fort. Die Folge: Ministerien, deren Kollaps wegen der Profilneurose von Referatsleitern vorprogrammiert ist.

Großmannssucht bedingt zunächst übermäßigen Aufwand bei sekundären Repräsentationskosten. Wenn ein Bundestagsabgeordneter auf Kosten des Steuerzahlers Bürger seines Wahlkreises nach Bonn einlädt (und trotzdem von jedem eine Gebühr von 50 Mark erhebt), dann will er den Leuten zu Hause zeigen, was für ein toller Kerl er doch ist.

Wenn er selber den Parlamentarischen Tourismusdienst in Anspruch nimmt, um zum Beispiel in Mexico City das U-Bahn-Wesen in Augenschein zu nehmen, dann geschieht das nicht nur aufgrund seines Fernwehs. Er möchte hofiert werden – von den Bürgern, die ihm nolens volens die Reise spendieren müssen, und von den Offiziellen im Gastgeberland, die mit ihm Small talk machen müssen. In Washington findet sich inzwischen kaum mehr ein amerikanischer Regierungsbeamter, der sich der Strapaze unterwirft, mit einem deutschen Provinzpolitiker über belangloses Zeug zu schwafeln.

Manchmal möchten die Politiker und Beamten auch Personen der Historie werden. Dann meinen sie, wie Bismarck den Mantelsaum der Geschichte zu erhaschen, nicht beachtend, daß sie den eher verschmutzen als verschönen. So sieht sich der Bundeskanzler gerne als einer, dem eine historische Wende gelungen ist, und vergißt dabei, daß er eher als Trittbrettfahrer einzuschätzen ist. Um seine politische Leistung aber dennoch würdig zu dokumentieren, sponsert er die Überführung eines preußischen Königs zurück nach Potsdam und zwingt Heerscharen von Beamten, von Bonn nach Berlin umzuziehen. Kosten soll das alles denkwürdige 20 Milliarden Mark – behauptet der Finanzminister. Der wiederum hat dabei nicht bedacht, daß jede amtliche Kostenschätzung mindestens zu hundert Prozent nach oben korrigiert werden muß.

Nicht bedacht hat er auch die menschlichen Unzulänglichkeiten – denn wenn der Beamtentroß an die Spree aufbricht, bricht das ganze Anspruchsdenken der Staatsbürger mit auf. Der erste Versuch, selbst die Nachhilfestunden verzogener Ministerialsprößlinge auf die arbeitslose und alleinerziehende Sozialhilfeempfängerin umzulegen, ist im Sturm der öffentlichen Entrüstung zwar gescheitert, aber das war ja nur der erste Versuch . . .

Dritte Krankheit: die Inkompetenz. Sie ist am schwersten zu diagnostizieren, weil sie die Symptome mit allen anderen Krankheiten teilt. Wer will auf den ersten Blick genau erkennen, ob die Tatsache, daß eine Mitarbeiterin der Berliner Universität unberechtigt Hotelzimmer bucht, die später nicht gebraucht werden, der Dummheit entstammt oder ob die Dame jemandem einen geldwerten Gefallen erweisen wollte?

Resultiert der Luxusausbau einer Brücke, deren gestalterische Schönheiten nur Fröschen und Fischen zugänglich ist, tatsächlich ausschließlich in der Unfähigkeit lokaler Politiker, einen Wanderweg korrekt zu planen? Oder brauchte ein dem Bürgermeister befreundeter Bauunternehmer eine kleine Finanzspritze?

Der Zweifel, ob mangelnde Intelligenz oder doch Böswilligkeit zum finanziellen Kollaps eines Projekts führen, ist in jeder Ebene der beamteten Hierarchie angebracht. Denn es ist schmerzhaft, zum Beispiel im Bundesamt für Wehrtechnik und Beschaffung eine derart hanebüchene Dummheit annehmen zu müssen, die notwendig ist, an dem Beschluß festzuhalten, fahrende Schrottpakete zu restaurieren. Nämlich jene, welche die Nationale Volksarmee einmal als Panzer ausgegeben hat und deren technische, kaum reparierbare Untauglichkeit beim ersten Probeschuß schon hätte feststehen müssen. Da wollen wir lieber an eine Maßnahme der Arbeitsplatzsicherung in den mit der Reparatur beauftragten Panzerschmieden denken.

Oder sonst etwas Staatstragendes, beziehungsweise Profitschaffendes, bloß nicht diese Dummheit . . .

Vielleicht ist diese Hoffnung auch trügerisch. Denn wo soll der hintergründige Witz versteckt sein, wenn in Bonn der Rohbau des neuen Abgeordnetensilos absäuft, weil irgendwo eine Spundwand nicht vollständig errichtet wurde? Höchstens noch in der Metaphorik über die Sinnlosigkeit, einen nicht gebrauchten Wolkenkratzer hochzuziehen, der dann im wahrsten Sinn des Wortes den Bach runterschwimmt. Daß aber Politiker und Beamte Philosophen sind, ist bisher nicht bekannt geworden; und daß die Kosten, mindestens 300 Millionen Mark, für diesen Vorkarnevalsspaß vielleicht doch ein wenig hoch sind, werden auch unsere Herren Volksvertreter bemerkt haben.

Es gibt ein weiteres Indiz, daß viele Fehlentscheidungen tatsächlich keine andere Ursache haben als Nichtkönnen: die Regeln der Beamtenlaufbahn. Da kann es passieren, daß ein Maschinenbauingenieur nur, weil er bei der Beförderung »dran« ist, zum Leiter der Personalabteilung ernannt wird. Und schon sitzt einer, der möglicherweise ein wirklich guter Ingenieur war, auf einer Position, der er nicht gerecht werden kann. Weil er vielleicht nur mit Maschinen reden kann; oder weil er meint, Motivation gründe sich aus der Peitsche; oder weil er nicht einmal die Personalvorschriften kennt. Die Folge ist so zwangsläufig wie schrecklich: Binnen kürzester Zeit ist eine ganze Außenstelle, ein ganzes Amt durch Frustration verseucht. Die Leistung nimmt ab, jeder schlampt ein wenig – und dann kommt der Rechnungshof . . .

Vierte Krankheit: die Cleverle-Mentalität. Die ist um so bedenklicher, als die Cleverneß nur selten auf Einsparungen ausgerichtet ist, sondern auf größtmögliche Geldausgabe. Eines der Symptome: das Dezemberfieber, unter dem besonders die Beamten in Sachsen-Anhalt leiden. Über die Hälfte ihrer Etatmittel haben die im Dezember 1992 ausgegeben. Warum eigentlich, fragt sich der Bürger, sollten die nicht froh sein, bis dahin soviel Geld gespart zu haben?

Nach der Beamtenlogik nicht. Denn nicht ausgegebenes Geld muß zurückfließen. Und wenn die Parlamentarier in ihren Haushaltssitzungen einem Referat draufkommen, daß es weniger Geld ausgegeben hat, als ihm bewilligt wurde, dann ist die Etatkürzung garantiert. Das will aber jeder Beamte vermeiden, denn mit der Größe des Etats steigt auch die Zahl der Mitarbeiter, steigt das Gehalt des Referatsleiters. So kann es passieren, daß Gelder zu früh ausgeschüttet werden, daß illegale Finanzierungen stattfinden und daß irgendwo schon mal ein paar tausend Mark in ungetreuen Händen kleben bleiben.

Clever verhalten sich auch jene Bürgermeister, die Zuschüsse abfordern, obwohl sie genau wissen, daß diese ihnen nicht zustehen. Etwa die Bürgermeisterin, die sich sowohl von ihrer Landesregierung als auch von ihrem Landratsamt hat alimentieren lassen. Man müsse eben sehen, wie man zu Geld kommt, exkulpiert sich die Dame. Und: das hätte ihr der Regierungspräsident auch so gesagt. Fast möchte man es glauben.

Das Verschweigen überzähliger Summen spielt in den Gemeinden eine große Rolle. Fällt zum Beispiel ein Fördergrund flach, indem vielleicht ein Autobus, den man anschaffen wollte, doch nicht so geeignet ist, dann wird das dafür bestimmte Geld lieber auf einem Festgeldkonto geparkt, als daß es zurückgegeben würde. Die Gemeinde verdient damit Geld, das, wir wollen es hoffen, den Bürgern zugute kommt. Dafür verliert aber das Land wiederum Geld, das es jetzt nicht woanders ausgeben kann. Gleicht sich das aus?

Diese Idee mag ja in den Köpfen vieler Würdenträger herumgeistern, ist aber höchst bedenklich. Denn mit dieser Praxis schafft sich die Gemeinde einen Schattenhaushalt, den zu verbuchen sie früher oder später Mühe hat. Kommt ihr der Rechnungshof dahinter, muß sie das gehortete Geld mitsamt den Zinsen zurückzahlen. Ist es schon ausgegeben, fehlt es dann im nächsten Jahr an allen Ecken und Kanten.

Zudem ist diese Cleverneß auch noch verfassungsrechtlich bedenklich: Es ist der gewählte Volksvertreter, ob im Bundes-, im Land-, im Kreistag oder im Stadtrat, der über die Ausgaben entscheidet. Und nicht der Bürgermeister oder Stadtdirektor, der sich ein Finanzpölsterchen erwurschtelt.

Daher sei einmal empfohlen, all jene Amtsleute durch die Mühle der verfassungsrechtlichen Gesinnungsprüfung zu treiben, die dieser Grundordnung zuwiderhandeln. Bürokraten, die das Haushaltsrecht des Parlaments nicht zur Kenntnis nehmen, sollten ebenso behandelt werden wie zu Zeiten des kalten Krieges ein kommunistischer Briefträger oder Zugführer.

Fünfte Krankheit: der Drang zur Perfektion. Ob nun aus einer Straße, die zwei Dörfer verbindet, eine Art Autobahn wird; ob aus 50 geplanten Computern 100 werden; ob ein Flughafen zu einem gigantischen, interkontinentalen Verschiebebahnhof ausgebaut wird, obwohl ein provinzieller Zuschnitt eher angebracht gewesen wäre – immer spielt hier auch der verflixte Hang zur Perfektion mit. Oder er wird nur vorgespiegelt, weil andere Motive (Prunksucht, Beteiligung an Planungsgewinnen) nicht so öffentlich ausgesprochen werden dürfen.

Dabei wird hin und wieder übersehen, daß der Perfektionismus dem vorgegebenen Ziel widerspricht und die Kritiker auf den Plan ruft. Wenn eine öffentliche Lokalität wie der Tanzbrunnen in Köln als Ort nachbarschaftlicher Begegnungen deklariert und dessen Ausbau entsprechend bezuschußt wird – und wenn daraus unversehens eher ein Kongreßzentrum wird –, dann dürfen die Verantwortlichen sich nicht wundern, wenn plötzlich nach den Hintergründen und wahren Beweggründen geforscht wird.

Daher sei der Bürger bei öffentlichen Projekten besonders mißtrauisch, wenn nach Perfektion gestrebt wird. Irgendwo steckt da meist ein Pferdefuß, den er erst entdecken muß, bevor er sein Placet gibt. Vielleicht muß, wenn das Hauptgebäude einer Sparkasse mit besonderem Pomp ausgestattet wird, einem anderswo enttäuschten Bauträger Regreß gewährt werden, ohne daß die Öffentlichkeit davon etwas weiß.

Sechste Krankheit: der Sinn für Skurrilitäten. Der »Tag der Sachsen« – welch eine abenteuerliche Überlegung! Da fällt dem Ministerpräsidenten des Landes zur Förderung des Zusammenhalts seiner Landeskinder, aber auch zur Beschwichtigung der Nachbarn nichts anderes ein, als einen Widmungstag einzurichten. Einen, der mit allem Prunk begangen werden muß und wofür daher auch einiges Geld zum Verbrauch durch Vereine und Privatleute bereitgestellt wird. Das ist aber noch nicht der Kernpunkt der Skurrilität: Der Ministerpräsident, der einstmals einen schönen Posten in der Industrie hatte, baut für die Vergabe der Fördermittel einen bürokratischen Aufwand auf, als gelte es, die Aufträge für die nächste Weltraumtour zu vergeben.

Oder: daß die Wirtschaftsministerien in den neuen Bundesländern lieber die Ansiedlung riesiger Möbelmärkte fördern, als auf die Suche nach produktiven Unternehmen zu gehen. Oder daß es eine »Stiftung Trakehner Pferd« geben muß, die den Bund 100000 Mark kostet. Skurril ist das deswegen, weil sich doch sicher Privatleute hätten finden lassen, die dicken Zossen zu sponsern, wenn das so wichtig ist. Ansonsten: es gibt doch Zoos.

Spaßig die Tatsache, daß das Landwirtschaftsministerium gerne 5000 Mark jährlich ausgibt, um Mitglied beim Weltpflügeverband bleiben zu können. Man stelle sich das vor: Ministerialbeamte hinter einem Ochsen in der Furche, schwitzend . . .

Eine besondere Skurrilität (vor allem deswegen, weil sie einem angst und bange macht) liegt in der Praxis, den Reichen dieser Republik amtlicherseits aufzuweisen, wie sie am besten Steuern hinterziehen. Gedacht sei der Parteispendenaffäre; auch jenes bayerischen Finanzministers, der dem Franz Beckenbauer Tips zur Steuerflucht gegeben hat. Gedacht sei aber vor allem jener Affäre, die Ende 1993, Anfang 1994 hochkochte: an die unter bayerisch-ministeriellem Segen erfolgten (versuchten) Geldverschiebungen zu Lasten der Staatskasse, die der bayerische Bäderunternehmer Eduard Zwick eingefädelt hat.

Siebte Krankheit: die allgemeine Schlamperei. Da wird vergessen nachzuprüfen, ob Zuschüsse auch richtig ausgegeben wurden oder ob Gelder zurückgefordert werden müssen. Da bringt einer einen solchen Verhau in seine Baupläne, daß kurz nach der Einweihung eines Sportlerheimes der Putz von den Wänden fällt und die Klos nicht mehr spülen. Da vergißt einer eine längst fällige Mietanpassung.

Wo kommt sie her, diese Schlamperei? Mag sein, daß sich die Staatsdiener zu sicher fühlen. Wenn Fehlleistungen mit Beförderungssperre, Regreß oder auch mit Haft geahndet würden, käme so manche Hudelei sicher nicht mehr vor. Wenn Beamte rigiden Leistungskontrollen unterworfen würden, zumindest ihre Anwesenheit im Büro gesichert würde, wüchse die Effizienz des Staates ins Unermeßliche.

Vielleicht sind sie aber nur überarbeitet, die Beamten, so daß ihnen der rechte Überblick abhanden gekommen ist? Es gibt Symptome: so läuft die Zonenrandförderung noch bis 1996 und verschlingt bis dahin noch eine Milliarde Mark. Wer klärt die verantwortlichen Spitzenbeamten und Politiker endlich über die neuen Rahmenbedingungen auf?

Sieben Krankheiten, deren Abgrenzung fließend ist, die meist gleichzeitig ausbrechen und sich gegenseitig verstärken. Daher seien sie hier auch zusammengefaßt als schreckliches Syndrom, das unseren Staat früher oder später an Schwindsucht wird sterben lassen, obwohl der deutsche Bürger mehr und mehr arbeitet und immer weniger davon hat. Weil die Steuern und die Gebühren am Schluß keinen Spielraum mehr für den privaten Konsum lassen werden.

Nennen wir das Syndrom das Protzki-Syndrom. Und schauen wir uns in bunter Reihenfolge an, wie es sich manifestiert. Lachen Sie laut, aber ballen Sie dabei Ihre Fäuste. Und bedenken Sie: Der Durchschnittsbürger arbeitet ein halbes Jahr ausschließlich für den Staat.

Für jeden dieser Tage unter Fronlast legen wir eine Geschichte aus Protzkis Wunderland vor. Und denken Sie stets daran: Die 70 Milliarden Mark Neuverschuldung, die der Finanzminister allein für 1994 plante, hätte er sich sparen können, wenn es ihm gelungen wäre, die öffentliche Verschwendung zu bremsen.

Iserlohn, im Februar 1994

Sachsen

Eigenbrötler

Der Chef des Chemnitzer Knastes mißtraute den Köchen seiner Anstalt offenbar so sehr, daß er sich in seine Diensträume eine Küchenzeile hat einbauen lassen. Auch dem, was er später von dem Selbstgekochten wieder aussondert, möchte er zumindest für ein kurzes Stück Weges Exklusivität wahren: Zu seinen Diensträumen gehört auch eine separate Naßzelle. Alles in allem kostete der Luxus des obersten Gefangenenwärters und dessen Sekretärin 20000 Mark – 12700 Mark mehr als erlaubt.

Die Gefängnisse in Chemnitz, es gibt deren zwei, sind ohnehin ein Hort ständigen Ärgers. Eines davon, das in der Reichenhainer Straße, war in derart desolatem baulichen Zustand, daß nicht einmal der sichere Einschluß der Gefangenen garantiert werden konnte. Daher wurde es auch zugesperrt. Ob nun geschlossen oder nur vorübergehend stillgelegt, ist inzwischen Kern einer Diskussion zwischen dem Justizministerium und dem Rechnungshof. Wie auch immer – bevor die Gefangenen neue Quartiere bezogen, hatte die Anstaltsleitung schnell noch für 110000 Mark Anschaffungen getätigt. Ein Teil davon konnte nicht mitgenommen werden und verwittert jetzt in der Reichenhainer Straße.

Im übrigen geht die Verwaltung der Gefängnisse Sachsens mit den Steuergeldern nicht gerade so um, daß man annehmen müßte, die Groschen wären eingesperrt. Auf Skonti und Rabatte verzichteten die Beschaffer leichten Herzens. Inzwischen hat sich herausgestellt, daß, wer energisch genug auftritt, bis zu über 40 Prozent Nachlaß hätte heraushandeln können. Wie hoch der Schaden ist, kann inzwischen nicht mehr festgestellt werden.

Einen Einblick in frühere Mentalitäten erlaubt die Lagerhaltung zweier sächsischer Gefängnisse mit insgesamt 265 Gefangenen. Denen stehen insgesamt 50000 Stück Unterwäsche zur Verfügung – 188 je Insasse; 20000 Stück Bettwäsche – 75 Stück pro Mann; 30000 Hand- und Geschirrtücher – 113 pro Gefangenem und 3000 Paar Schuhe und Stiefel – 11 je Arretiertem.

Diese Bestände wurden noch vor der Wiedervereinigung gebunkert – wofür eigentlich? Für einen etwaigen schnellen Zuwachs an Gästen? Jetzt bemüht sich das Justizministerium, die überzähligen Bestände zu verkaufen. Das dauere aber ein wenig, sagt der Minister.

Bayern

Mehr als satt

Im tiefen bayerischen Tann, in guter Luft und bei kräftiger Arbeit wächst natürlich der Hunger. Daher sorgt sich auch die Bayerische Schlösser- und Seenverwaltung (die unter anderem auch den Starnberger See oder die Märchenburgen Ludwigs II. verwaltet) besonders um das leibliche Wohl ihrer Bediensteten.

In einer »abgelegenen« Dienststelle (Bayerischer Oberster Rechnungshof) betreibt sie daher mitten im Forst eine Kantine für durchschnittlich 71 Bedienstete; 28 davon nutzen das Angebot und kaufen sich dort ihr Mittagessen für jetzt fünf Mark und fünfzig Pfennig.

Damit das Essen auch schmackhaft auf den Tisch kommt, werden eine Köchin und eine Küchenhilfe beschäftigt. Beide kosten den Staat zusammen rund 70000 Mark – ein Hungerlohn, nebenbei gesagt.

Ohne die Kosten oder Abschreibungen für Kücheneinrichtung, Energie und Wasser einzuberechnen (diese Kosten dürfen laut den bayerischen Kantinenrichtlinien nicht in die Wirtschaftlichkeitsberechnungen einbezogen werden), kommt jedes Essen auf Herstellungskosten von 13,66 Mark – ein Verlustgeschäft also für die Bayerische Schlösser- und Seenverwaltung.

Der Rechnungshof hat ausgerechnet, daß der Steuerzahler das Sättigungsgefühl speziell dieser Schlösser- und Seenpfleger mit jährlich 55000 Mark subventioniert.

Schon recht, wenn die Außenstelle wirklich so abgelegen läge. Es ist aber so, daß in der Nähe ein wunderschönes Hotel auf Gäste wartet, das zudem auch noch dem Staat gehört und dessen Pächter sicher ohne große Schwierigkeiten vom Nutzen eines preiswerten Personalessens überzeugt werden könnte.

Niedersachsen

Ausschuß ausgetrickst

Das war einmal ein parlamentarischer Hammer: Nachdem das niedersächsische Sozialministerium sich mehrfach über den ausdrücklichen Wunsch des Haushaltsausschusses hinweggesetzt hatte, doch bitte bei den Medizinischen Untersuchungsämtern niemanden mehr einzustellen, drohten die Abgeordneten mit einem offiziellen Sperrvermerk. Das ist in etwa einer Entmündigung gleichzusetzen.

Notwendig war der Verzicht auf Neueinstellungen in den Augen der Haushaltspolitiker geworden, weil bei den Ämtern eine grundlegende Umorganisation anstand, die durch vermeidbare soziale Rücksichten nicht hätte erschwert werden sollen. Immerhin ging es, das war bereits 1991 absehbar, um ein Einsparungspotential von etwa 120 Stellen.

Im Prinzip war der Sozialminister auch schon vor der Entmündigungsdrohung willig gewesen, den Vorstellungen des Haushaltsausschusses nachzukommen. Er hat sogar eigens einen entsprechenden Erlaß verfertigt – nur hielt er sich hinterher selbst nicht mehr an seine Verfügungen. Daher die Drohung mit dem Sperrvermerk.

Diese muß dem Minister ordentlich in die Glieder gefahren sein – denn in einem Canossa-Brief versprach er Besserung. Weiterhin ergänzte er seinen Erlaß so, daß ihn jetzt auch niemand mehr mißverstehen konnte. Er schrieb unter anderem »Unter Hinweis auf meinen Bezugserlaß bestimme ich bis auf weiteres, daß ... (die) Wiederbesetzung aller frei gewordenen Planstellen und Stellen der Medizinischen Untersuchungsämter ... meiner vorherigen Zustimmung bedarf. Die Zustimmungsanträge sind schriftlich an mich zu richten und eingehend zu begründen. Die Zustimmung werde ich nur dann erteilen, wenn die Wiederbesetzung ... wegen der gegenwärtig anfallenden Dienstaufgaben zwingend erforderlich ist und andernfalls die Funktionsfähigkeit der Ämter gefährdet würde...« (Zitiert aus dem Bericht des Rechnungshofes aus dem Jahre 1993.)

Daraufhin, wohl auf die Macht eines ministerialen Erlasses vertrauend, verzichtete der Haushaltsausschuß auf den Sperrvermerk. Was das Wort eines Ministers in Niedersachsen aber tatsächlich wert ist, stellte sich nur wenige Monate danach heraus: Einer der vermeintlich disziplinierten Amtschefs stellte 1992 mehr als 15 Angestellte neu ein. »Neu«, das heißt: über den Ersatz ausgeschiedener Mitarbeiter hinaus. Und was das schlimmste ist: In mindestens zwölf Fällen wurde die Erlaubnis des Ministers nicht eingeholt.

Zur Rede gestellt, versuchte sich der Amtschef mit dem Hinweis zu rechtfertigen, es hätte in allen Fällen eine telefonische Erlaubnis gegeben – was auch als Schutzbehauptung gewertet werden kann, andere vermuten darin schlicht eine Lüge.

Sachsen

Strahlende Verlierer

Der Zynismus, mit dem das Leid von Kindern genutzt wird, um sich selber ein schönes Leben zu ermöglichen, macht offenbar nicht einmal vor dem sächsischen Staatsministerium für Soziales, Gesundheit und Familie halt. Seit Juni 1991 ermöglicht es Kindern aus der Region Tschernobyl, in einem ausgemusterten Kinderkurheim in Kollm ein wenig Erholung von der stetigen Strahlenbelastung zu finden. Dafür gab es bis zum März 1993, bis zu dem Zeitpunkt also, an dem der Rechnungshof in dieses soziale Seuchennest gestochen hat, insgesamt 1767460 Mark aus.

Daß mit diesem Kinderheim etwas nicht stimmte, darauf kam der Rechnungshof unter anderem, weil die Betreuungskosten pro Kind und Tag sehr merkwürdigen Schwankungen unterworfen waren – zwischen 11 und 35 Mark. Vergleichbare Kinderheime kamen mit 11 bis 13 Mark gut zurecht.

Als die Prüfer dann etwas genauer in die Bücher schauten, staunten sie zunächst über die 299 Flaschen Sekt und 244 Flaschen Schnaps, die da plötzlich auftauchten; 13000 Mark hat das gekostet. Daß russische Kinder dem Alkohol bereits in diesem Maße verfallen seien – das wollten die Leute vom Rechnungshof denn doch nicht glauben. So befragten sie die Angestellten und bekamen zu hören, daß zum Beispiel anläßlich eines Richtfestes 117 Flaschen Sekt und Schnaps geleert worden seien; 1006 Mark wurden für ein kaltes Buffet ausgegeben; außerdem hat ein Blasorchester, natürlich gegen Salär, das Seinige zum Gelingen des Richtfestes beigetragen.

Richtfest? Das Stichwort gab den Prüfern die Richtung für weitere

Recherchen: Für neue Fenster, eine neue Telefonanlage, eine neue TV-Satellitenanlage, einen VW-Bus und andere Investitionen wurden insgesamt 130000 Mark verbraucht. Daß das nicht so ganz koscher war, scheint der Heimleiter geahnt zu haben. Er deklarierte die Ausgaben als Kosten für Reparaturen und Werterhaltung. Fünf Rundbogenfenster für 12175 Mark und 20 Pfennig sowie Elektroinstallationen für 12504 Mark und 10 Pfennig spürten die Leute vom Rechnungshof später im Gemeindehaus von Kollm auf.

Hier ist es an der Zeit, die Beschreibung der eigentümlichen Geldverschiebungen zu unterbrechen und die politisch-beamtliche Gemengelage einmal aufzudröseln. Es waren nämlich gleich mehrere Stellen für diesen Tschernobyl-Kinder-GAU zuständig:

1. Die Gemeinde Kollm, der das Kinderkurheim gehörte, das nun, nach der Vereinigung, nicht mehr gebraucht wurde. Es bot sich zur Unterbringung der Kurkinder aus Tschernobyl wie von selbst an. Die Gemeinde ist auch der Empfänger der Fördergelder und übt die Aufsicht über das Heim aus.
2. Das Ministerium für Soziales, Gesundheit und Familie, das die Kosten für Unterbringung, Verpflegung sowie die Betreuung trug und bereit war, Geld für die notwendigen Investitionen zur Verfügung zu stellen.
3. Eine Ausbildungs- und Beschäftigungsgesellschaft, die das Personal stellte; unter anderem den Heimleiter sowie dessen Frau und Sohn als Betreuer.
4. Das Ministerium für Wirtschaft und Arbeit, das auch ein wenig Geld beisteuern durfte, weil die Ausbildungs- und Beschäftigungsgesellschaft im Rahmen der ABM-Maßnahmen gefördert wurde.

Im Verlauf der Untersuchungen kam, sozusagen als Nebenergebnis, eine sehr bedenkliche Absprache zwischen der Gemeinde Kollm sowie der Ausbildungs- und Beschäftigungsgesellschaft zutage. Danach sind ab dem 1. Januar 1993 alle Beschäftigten des Kinderkurheimes fachlich der Gemeindeverwaltung unterstellt – also quasi Mitarbeiter des öffentlichen Dienstes mit allen Privilegien. Des weiteren verwaltet die Gemeinde die Gelder des Kurheimes und führt deren Konto unter eigenem Namen. Nicht nur, daß der Rechnungshof diese Vereinbarung als rechtlich »zweifelhaft« bezeichnet – das Sozialministerium war an deren Zustandekommen nie beteiligt und wußte bis zur Veröffentlichung der Prüfergebnisse im Mai 1993 nichts davon.

Der Heimleiter wiederum fungierte (inzwischen ist er aller Ämter enthoben – das ist für die Bewertung einer weiteren Merkwürdigkeit wichtig zu wissen) als Vorsitzender eines gemeinnützigen Vereins namens Ostdeutsches Hilfswerk e. V. mit Sitz in Meißen.

Jetzt aber weiter in der Beschreibung der bemerkenswerten Geldverwendung. Da gab es zum Beispiel einen Kongreß namens »Familien- und sozialpolitisch Aktuelles«, der in München stattfand. Dort wollten die Ehefrau und der Sohn des Heimleiters nicht fehlen; ebensowenig bei der Veranstaltung »Baumbepflanzung entlang des Naturlehrpfades« in Burglengenfeld. Für die Reise wurden den beiden später 753 Mark erstattet.

605 Mark gab es als Erstattung für eine Fahrt in den Schwarzwald zu einem Erfahrungsaustausch über das Thema Fremdenverkehr und Kureinrichtungen in der Partnerstadt Schluchsee; offensichtlich wurde die Kindererholung inzwischen schon als Tourismusereignis geführt. Selbstverständnis benutzten Heimleiter, Mitarbeiter und vier Mitglieder des Gemeinderates für diese wichtige Reise den VW-Bus des Heimes.

Richtig mehrdeutig wurde es aber dann, als Mitarbeiter des Sozialministeriums einen Hilfstransport nach Weißrußland organisierten. Wieso die Kureinrichtung für strahlengeschädigte Kinder aus Tschernobyl dafür 13000 Mark stiften mußte, blieb den Prüfern vom Rechnungshof schleierhaft.

3500 Mark davon wurden für zehn CB-Funkgeräte ausgegeben, die von den rührigen Mitarbeitern des Sozialministeriums bestellt worden waren. Zwei davon gingen an die Empfänger der Hilfsgüter in Weißrußland, acht blieben in Sachsen und werden jetzt vom Osteuropäischen Hilfswerk e. V. benutzt. Dessen Vorsitzender, das sei hier wiederholt, war der Heimleiter des Kurheimes für strahlengeschädigte Kinder.

Die werden von den Machenschaften gar nicht so besonders viel mitbekommen haben. Vielleicht haben sie sich nur manchmal gewundert, warum das Essen so eigenwillig schmeckte. Denn bereits im Mai und Juni 1992 hatte der Heimleiter große Mengen von Lebensmitteln und Getränken gekauft, deren Verfallsdatum damals schon um bis zu elf Monaten überschritten war. Er begründete das damit, er habe eben billige Lebensmittel einkaufen müssen, um für das eingesparte Geld die kulturelle und medizinische Betreuung der Kinder sichern sowie größere Mengen Kleider einkaufen zu können.

Bisher ist nicht bekannt, ob der ehemalige Heimleiter und der verantwortliche Bürgermeister Jens Fritsche dazu aufgefordert worden sind, die Qualität der Verpflegung und Bekleidung in den sächsischen Strafvollzugsanstalten zu testen.

Rheinland-Pfalz

Goldener Finger

Deutschlands Beamte sind krank. So sehr, daß sie häufig dienstuntauglich geschrieben werden müssen. Dann erhalten sie ihre Bezüge ganz oder teilweise weiter. All jenen, die es tatsächlich schwer an Leib und Seele trifft, sei die finanzielle Sicherheit herzlich gegönnt, wenngleich Beschäftigte aus dem privaten Teil der deutschen Wirtschaft, denen ähnliches widerfährt, oftmals nach kurzer Zeit »ausgesteuert« und über den Empfang von Sozialhilfe in den Bodensatz dieser Gesellschaft gedrückt werden.

Das kann zum Beispiel jenem Polizeimeister nicht passieren, dem der Amtsarzt eine »Funktionseinschränkung des vierten Fingers rechts« attestierte – und der daraufhin seinen Dienst vorzeitig quittieren mußte/durfte. 3000 Mark kostet der indisponierte Finger rechts jetzt monatlich den Steuerzahler. Und wenn der Obermeister einen Job findet, bei dem er den steifen (oder krummen?) Finger nicht so wichtig braucht, darf er den Lohn natürlich ohne Abstriche (von der Steuer abgesehen) behalten. Als ihn dieses grausame Schicksal ereilte, war der Ex-Polizist 37 Jahre alt.

Ein anderer Obermeister (33 Jahre) brachte es nicht übers Herz, Strafmandate auszufüllen. Mußte er doch mal zu Amtshandlungen schreiten, löste das bei ihm schreckliche Depressionen aus. Folge: Versetzung in den einstweiligen Ruhestand. Trostpflaster: 2600 Mark im Monat. Jetzt ist der Polizist, Schöngeist allemal, Kunsthandwerker.

Ein anderer Polizist ließ sich vom Amtsarzt eine »reaktive Depression« attestieren. Damals, 1990, war er 34. Jetzt erhält er, neben seinem Lohn als Betriebsarbeiter in einem privaten Unternehmen, angenehme 2700 Mark Staatsknete.

Soweit die Polizisten. Lehrer sind auch ganz gut, wenn es um lebenslusterhaltende Krankheiten geht: Eine Lehrerin wurde im Alter von 47 Jahren von einer »Berufsdysphonie« heimgesucht, sprich: Sie wurde heftig heiser. So sehr, daß sie nicht mehr unterrichten konnte. Die 3950 Mark Ruhegehalt wird sie aber sicher noch laut und deutlich zählen können.

In diesem Fall wird ein Skandal ruchbar, den der Rechnungshof energisch anprangert: Nachuntersuchungen, obwohl vom Amtsarzt angeregt, bleiben oftmals aus. Dadurch wird versäumt, der teuer ausgebildeten Fachkraft doch noch einmal die Chance zu geben, in den geliebten Beruf zurückzukehren.

Nicht geprüft wird auch, ob der Beamte nicht anderswo noch einsetzbar sein könnte; etwa in der Registratur oder, wenn es denn im gleichen Dienstrang sein muß, als wissenschaftliche Fachkraft. Mag sein, daß den Personalsachbearbeitern bei Diagnosemonstrositäten wie einer »chronifizierten psychosomatischen Reaktionsbildung bei neurotischer Charakterentwicklung« der Schreck dermaßen in die Knochen fährt, daß sie das Risiko einer Versetzung in ein neues Tätigkeitsfeld erst gar nicht wagen. Der Oberstudienrat, der sich mit neurotischer Charakterentwicklung zu arrangieren hat, erhält dazu eine Hilfe von 4500 Mark monatlich.

Auch eingebildete Kranke haben eine Chance, das rettende Frühpensionärs-Ufer zu erreichen, obwohl sie sich weigern, notwendige Behandlungen über sich ergehen zu lassen. Da litt ein Steueroberinspektor an einem »psychovegetativen Syndrom bei hypochondrischer Veranlagung«. Der Amtsarzt, ein vernünftiger Mann, schlug vor, eine bereits begonnene psychologische Behandlung fortzuführen. Später sollte der Inspektor dann in einer psychosomatischen Klinik weiter kuriert werden.

Nun wollte aber die private Krankenversicherung den Klinikaufenthalt nicht anteilig mitbezahlen. Der Beamte weigerte sich daher, sich behandeln zu lassen. Er wollte auch nicht einsehen, daß er eigentlich verpflichtet ist, zur Wiedererlangung seiner Gesundheit beizutragen – kurzum: Seit dem 1. März 1986 pflegt der

Kranke, damals 35 Jahre alt, bei 2400 Mark Pension seine Einbildungen.

Soweit Beispiele, die der Rechnungshof in seinem Bericht aus dem Jahre 1993 auflistete. Daß es sich dabei wohl nicht um groteske Einzelfälle handelt, läßt sich der Tatsache entnehmen, daß viele Dienststellen nicht mit der nötigen Sorgfalt die ihnen vorliegenden Krankheitsfälle verfolgen. Von 38 geprüften Dienststellen, so der Rechnungshof, »überwachten 15 ... nicht, ob der Beamte innerhalb von fünf Jahren nach Ruhestandsversetzung wieder dienstfähig geworden ist«.

Die Situation ist um so weniger erträglich, als das Durchschnittsalter bei der Versetzung in den Ruhestand immer weiter nach unten sinkt, die Belastung für den Staatshaushalt damit zugleich immer weiter steigt.

So waren 1981 rheinland-pfälzische Polizisten im Durchschnitt erst mit 58 Jahren krank genug für den vorzeitigen Ruhestand, weibliche Verwaltungsbeamte mit 60.

1990 hingegen lag das durchschnittliche Alter, mit dem männliche Polizisten in den vorzeitigen Ruhestand versetzt wurden, bei 52, bei weiblichen Verwaltungsbeamten bei 56 Jahren.

Von 1985 bis 1990, um das Bild abzurunden, wurden in Rheinland-Pfalz 5552 Beamte in den Ruhestand versetzt: nur 20 Prozent davon, weil sie die gesetzliche Altersgrenze erreicht hatten; 34 Prozent, weil sie das Regelalter für den Vorruhestand (63 Jahre) erreicht hatten; 8 Prozent als Schwerbehinderte mit 60 Jahren – aber 38 Prozent vorzeitig wegen Dienstunfähigkeit.

Wie krank sind die Beamten dieses Landes? Und woran liegt das wirklich?

Schleswig-Holstein

Im Aktenwust versumpft

Nahezu 4000 Laufmeter Akten stapeln sich in den Archiven des schleswig-holsteinischen Wirtschaftsministeriums. Das entspricht einem Platzbedarf von rund 80 Quadratmetern, da knapp fünf Laufmeter Akten auf einem Quadratmeter Fläche untergebracht werden können. Jährlich kommen rund 600 laufende Aktenmeter hinzu, was einem zusätzlichen Platzbedarf von 12 Quadratmetern entspricht. Spötter haben hochgerechnet, daß mit zunehmender Verbeamtung aller Lebensbereiche in spätestens 100 Jahren die gesamte Fläche Kiels mit den Akten des Wirtschaftsministeriums bedeckt sein wird.

Das will der Wirtschaftsminister natürlich vermeiden – und so schaffte er bereits 1989 eine Mikrofilm-Anlage an. Die Berechnungen dafür waren so einfach wie naiv: Der damals bereits bestehende Aktenberg umfaßte knapp 16 Millionen Blatt Papier. Die zwei Anlagen, die der Minister damals kaufte, hätten pro Jahr insgesamt knapp vier Millionen Blatt Papier auf Mikrofilm verbannt, der damalige Bestand wäre also binnen vier Jahren aus den Archiven verschwunden.

Die Realität ist so grotesk wie wohl verwaltungstypisch: Statt der theoretischen täglichen Leistung von 8000 verfilmten Blatt brachten die Angestellten und Beamten nur 2000 zusammen. Damit war die Kapazität zu gerade einmal 26 Prozent ausgelastet – ein Abteilungsleiter, der in der Industrie derartiges zustande brächte, wäre längst gefeuert worden.

So kam es, daß bis Mai 1992 gerade 825 Laufmeter Wirtschaftsministeriumsakten aus den Hängeregalen verschwunden waren, da aber (Beamte sondern Akten ja kontinuierlich ab) in dieser Zeit 575 neue Laufmeter angefallen sind, beträgt der Nettogewinn aus der Verfilmungsaktion von 1989 bis 1992 magere 51 Quadratmeter – nicht einmal genug, die Mikrofilmstelle aufzunehmen.

Selbstverständlich kostet der Betrieb dieser filmreifen Aktenmühle eine ganze Stange Geld. Bis Ende 1994 waren exakt 1121030 Mark dafür vorgesehen. Es kam wie stets: Bereits 1991 betrugen die tatsächlich angelaufenen Kosten 1451739 Mark. Als Endbahnhof der Kosten sind jetzt 2392939 Mark vorgesehen – nahezu eine Verdoppelung.

Die Pfennigfuchser des Landesrechnungshofes haben sogar ausgerechnet, welchen Nutzen beziehungsweise Schaden die Filmaktion dem Land eingebracht hat. Demnach verursacht sie inzwischen jährlich 75000 Mark Zusatzkosten statt der ursprünglich versprochenen runden dreiviertel Million Einsparung.

Allerdings hat diese Aktion den Arbeitsmarkt offensichtlich um eine Arbeitskraft entlastet: Im Stellenplan »Büro, Registratur« des Wirtschaftsministeriums taucht eine Stelle mehr auf als vordem vorhanden.

Rheinland-Pfalz

Froschästhetik

In Rheinland-Pfalz haben die Straßenbauer ein Herz für Frösche: Sie verschaffen ihnen, wenn sie schon durch deren Gebiet eine Umgehungsstraße bauen müssen, wenigstens einen ästhetischen Ausblick auf die Betonbauwerke. Dort wurde nämlich eine Umgehungsstraße entlang eines Flusses gebaut, der zuweilen recht ergiebiges Hochwasser führt.

Daher war es notwendig, entlang der Hochwasserlinie eine Stützwand zu ziehen; aus Beton selbstverständlich, weil nun mal kein anderes Material dafür besser geeignet ist.

Roher Beton sieht jedoch nicht so besonders hübsch aus; vor allem sticht er jenen in die Augen, die auf Wanderwegen die heile Natur betrachten wollen – und keine brutal-grauen Klötze. Weil nun aber die Stadtväter es gerne gehabt hätten, daß lustige Wandersleut' durch ihren Ort ziehen und vielleicht hin und wieder einmal einkehren, planten sie einen Wanderweg, der ein kurzes Stück an der Stützmauer entlangführen sollte. Selbstverständlich mochten sie es dann nicht hinnehmen, die betongraue Häßlichkeit in ihrem rohen Zustand zu belassen.

Die Stadtväter intervenierten beim zuständigen Straßenbauamt und, siehe da, dieses genehmigte umfangreiche Verschönerungsmaßnahmen: Betonanbauten und eine Natursteinverblendung.

400000 Mark hat das Kunstwerk gekostet, plus 16000 Mark für die Planung. Den Verantwortlichen beim Straßenbauamt fiel die Ausgabe sogar leicht, denn die Kosten hatte die Bundesrepublik Deutschland zu tragen, handelte es sich doch um eine Bundesstraße.

Wie es der Teufel und der politische Wankelmut aber so wollen, wurde der Wanderweg plötzlich überflüssig. Warum, weiß niemand so recht. Und so kam es, daß die Betonbauten und die Natursteinverblendung jetzt nur noch das Auge der Frösche und Lurche erfreuen.

Rheinland-Pfalz

Subventionierter Superverdiener

Fast 250000 Mark schenkte eine Universitätsklinik in Rheinland-Pfalz einem ihrer dort praktizierenden Ärzte.

Der warme Regen kam zustande, weil die Universitätsverwaltung dem wichtigen Arzt nicht jene Kosten vollständig berechnete, die er laut Nebentätigkeitsverordnung eigentlich hätte bezahlen müssen. Es handelt sich um Aufwendungen, die bei der ambulanten Behandlung von Patienten entstehen und die nicht die Klinik mit der Krankenkasse abrechnet, sondern der Arzt privat, mit dem Patienten. Die Fachleute sprechen von »Privatliquidation".

Behandelt er in der Klinik Privatpatienten, nutzt der Arzt selbstverständlich zum Beispiel das von der Klinik voll bezahlte Personal, die Räume der Klinik, die Geräte und das Material. Dafür muß er eigentlich voll bezahlen; in Einzelfällen und auf Antrag ist es jedoch möglich, daß sich die Klinik mit einer Pauschale begnügt, die 30 Prozent der Gehaltsbezüge des meist beamteten oder öffentlich-rechtlich angestellten Arztes ausmachen.

Will die Klinik ganz besonders generös sein, darf sie diese Regelpauschale sogar noch niedriger ansetzen. Das ist mit einer Herabsetzung der Pauschale in einem Fall auf 20 und in einem anderen Fall gar auf 11,5 Prozent geschehen.

Der Rechnungshof hat in einem von elf überprüften Fällen nun festgestellt, daß der betreffende Arzt statt des eigentlich berechtigten Entgelts von knapp 600000 Mark nur etwas über 400000 Mark hat zahlen müssen – ein Geschenk von 200000 Mark also.

In einem anderen Fall kam ein Unterschied zwischen gezahlter und eigentlich berechtigter Forderung von sogar rund 250000 Mark zum Vorschein: Statt 400000 wurden nur rund 150000 Mark eingefordert.

Die guten Batzen Geldes flossen in die Taschen von Menschen, die wohl selbst dann nicht am Hungertuch werden nagen müssen, wenn sie dem Steuerzahler erstatten müßten, was dieser ihnen leiht. Angenommen, jener Arzt, der das 200000-Mark-Geschenk erhalten hat, hätte 30 Prozent seiner Bruttoeinnahmen als Nutzensentgelt an die Klinik gezahlt, läßt sich nur aus der Tätigkeit an der Klinik immer noch ein Bruttoeinkommen in Höhe von etwa 1,3 Millionen Mark hochrechnen.

Der Arzt, der das 250000-Mark-Geschenk erhalten hat, kommt nach dieser Formel auch noch auf knapp 500000 Mark. Es sei ihm gegönnt.

Der Rechnungshof meint jedoch, daß derartiges nicht zum Regelfall werden dürfe, und droht weitere Prüfungen an. Das zuständige Ministerium für Wissenschaft und Weiterbildung zeigt sich tief beeindruckt und stimmt der Forderung zu. Welche Konsequenzen es aus dem Sachverhalt ziehen wird, darüber liegen noch keine detaillierten Äußerungen vor.

Nordrhein-Westfalen

Sattelgeld

Natürlich braucht das Land Nordrhein-Westfalen Hengste; Deckhengste zumal, denn die sind, das gibt auch der Landesrechnungshof zu, für die Pferdezucht, den Reitsport und die »Außenrepräsentanz des Landes« von besonderer Wichtigkeit. Merke: Beamtete Hengste decken besser. Wenngleich der Rechnungshof feststellt, daß bestimmte Deckstationen in Zukunft mangels Nachfrage geschlossen werden sollten. Zweien der dezentralen Besamungsstationen ist derartiges inzwischen widerfahren.

Noch einmal: Am Umfang der staatlichen Besamung mag der Rechnungshof nicht halblang machen. Was ihn aber aufregt, ist die Tatsache, daß Bedienstete des nordrhein-westfälischen Landesgestütes und ehemalige Angestellte es sich angelegen sein lassen, im Gestüt dem eigenen Vergnügen zu frönen: Sie dürfen dort kostenlos die Reitbahnen benutzen, sich von anderen Angestellten beim Striegeln der Pferde helfen und die Pferdchen am staatlichen Klee naschen lassen.

Es ist auch schon vorgekommen, daß dort Reitstunden an Fremde erteilt wurden – ohne daß eine entsprechende Genehmigung erstens zur Nutzung der Anlage vorlag und zweitens der beamtete Lehrer eine Erlaubnis zur Nebentätigkeit besaß.

Das darf natürlich nicht sein, und das wird wohl in Kürze auch abgestellt. Was aber weiterhin wundert, ist die Tatsache, daß der in Nordrhein-Westfalen so überaus zügelzahme Rechnungshof hier und auch in anderen Fällen erstaunlich zurückhaltend ist mit der Nennung der Schadenssummen.

Baden-Württemberg

Die Kraft der zwei Leben

Diese Geschichte ist voller Respekt all jenen gewidmet, die sich dem Gejammere ob der unerträglichen Arbeitsbelastung nicht anschließen. Es ist jenen gewidmet, die der staunenden Umwelt zu beweisen trachten, daß der Tüchtige durchaus in der Lage ist, gleich zwei Vollzeitbeschäftigungen zu meistern. Vielleicht spielt da auch mit, daß diese Turbo-Werker ihren Kollegen im Beamtentum zeigen wollen, wie sie es schaffen könnten, endlich mehr zu leisten. Dann werden sicher auch die, die bisher eher nach Vorschrift arbeiteten, mit gleich zwei Anstellungen auf Lebenszeit belohnt.

Wie jener Universitätsprofessor, der, fast ein Jahr lang, gleich zwei Lehrstühle besetzt hielt: den einen an einer Hochschule des Landes Baden-Württemberg, den anderen an einer kirchlichen Hochschule im Nachbarland.

Lohn der Mühen: Bei der Kirche Bezüge nach der Besoldungsgruppe C4 (mindestens knapp 5000 Mark monatlich) und bei der Universität des Landes Bezüge nach der Besoldungsgruppe C3 (knapp 4000 Mark monatlich). Die Doppelbezahlung funktionierte vom 1. 4. 1990 bis zum 31. 12. 1990. Insgesamt erhielt er in dieser Zeit also mindestens rund 9000 Mark monatlich.

Das war nur deshalb möglich, weil der Professor nicht von einer öffentlich-rechtlichen zu einer anderen, sondern zu einer kirchlichen, also privaten Universität übergetreten ist. So wurde er nicht automatisch aus dem vorherigen Dienstverhältnis entlassen. Das zuständige Landesamt für Besoldung und Versorgung mußte vielmehr auf die Kündigung des öffentlich-rechtlichen Dienstverhältnisses warten.

Bis die zustande kam und bis das Ministerium für Wissenschaft und Forschung sich durchgerungen hat zu erklären, der Professor sei zu jeder Zeit seinen Dienstverpflichtungen nachgekommen, ergab sich ein Schriftwechsel, der zu typisch und zu grotesk ausfiel, als daß er in den Archiven des Rechnungshofes und des Ministeriums weiter schlummern dürfte.

Daher hier der Schriftwechsel zwischen den beteiligten Stellen, wie er vom Rechnungshof des Landes Baden-Württemberg in dessen Bericht aus dem Jahre 1993 zusammengestellt wurde:

- Am 22. 1. 1991 telefonischer und am 18. 3. 1991 schriftlicher Hinweis des LBV an die Universität des Landes auf die Rückzahlung der Januarbezüge durch den Professor mit der Bitte um Aufklärung des Sachverhalts.
- Mit Schreiben vom 18. 3. 1991 leitet die Universität dem MWF das Gesuch des Professors vom 20. 2. 1991 um Entlassung zum 31. 3. 1991 zu.
- Am 2. 4. 1991 Schreiben der Universität an das MWF mit der Bitte um Entscheidung, welche Maßnahmen zu ergreifen sind.
- Auf die Sachstandsfrage vom 11. 7. 1991 übersendet die Universität dem LBV eine Kopie ihres Schreibens vom 27. 5. 1991 an das MWF; aus diesem geht hervor, daß der Professor mit Erlaß des Ministeriums vom 10. 5. 1991 für die Zeit ab 1. 4. 1991 bis zur Wirksamkeit der Entlassung ohne Dienstbezüge beurlaubt wurde. In ihrem Schreiben weist die Universität das MWF darauf hin, daß der o. g. Erlaß zur Folge habe, daß dem Professor für Januar bis März noch drei Monatsgehälter nachzuzahlen seien.
- Da dem LBV bis Mitte August 1991 noch keine abschließende Entscheidung zugegangen ist, wendet es sich direkt an das MWF mit der Bitte um Klärung, ab wann der Professor keinen Anspruch mehr auf Zahlung der Dienstbezüge hat.
- Auf die Erinnerung durch das LBV am 5. 12. 1991 erinnert das MWF seinerseits die Universität und bittet, über den Stand der Angelegenheit zu berichten.
- Nachdem Anfang März 1992 immer noch keine Entscheidung vorliegt, bittet das LBV das Ministerium unter Darlegung des Sachverhalts erneut um baldige abschließende Klärung und wen-

det sich gleichzeitig an den Professor und dessen neuen Dienstherrn. Die so erhaltenen Informationen teilt es der Universität am 8. 4. 1992 mit und bittet zu klären, ob es bei der Beurlaubung ab 1. 4. 1991 bis zur Entlassung mit Wirkung vom 22. 5. 1991 verbleiben kann; zutreffendenfalls hätte der Professor noch Anspruch auf Zahlung der Bezüge für Januar bis März 1991.

- Hierauf leitet die Universität am 3. 6. 1992 dem LBV eine Mehrfertigung des Schreibens des MWF vom 10. 5. 1991 über die Entlassung des Professors mit dem Hinweis zu, daß die Frage einer rückwirkenden Beurlaubung vom Ministerium geprüft werde.
- Das LBV erhält unter dem 23. 7. 1992 von der Universität eine Mehrfertigung des Schreibens des MWF vom 14. 7. 1991, wonach der Professor »ohne Bezüge antragsgemäß für die Zeit vom 1. 1. bis zum 31. 1. 1991 zur Wahrnehmung einer Professur an der . . . beurlaubt« wurde.
- Das LBV weist mit Schreiben vom 12. 8. 1992 das MWF darauf hin, daß der Professor bereits seit 1. 4. 1990 Dienstbezüge nach Bes.-Gr. C4 von der kirchlichen Universität und daneben für die Zeit vom 1. 4. bis 31. 12. 1990 auch noch Dienstbezüge nach Bes.-Gr. C3 vom Land bezogen habe, und bittet um Prüfung der Angelegenheit.
- Das MWF informiert am 14. 9. 1992 das LBV darüber, daß es die Universität gebeten habe, unverzüglich zur Frage der Dienstpflichterfüllung in der Zeit vom 1. 4. bis zum 31. 12. 1990 Stellung zu nehmen.
- Am 10. 11. 1992 teilt das MWF dem LBV abschließend mit, »daß die Universität nach einer eingehenden Überprüfung zu dem Ergebnis gekommen ist, daß der Professor in der Zeit vom 1. 4. bis 31. 12. 1990 seine Dienstpflichten auf allen Gebieten (Lehre, Prüfungen, Gremienarbeit und Forschung) erfüllt hat. Das Ministerium sieht daher die Angelegenheit als erledigt an.«

Das letzte Schreiben des Ministeriums nötigt zur uneingeschränkten Bewunderung für die Leistung des Professors: Trotz der sicher häufigen Fahrten zwischen dem einen Einsatzort und dem zweiten (möglicherweise am selben Tag?), trotz der Massen an Studenten, die heutzutage abzufertigen sind, trotz der Hochleistung, die erbracht werden muß, um international reputierliche Forschung zu betreiben, trotz der von Kollegen so herzzerreißend beklagten Belastung durch bürokratische Arbeiten, trotz der Beteiligung an universitären Gremien – trotz all dem hat der Professor offenbar nie geschlampt. Auch die kirchliche Universität scheint mit dem Mann zufrieden gewesen zu sein – allerhand Hochachtung!

Trotzdem mag der Rechnungshof von seiner Mäkelei nicht lassen. Diese Art Doppelbelastung sei nicht realisierbar, maulen die Beamten, »unmöglich«.

Da bleibt dann wirklich nur der eine Schluß: Wollen die Beamten des Rechnungshofs nur von ihrer eigenen laschen Dienstauffassung ablenken? Wollen sie die wahren Leistungsträger der Nation blockieren? Der Steuerzahler wird es nicht zulassen!

Baden-Württemberg

Museumsbiene für 50000 Mark

Seit nunmehr zehn Jahren müht sich das baden-württembergische Ministerium für Kultus und Sport damit ab, ein »Haus der Geschichte« einzurichten. Prinzipiell trifft der Plan auf breite Zustimmung; es sind auch Haushaltsmittel vorhanden; es wurde sogar schon fleißig Geld ausgegeben, insgesamt 16 Millionen Mark, darunter 238000 (bis Ende 1992) für Reisekosten unter anderem nach Kanada und Mexiko – zu sehen gibt es immer noch nichts. Statt dessen wurde das Projekt sang- und klanglos beerdigt.

Daher ist es sicher interessant, einmal die Chronologie dieses Qualprojektes zu verfolgen und nachzuforschen, wofür denn das viele Geld ausgegeben wurde. Zuerst der zeitliche Ablauf. Wir folgen dem Originaltext des Berichts des Landesrechnungshofes. Die im jeweiligen Jahr angefallenen Kosten wurden vom Autor eingefügt.

2. 1. 1984

Angeregt durch das Diasporamuseum in Israel, das die Aufgabe hat, das Zusammengehörigkeitsgefühl der Juden zu stärken und damit das Staatsbewußtsein der Israelis zu fördern, wird ein interministerieller Arbeitskreis unter Leitung des Ministeriums für Kultus und Sport (MKS) vom Ministerrat beauftragt, eine Konzeption für ein Haus der Geschichte Baden-Württembergs zu erarbeiten.

1985

Nach den Vorstellungen des Arbeitskreises soll das Haus der Geschichte Baden-Württembergs insbesondere die Verbundenheit der Menschen mit dem relativ jungen Land Baden-Württemberg sowie das Geschichtsbewußtsein der Bevölkerung und vor allem der Jugendlichen stärken. Für eine ständige Ausstellung und für Sonderausstellungen schlägt der Arbeitskreis die Errichtung eines Neubaus an der Stuttgarter Kulturmeile vor. Zur Erarbeitung von Themen für die künftige Dauerausstellung wird die Berufung einer Projektgruppe angeregt, der Mitarbeiter mit landeskundlichem, didaktischem und museumsgestalterischem Sachverstand angehören sollen.

Diese Konzeption wird vom Ministerrat gebilligt.

1986

Die vorläufige Konzeption des Hauses der Geschichte wird in einem Symposium der Öffentlichkeit vorgestellt.

Ein weiteres Symposium zur städtebaulichen und musealen Entwicklung im Zentrum Stuttgarts ergibt, daß der Standort an der Kulturmeile nicht geeignet ist. Als äußerst vorteilhaft für das Bauvorhaben wird der Stuttgarter Akademiegarten ins Gespräch gebracht.

Die Landesregierung beschließt, einen Arbeitsstab einzurichten, der sich mit der Gestaltung der neuen Einrichtung beschäftigten soll. Ihm sollen vier hauptamtliche Mitarbeiter angehören.

1987

Mit Wirkung vom 1. 1. 1987 wird das Haus der Geschichte Baden-Württembergs als nicht rechtsfähige Anstalt des öffentlichen Rechts errichtet. Es untersteht unmittelbar der Aufsicht des MKS.

In die wissenschaftliche Projektleitung sollen sachkundige Universitätsprofessoren und ein Geograph berufen werden. Aufgabe dieser Gruppe soll es sein, die wissenschaftliche Verantwortung für Konzeption und Inhalte des Hauses der Geschichte zu tragen. Kosten: 252000 Mark.

1988

Das MKS, unterstützt durch eine interministerielle Arbeitsgruppe, plant anläßlich des Jubiläums zum 40jährigen Bestehen des Landes eine Pilotausstellung mit dem Thema »Das Werden des Landes Baden-Württemberg in den Jahren 1945–1952«. Die Ausstellung soll gleichzeitig von zentraler Bedeutung für das Haus der Geschichte sein und die Grundlage für dessen Infrastruktur bilden. Kosten: 724000 Mark.

1989
Für den Neubau des Hauses der Geschichte im Stuttgarter Akademiegarten wird ein Realisierungswettbewerb ausgeschrieben. Obwohl der Wettbewerb gute Ergebnisse bringt und zwei erste Preise vergeben werden, wird später von der Planung im Akademiegarten wieder Abstand genommen. Ein Organisationsstatut wird erlassen, in dem die Aufgaben wie folgt festgelegt sind:
»Das Haus der Geschichte Baden-Württembergs soll
– das Geschichtsbewußtsein der Bevölkerung und vor allem der Jugendlichen fördern,
– Themen ansprechen, die für die staatsbürgerliche Bildung der jungen Menschen, aber auch für die Bewußtseinsbildung der Erwachsenen wichtig sind,
– die historische Entwicklung, die Struktur, die speziellen Leistungen und die Besonderheiten erforschen, dokumentieren und darstellen, die das Gebiet des heutigen Landes Baden-Württemberg seit Ende des 18. Jahrhunderts kennzeichnen.
– die Verbundenheit mit dem Land Baden-Württemberg stärken.«
Kosten: knapp 2,5 Millionen Mark.
1990
Keine besonderen Ereignisse. Trotzdem fallen Kosten in Höhe von über 2,7 Millionen Mark an.
1991
In einer Regierungserklärung wird der Bau des Hauses der Geschichte bekräftigt. Es soll zusammen mit der Staatlichen Hochschule für Musik und Darstellende Kunst Stuttgart neben der Staatsgalerie einen Neubau erhalten. Kosten: 3,9 Millionen Mark.
1992
Die Pilotausstellung findet unter dem Titel »1944–1952: Schau-Platz Südwest« im Haus der Wirtschaft in Stuttgart statt. Kosten: 5,9 Millionen Mark.
1993
Der geplante Neubau für das Haus der Geschichte wird aus Finanzgründen aufgegeben. Gleichzeitig werden die Mittel für die laufenden Betriebskosten erheblich gekürzt und die Aufgaben des Hauses der Geschichte neu konzipiert. Als Dienstleistungszentrale zur Lan-

desgeschichte soll es nunmehr, ohne eigenes Gebäude, konzentriert auf wenige Projekte das Geschichtsbewußtsein fördern.

Und was wurde für das viele Geld geleistet?

Zunächst ist festzustellen, daß das Haus der Geschichte bereits 1992 über 23 Planstellen für Beamte und Angestellte verfügte. Insgesamt sind bis Ende 1992 knapp sechs Millionen Mark an Personalkosten ausgegeben worden; allein 1992 exakt 1,73 Millionen Mark.

Diese Leute müssen sich ja auch mit etwas beschäftigen. Sie beschafften zum Beispiel zum Preis von 2,2 Millionen Mark (Ende 1992) 7000 landesgeschichtlich relevante Einzelobjekte oder Ensembles, die jetzt in irgendwelchen fremden Magazinen lagern, was auch wieder 200000 Mark pro Jahr kostet.

Als landesgeschichtlich relevante Stücke wurden unter anderem angesehen: Plakate, Bücher, Flugblätter, Haushaltsgegenstände, Gemälde, Filme oder Maschinen – alles Erwerbungen, die das frühere Leben und die Geschichte des Landes anschaulich machen.

Was aber der Feldmarschallstab des preußischen Königs und deutschen Kaisers Wilhelm II. für das baden-württembergische Geschichtsmuseum so wertvoll macht, daß dafür 214000 Mark ausgegeben werden mußten, das bedarf dann doch einiger ausführlicher Argumentation.

Zu einem landesgeschichtlichen Museum gehört selbstverständlich auch ein Dokumentations- und Informationssystem. Die Ausgaben für die Datenbank, PCs, Monitore, Programme und was sonst noch dazugehört, summierten sich bis Ende 1992 auf 1,5 Millionen Mark.

Dann fand auch eine Pilotausstellung statt, die nach dem Willen des Kultusministeriums höchsten museumsdidaktischen Anforderungen genügen sollte. Um das zu erreichen, wurde extra ein hochrangiger Dramaturg und Bühnenbildner mit dem Konzept beauftragt. Der Rechnungshof bemerkt zu den Kosten so lapidar wie ironisch: »Die Höhe der für die Pilotausstellung aufgewendeten Haushaltsmittel ist ... bemerkenswert.«

Allein die Herstellung der bildhaften Inszenierungen hat 1,2 Millionen Mark gekostet. Ein besonderes Schmankerl darin: eine überdimensionale Biene, die rund 50000 Mark gekostet hat. Die dazugehörende Rauminszenierung kam dann noch einmal auf rund 102000 Mark.

Ein Triumphtor nebst Podest und Bodenmalerei generierte Rechnungen über rund 142000 Mark; wogegen der Preis für einen überdimensionalen Helm für 50000 Mark geradezu läppisch erscheint – Helm wie Biene.

An Beleuchtungskosten verbrauchte die Pilotveranstaltung 174000 Mark; Aufwand für einen Schülerwettbewerb: 58000 Mark; Rundfunkwerbung: 121000 Mark; Wegmarkierungen: 47000 Mark; die Programmierung der Info-Tower: 59000 Mark.

Alles in allem einschließlich hier nicht erwähnter Posten 4,5 Millionen Mark für eine Ausstellung, die vom April bis Juli 1992 im Haus der Wirtschaft Platz gefunden und die immerhin 50000 Besucher angezogen hat, wenngleich manche, Schulkinder etwa, sich bestimmt nicht ganz so freiwillig der baden-württembergischen Geschichte gestellt haben. Im Schnitt kostete jeder Besucher 90 Mark. Tragisch für alle, die sich mit der Herstellung des Begleitmaterials sicher große Mühe gegeben haben: Der größte Teil der Compact Discs, Bücher und Spiele blieb liegen und gammelt jetzt in den Archiven.

Erwähnt seien noch die vielen schönen Informationsreisen, welche die Beamten des Ministeriums und die Mitglieder des interministeriellen Arbeitskreises unternehmen durften. Sie besichtigten Museen in den USA, Kanada, Mexiko, Israel, Frankreich, England, Dänemark, Luxemburg, Österreich, Italien, Schweden, Rußland und in der Schweiz.

Vielleicht sind die Kulturbeamten auch eher zu beklagen: So mancher hat bei geballten Museumsbesuchen schon einen Kulturschock erlitten; vor allem den Ärzten in Florenz ist ein derartiges Syndrom bekannt.

Wie das Schocksyndrom der Steuerzahler einmal heißen wird, wenn sie dereinst die Abschlußrechnung erhalten werden, das kann heute noch niemand sagen.

Saarland

Jungbrunnen

Kranke dieser Erde – auf nach Saarbrücken! Dort sprudelt seit Jahren ein bislang nur von den wissenschaftlichen Mitarbeitern genutzter Jungbrunnen. Die halten ihn so geheim, daß erst der saarländische Rechnungshof auf sachdienliche Hinweise gestoßen ist. Die Indizien: Es gibt in der Verwaltung der Universität keine Krankmeldungen wissenschaftlicher Mitarbeiter zu finden. Überhaupt keine!

Das ist um so sensationeller, als die Wissenschaftler auch nie Urlaub gemacht haben, obwohl ihnen einer von eineinhalb Monaten pro Jahr zusteht! Zumindest 1989 hat das tägliche Bad im Jungbrunnen soviel Kraft vermittelt, daß die Wissenschaftler offenkundig durchgearbeitet haben. Es gibt nämlich auch keine Urlaubsanträge! Nicht einen!

Pilgert also alle nach Saarbrücken in die dortige Universität, Bresthafte dieser Erde! Spart euch Lourdes und Fatima! Und laßt euch nicht etwa auf faule Ausreden ein, man habe nur vergessen, die Krankmeldungen auszufüllen, oder sie wären nicht weitergereicht worden, und man habe sich nicht drum gekümmert, daß deswegen die Personaldisposition der Universität aus den Rudern gelaufen ist.

Laßt euch auch nicht von dem Geständnis verwirren, die Urlaubsanträge seien doch nur verlorengegangen, und, wenn einer wirklich ein paar Tage länger weggeblieben sei, wolle er auch gerne den Schaden wiedergutmachen – nein, liebe Kranke dieser Erde! Pilgert nach Saarbrücken. Sieht der Ministerpräsident Lafontaine nicht auch immer aus wie frisch gewichst!?

Hamburg

Kreatives Umbuchen

So ein Pech: Der Hamburger Umweltbehörde ist es doch tatsächlich passiert, daß über eine viertel Million Mark, exakt 285 670,56 Mark, falsch verbucht wurden. Dabei ging es um Kosten, die bei dem Bau einer Druckrohrleitung angefallen sind.

Möglicherweise tatsächlich ein Tippfehler; denn die Buchungsnummern 6430.767.22 (die alle Ausgaben für die Rohrleitung hätte umfassen sollen) und das tatsächlich belastete Konto 6430.767.21 (»Umbau des Mischwasservorflutsieles in der Baurstraße«) trennt ja nur eine winzige Ziffer in der allerletzten Stelle.

Wirklich nur ein Tippfehler? Wer weiß, daß die involvierte Baudienststelle erst für das Jahr 1989 von den Hamburger Parlamentariern die Berechtigung erhielt, für die Rohrleitung Geld auszugeben, die inkriminierte Summe jedoch bereits 1988 ausgezahlt wurde, der wittert hier einen arg freihändigen Umgang mit Vorschüssen auf Aufträge, die damals noch gar nicht hätten erteilt sein dürfen.

Diese Art von kreativer Buchungskunst scheint bei den Hamburger Beamten ein beliebtes Spiel zu sein; vor allem dann, wenn der eine Topf bereits ausgeschöpft und der andere noch nahezu voll ist. Und manchmal fällt es schon schwer, an einen Tippfehler zu glauben; vor allem dann, wenn die Buchungsnummern so grundverschieden sind wie bei dem Irrtum des Hygienischen Instituts der Behörde für Arbeit, Gesundheit und Soziales. Das Institut bestellte für sich und das angeschlossene Institut für Impfwesen und Virologie unter der Buchungsnummer 4320.512.99 (»Bücher und Zeitschriften«) wissenschaftliche Bücher und Zeitschriften.

Kein Problem, wie die Bezeichnung des Haushaltstitels suggeriert. Eben doch. Denn die Verwalter der Behörde hätten wissen müssen, daß die korrekte Buchungsnummer 4320.523.01 »Wissenschaftliche Bibliotheken« lautete – dieser Topf war jedoch zum Zeitpunkt der Buchbestellungen bereits erschöpft. Der Trick ging zweimal gut, und zwar in den Jahren 1990 und 1991, und ermöglichte Mehrinvestitionen in der Höhe von 11842,58 Mark beziehungsweise 860 Mark. Im Prinzip ja keine schlechte Sache, hängt die Funktionsfähigkeit eines wissenschaftlichen Instituts doch auch von der Aktualität des Bücherbestandes ab.

Andererseits gilt immer noch, daß nicht die Trickkompetenz der Behördenleiter über die Ausgabe der Steuergelder entscheidet, sondern das Parlament, in diesem Fall die Hamburger Bürgerschaft.

Der Hamburger Rechnungshof sah daher in allen beschriebenen Fällen eine verdeckte Haushaltsüberschreitung. Die beteiligten Behörden sahen das genauso und versprachen, in Zukunft exakter zu buchen.

Bayern

Wissenschafts-AG

Ein Finanzrad der ganz besonderen Art hat das Bayerische Staatsministerium für Finanzen gedreht: Es übertrug der Bayerischen Forschungsstiftung genau 104 Millionen Mark zur Erhöhung ihres Stiftungsvermögens. Das sieht auf den ersten Blick ganz besonders nobel aus, denn die Forschungsstiftung, 1991 gegründet, hat längst noch nicht so viel Kapital eingesammelt (das ihr laut Gesetz vom bayerischen Staat zufließen soll), um ihre Aufgaben ohne finanzielle Probleme lösen zu können.

Im Prinzip sieht das Finanzierungskonzept für die Bayerische Forschungsstiftung so aus: Die Institution erhält für fünf Jahre, beginnend mit dem Jahr 1991, die Erträge des Staates aus der bayerischen Beteiligungsgesellschaft für Luft- und Raumfahrtwerte. Diese wiederum ist an der notleidenden DASA beteiligt.

Weiterhin ist vorgesehen, bis 1996 zwei Drittel der Erträge aus der bayerischen Beteiligung an der Bayernwerk AG, einem Industriekraken mit Schwerpunkt Energiewirtschaft, zu übertragen.

Das lief auch bislang ganz gut ab; in den Jahren 1991 und 1992 kamen auf diese Weise rund 89 Millionen Mark zusammen.

Was aber mag in den Köpfen der Politiker vorgegangen sein, als sie sich entschlossen, der Forschungsstiftung aufzuerlegen, die Hälfte dieser Summe zum Kauf von Aktien auszugeben? Aktien sind nun mal wegen der möglichen Kursschwankungen nicht das geeignete Instrument, Gelder stiftungssicher anzulegen. Und schon gar nicht, wenn daraus konstante, planbare Erträge für Projekte erwirtschaftet werden sollen, die manchmal über Jahre laufen.

Noch rätselhafter wird das Geschäft, wenn man vernimmt, daß der Freistaat dem Kapital für den Aktienkauf einfach so aus Haushaltsmitteln 104 Millionen Mark hinzugefügt hat plus 26 Millionen Mark als Vorschuß auf die erwarteten Erträge aus der Bayernwerk AG.

Warum tut eine Regierung, die unter peinlicher Geldnot leidet, so etwas? Warum schreibt sie auch in diesem Fall vor, die Stiftung möge das Geld doch nur und ausschließlich für den Kauf von Aktien ausgeben?

Dabei handelte es sich keineswegs um Papiere irgendeines dubiosen Unternehmens. Nein, die Bayerische Forschungsstiftung ist jetzt in der Höhe von 174 Millionen Mark im Besitz von Aktien der Bayerischen Vereinsbank. Nicht etwa mit eben dieser Summe an der Bayerischen Vereinsbank beteiligt – das wäre natürlich wunderbar für den Finanzexperten der Stiftung. Nein; angenommen, der Aktienkauf erfolgte zum Kurs von 400 Mark für den Nominalwert von 50 Mark, dann ist der Wert des Kapitals auf ein Achtel abgestürzt.

So wurden aus 174 Millionen Mark plötzlich magere 22 Millionen Mark, die, so war es zumindest im letzten Jahr, aber dennoch saftige 13 Prozent Dividende bringen – knapp 3 Millionen Mark. Die Gegenrechnung macht den Aberwitz, aus den Augen der Stiftung gesehen, vollends deutlich: Hätte die Stiftung den warmen Regen zu sechs Prozent als Festgeld angelegt, wären daraus pro Jahr über 13 Millionen Mark Einnahmen geflossen.

Noch einmal die Frage: Warum macht ein Staat so etwas? Vielleicht, um die Wissenschaftsmanager bei der Forschungsstiftung einen Crashkurs in Ökonomie und Aktienspekulation durchlaufen zu lassen? Irgendwie berechtigt wäre das schon, denn wie in zahlreichen anderen Fällen in diesem Buch belegt, haben die Wissenschaftler zu Geld ein ganz besonderes Verhältnis.

Der Crashkurs wird aber nicht ausreichen, die Wissenschaftler firm in Fragen des Bankmanagements zu machen, und so dürften sie mit ihrem teuer erworbenen Stimmrecht als Anteilseigner bei einer Hauptversammlung (auf der die Geschäftspolitik des vergangenen Jahres gewürdigt und die des kommenden Jahres abgesegnet wird) keine besonders gute Figur machen.

Üblicherweise delegieren Aktieneigner, so sie sich nicht so recht kluge Beiträge zu den Hauptversammlungen zutrauen, auf andere, meist auf Vertreter jener Bank, bei der sie ihre Aktien deponiert haben. Depotstimmrecht nennen die Fachleute das.

Jetzt bietet sich ein hübsches Gedankenspiel an: Was ist, wenn die Vereinsbankaktien der Forschungsstiftung in einem Depot bei der Vereinsbank liegen? Stimmen dann die Vereinsbankmanager über sich selber ab? Das wäre eine erste charmante Folge dieses Deals.

Nun muß man aber wissen, daß die Bayerische Staatsregierung seit 1970 exakt 13,5 Prozent des Aktienkapitals der Bayerischen Vereinsbank hält. Damals wurden die Bayerische Staatsbank und die derzeit noch recht provinzielle Bayerische Vereinsbank zu einem Finanzgebilde fusioniert, das heute mit wachsendem Selbstbewußtsein in das internationale Finanzgeschehen eingreift.

Gehalten wurde diese Beteiligung von einer anderen Stiftung, der Bayerischen Landesstiftung. 1991 und 1992 wiederum hielt es das Management der Vereinsbank für an der Zeit, eine Kapitalerhöhung vorzunehmen; das Geld wurde gebraucht, um sich auf größere Aufgaben als bisher üblich vorzubereiten.

Normalerweise werden zunächst die bisherigen Eigner gebeten, gemäß ihren Anteilen frisches Geld nachzuschießen. Wenn sie das nicht wollen oder können, steigen andere ein – mit der Folge, daß der, der nicht zuzahlt, seine Bedeutung im Chor der Anteilseigner einbüßt.

Das wäre der Bayerischen Staatsregierung sicher nicht lieb gewesen, denn die 13,5 Prozent Beteiligung ergeben doch ein beachtliches Potential an Stimmrechten, wenn es sich hier nicht sogar um eine Sperrminorität handelt. Unter einer solchen verstehen Banker einen Anteil an Stimmen, der es erlaubt, jeder Entscheidung des Managements ein Veto, ein »Nein«, entgegenzusetzen. Laut Gesetz beginnt die Sperrminorität bei 25 Prozent; kann aber in entsprechenden Verträgen herabgesetzt werden.

Mit dem Verlust der Sperrminorität hätte die Bayerische Staatsregierung die Kontrolle über die Bank weitgehend verloren und wäre auf Minderheitsvoten, die auch recht lästig sein können, verwiesen worden.

Vor allem hätte die Bayerische Staatsregierung die indirekte Einflußnahme auf bedeutende Wirtschaftsunternehmen verloren. Ist hier der Grund für das große Rad zu suchen?

Die Bayerische Staatsregierung weist jede Kritik weit von sich. Vor allem verweist sie darauf, daß der Wert der Aktie doch immens gestiegen ist. Richtig, antwortet der Oberste Rechnungshof, aber was hat die Stiftung davon, wenn sie den Spekulationsgewinn nicht versilbern darf?

Das Fazit des Obersten Rechnungshofs ist gleichermaßen mutig wie für die Staatsregierung entlarvend: Die Regierung hätte denselben Förderungszweck erreicht, wenn sie sich entschlossen hätte, der Stiftung jährlich eine Million Mark zukommen zu lassen.

1 zu 174 Millionen für den Bayerischen Obersten Rechnungshof!

Sachsen

Entfleucht

Eineinhalb Millionen Mark sind dem sächsischen Innenministerium (vorerst?) entflogen. Dieses Geld hat es einem Unternehmer in Mönchengladbach als Anzahlung bezahlt, der ihm versprach, dafür einen Polizeihubschrauber zu besorgen. Der Flieger sollte 5,3 Millionen Mark kosten. Abgeschlossen wurde der Vertrag im November 1991. Bis Frühjahr 1993 gab es den Schrauber immer noch nicht in Sachsen. Konnte es im Prinzip auch nicht geben, denn es geht nämlich um einen Typ, der in der Bundesrepublik zum Zeitpunkt des Vertragsabschlusses noch längst nicht zugelassen war. Die Zulassung sollte frühestens im September 1993 vorliegen.

Der ganze Vorgang ist überaus mysteriös. Wieso, drängt sich dem Beobachter die Frage auf, wünschen sich Polizisten immer wieder Hubschraubertypen ohne jegliche Zulassung in der Bundsrepublik? Wieso erteilen sie Importeuren Aufträge in Millionenhöhe, die außer 50000 Mark Stammkapital für ihre GmbH keine weiteren Sicherheiten vorweisen können?

Wieso geben sie einfach so einen Scheck über eineinhalb Millionen Mark heraus, obwohl sie das nicht dürfen? Und warum schließen sie Verträge ab, die ihnen keinerlei Rechte einräumen, nicht einmal dann, wenn der Partner seinen Pflichten nicht nachkommt?

Höchst groteskes Detail: Im Liefervertrag war nicht einmal festgelegt, wer denn nun für die Zulassung verantwortlich sei – der Lieferant oder das Innenministerium. Das hat zur Folge, daß sich der Lieferant in dieser Frage einfach dumm stellen und jede Verantwortung für die fehlenden Bemühungen um die Zulassung weit von sich weisen kann.

Die Herstellerfirma hat von den 1,5 Millionen Mark Anzahlung auch erst eine halbe Million erhalten. Die restliche Million hat die GmbH in Mönchengladbach auf einem Festgeldkonto geparkt; als Sicherheit für ein Akkreditiv zugunsten der Lieferfirma. Da aber über die Verzinsung der ausgezahlten Gelder im Vertrag nichts steht und das Ministerum in einer Nachverhandlung auch ausdrücklich auf die Verzinsung bis zum 30. November 1992 verzichtet hat, dürfen sich nun Hersteller- und Lieferfirma das viele Geld teilen. Bei sechs Prozent 90000 Mark im Jahr.

Inzwischen hat das Innenministerium einige Verbesserungen seiner Position erreicht. Zunächst einmal ist festgestellt worden, daß die Lieferfirma für die Zulassung zuständig ist; zweitens gibt es endlich Vereinbarungen über Fragen der Garantie; es wurde ein verbindlicher Liefertermin festgesetzt, und es gibt eine Regelung, was mit den ausbezahlten Geldern passiert, wenn der Hubschrauber doch nicht geliefert wird.

Der Rechnungshof droht ein wenig: Er »wird die Abwicklung des Vertrages im Auge behalten« (Bericht 1993).

Rheinland-Pfalz

Günstiges für den Lehrkörper

Lernen und Lehren macht hungrig. Und wenn das Lernen und Lehren gar in Ganztagesschulen stattfindet, dann muß dafür gesorgt werden, daß jeder dort auch angemessen verpflegt wird. Das ist so der Brauch und auch richtig.

Niemand kann von den Schülern verlangen, für ihre Mahlzeiten den eigentlich kostendeckenden Preis zu bezahlen. Dieser hätte in der Kantine eines Ganztagesgymnasiums zum Beispiel für ein Mittagesssen bei 9,35 Mark gelegen. Verständlich, daß das Land den Preis auf drei Mark pro Schüler heruntersubventionierte. Wenngleich der Rechnungshof bemängelte, daß zumindest die Sachkosten in Höhe von 3,86 Mark hätten verlangt werden müssen.

Nicht so verständlich, daß diese Wohltat auch den Lehrern zukam. Die bezahlten für ein Mittagessen 5,60 Mark, obwohl es eine Vorschrift gibt, nach der die Verpflegung von Lehrern und anderen Schulbediensteten zum Selbstkostenpreis erfolgen muß.

Wie der Knopf aufzulösen ist, kann sich zur Zeit niemand vorstellen. Das Ministerium, so ließ es verlauten, überlegt.

Rheinland-Pfalz

Palaversteuer

»Am schwersten ist das Leben in den sechs Monaten vor dem Jahreswechsel« wird sich der Chef der rheinland-pfälzischen Landeszentrale für Umweltaufklärung gedacht haben, als er bereits Mitte 1991 sein ganzes Geld ausgegeben hatte. Was für Privatleute fatal endet, nämlich zuerst mit einem Kreditantrag, später dann mit dem Besuch des Gerichtsvollziehers, das hatte für den Spitzenbeamten keine weiteren Folgen. Er beantragte eben nachträglich Mittel in der Höhe von 1,5 Millionen Mark und erhielt sie auch.

Was ist passiert? Vor allem die Kosten zweier Kongresse haben dem Landesamt heftig ins Kontor geschlagen. Für die Palaver zum Thema »Umweltpolitik in der Marktwirtschaft« und »Landschaftsplanung« hat die Landesanstalt 310000 Mark ausgegeben – und damit 35 Prozent der Mittel in Höhe von rund einer Million Mark gebunden. Damit war kaum noch Geld für breiter gestreute aufklärerische Maßnahmen da.

Der Rechnungshof zieht daraus zwar keine direkte Verbindung zu der Tatsache, daß eine ganze Reihe von eigentlich geplanten und auch schon gestarteten Projekten später sang- und klanglos eingestellt wurden. Die Vermutung liegt aber nahe.

So zum Beispiel der Film »Müll, Wasser, Verkehr«, für dessen Drehbuch bereits 5700 Mark bezahlt worden sind. 4000 Mark erhielt der Autor eines Entwurfs für ein noch zu verfassendes Buch mit dem Arbeitstitel »Ökologischer Wegweiser«, ohne daß aus dem Projekt etwas wurde. Dasselbe Schicksal war dem Buch »Abfalloffensive« beschieden, für dessen Entwurf 6000 Mark herausgereicht wurden.

Und für eine Broschüre namens »Öko-Berichte« fielen immerhin 8500 Mark an Planungskosten an. Auch dieses Projekt versickerte in der Kassenebbe.

An anderer Stelle war das Landesamt großzügiger: Als den Produzenten eines »Umweltkabaretts« die fest abgesprochenen 150000 Mark nicht ausreichten, forderten sie schnell und erfolgreich 13000 Mark nach. Irgendwelche nachvollziehbaren Begründungen konnte der Rechnungshof allerdings nicht aufspüren.

3000 Mark über die abgemachte Summe zahlte die Landeszentrale für Umweltaufklärung an den Produzenten von Hörspielkassetten.

Ein externes Schreibbüro wurde beschäftigt (Gesamtforderung: 15000 Mark), ohne daß vorher geklärt wurde, ob nicht das Schreibbüro des Ministeriums für Umwelt, in dessen Räumen die Landeszentrale residiert und dem sie untergeordnet ist, Schreibkapazitäten hätte bereitstellen können.

Diese Schluderei hat ihre Ursache in der freihändigen Vergabe von Aufträgen, ohne daß eine Ausschreibung stattgefunden hätte. So ging zum Beispiel ein Druckauftrag im Umfang von 40000 Mark ohne vorherige Ausschreibung hinaus; ebenso Aufträge an Werbeagenturen von 10000 bis 80000 Mark. Es gab auch keinerlei professionelle Überwachung der Projekte.

In vielen Fällen erteilte die Landeszentrale ihre Aufträge sogar nur mündlich, obwohl das in öffentlichen Verfahren eigentlich streng verboten ist. Wenn einmal Verträge schriftlich dokumentiert wurden, geschah das oft ohne rechtskundige Unterstützung durch die dazu befugten Beamten im Ministerium.

Das Donnerwetter fiel wohl entsprechend aus. Das Ministerium hat dem selbstherrlichen Gebaren der Verwaltungsspitze einen Riegel vorgeschoben und, so der Rechnungshof, »die organisatorischen Voraussetzungen für die Einhaltung der haushaltsrechtlichen Vorschriften, die rechtzeitige Beteiligung der Haushaltsbeauftragten und für die notwendige Projektüberwachung geschaffen«.

Warum eigentlich nicht schon von Anfang an?

Berlin

Gegensog

Manchmal wird sicher auch der Rechnungshof so seine Zweifel bekommen, ob es stets gut ist, die Finger in finanzpolitische Wunden zu legen. Etwa dann, wenn es darum geht, daß – wenn auch mit nicht so ganz legalen Mitteln – geholfen wird, menschliches Leid zu lindern. Dann geht die Rüge nicht vordringlich an jene, die sich ein wenig über die Verordnungen hinweggesetzt haben, sondern vor allem an die, denen es nicht gelingt, ein erträgliches soziales Umfeld zu schaffen.

Dieser lange Vorspann ist nötig, um beschreiben zu können, was in der Charité, der großen und traditionsreichen Poliklinik im ehemaligen DDR-Teil Berlins, passiert ist. Auf den ersten Blick muß es den Kritiker maßlos ergrimmen, wenn er liest, daß zwischen einer dreiviertel und 1,35 Millionen Mark aus dem Fenster geschmissen wurden, weil es der Klinikverwaltung nicht gelungen ist, ihre Mitarbeiter nach den neuen Vergütungsrichtlinien korrekt einzugruppieren.

Was aber wäre geschehen, wenn die Personalleitung nicht auf Teufel komm raus getrickst hätte mit allen zusätzlichen, noch in DDR-Zeiten erworbenen Zusatzqualifikationen, um ihre Mitarbeiter aus der ärmlichen Entlohnung nach dem Bundesangestelltentarif östlicher Variante hochzuloben? Die Krankenpfleger und -innen, angestellten Ärztinnen und Ärzte, Masseure und Masseurinnen sowie die Hilfskräfte aller Aufgabenbereiche wären abgewandert. Die beanstandete Zulage zwischen 100 und 300 Mark pro Monat ist sowieso nicht besonders üppig ausgefallen.

Denn nur ein paar Kilomenter weiter westlich, per Bus und S-Bahn bequem zu erreichen, lockten die Krankenhäuser der Westberliner Kliniken mit modernen Arbeitsplätzen und Leistungen außerhalb des BAT West sonder Zahl. Sie taten das offensiv und mittels einer sehr aggressiven Werbung.

Dem mag sich auch der Rechnungshof nicht verschließen. Er weist allerdings darauf hin, daß es nicht Sache der Klinikverwaltung, sondern die der Stadtverwaltung Berlins und letztlich Sache der Politiker sei, Gehaltszulagen zu beschließen. Und weist damit den Politikern einen Schwarzen Peter zu, den sie gar nicht so gerne in Händen halten. Vor allem wohl jene nicht, die mittels üppig ausgepolsterter Stellenpläne auf Kosten der Steuerzahler einigen persönlich-ministerialen Luxus betreiben.

Bund

Europapleitier

Der Adler lahmt. Was als Eurofighter eigentlich ab 2002 die Phantom ablösen soll, ist auch nach zweijähriger Verspätung noch nicht einmal auf den Nestrand gehüpft. Allenthalben einmal mit Höchstgeschwindigkeit 150, das bringt auch ein Twingo zustande, durfte er über die Rollbahn des Flugfeldes in Manching bei Ingolstadt zuckeln – beschämend für einen Kämpfer, der einmal die zweifache Schallgeschwindigkeit erreichen soll.

Zur bleiernen Ente machen den Eurofighter vor allem Probleme mit der Computersteuerung. Das Flugzeug ist nämlich so ausgelegt, daß die Reflexe selbst des besten Piloten nicht mehr ausreichen, ihn selbst im Normalflug in der Luft zu halten. Erst im Juli 1994 ist der Eurofighter das erstemal aufgestiegen; wie lange die Flugversuche bis zur Serienreife dauern werden, steht in den Sternen.

Vielleicht wird der fliegende Pfeil dann auch gar nicht mehr gebraucht. Denn schon jetzt, urteilt der Bundesrechnungshof, bieten Konkurrenzflieger das, was der Eurofighter erst noch lernen muß – und das zu durchaus konkurrenzfähigem Preis.

Die schwedische JAS-39 Gripen kostet gerade einmal 89,2 Millionen Mark, die französische Rafaele 139,1 Millionen Mark. Im Angebot ist auch der russische Wunderflieger Mig 29, der nach Ansicht des Rechnungshofes bereits jetzt einen Großteil der benötigten Eurofighter ersetzen kann.

Die Militärtechniker bei der DASA, dem deutschen Flugzeugbauunternehmen, machen sich inzwischen lustig über die Stellungnahme des Rechnungshofes. Man wisse nicht, woher die Rechnungsprüfer die Kompetenz nehmen, über ein Kampfflugzeug zu urteilen, heißt es. Dafür fehlt den Technikern aber offensichtlich die Kompetenz, mit Geld und Terminen umzugehen.

Hamburg

Faule Rechner

Seit 1989 stehen bei der Hamburger Behörde für Schule, Jugend und Berufsausbildung für knapp eine halbe Million Mark PCs, Netzwerkgeräte und Peripherie mehr oder weniger ungenutzt herum. Die zusätzlich angeschaffte Software, die immerhin 85000 Mark gekostet hat, kommt nicht zum Einsatz. Das hat zur Folge, daß hochbezahlte Beamte und Angestellte die Daten, die sie aus den Schulen erhalten, immer noch manuell auswerten müssen.

Eine Besserung der Situation ist ohne weitere erhebliche Investitionen nicht in Sicht. Denn inzwischen ist die technische Entwicklung an der vorhandenen Anlage vorbeigegangen, die zudem so angelegt ist, daß ein Anschluß an die Zentralrechner hanseatischer Behörden nicht möglich ist.

Während der Anschaffung sind einige groteske Fehler passiert. Der gravierendste: Obwohl frühzeitig feststand, daß das Rationalisierungskonzept nicht mehr verwirklicht werden könne, beschloß die Behörde trotzdem noch den Kauf von Hard- und Software. Auch dabei ist es laut des hanseatischen Rechnungshofs nicht ganz sauber zugegangen: Der Wettbewerb um den lukrativen Auftrag wurde, so die Prüfer in ihrem Bericht 1993, unzulässig beschränkt.

1993 bemühte sich die Behörde dann verzweifelt, zumindest die ungenutzte Software zurückzugeben, bekam vom Lieferanten allerdings lediglich die Zusage, bei einem Umtausch 25000 Mark gutgeschrieben zu bekommen.

Der Rechnungshof gibt auch dazu einen sehr deutlichen Kommentar: »Die Bemühungen..., aus der vorhandenen IuK-Konfiguration (IuK = Informations- und Kommunikationstechnik; Anm.: der Verfasser) das Beste zu machen, stellen lediglich einen Akt der Schadensbegrenzung dar... Im übrigen vermag der vorgesehene Tausch der nicht genutzten Softwarelizenz die wirtschaftlichen Folgen fehlerhafter Entscheidungen nur teilweise auszugleichen.«

Brandenburg

Senioren verschenkt und verschaukelt

Die 90 alten Herrschaften, die bislang in Schloß Lipsa, Kreis Senftenberg, erst hausten, dann, nach der aufwendigen Renovierung, residierten – auch die haben inzwischen den Glauben an den Segen westlichen Staatsverständnisses verloren. Zumindest in das, was die neuen Funktionäre in den neuen Bundesländern dafür halten.

Das wunderschön gelegene Schloß war Johannes Rau, dem Ministerpräsidenten von Nordrhein-Westfalen, so ans Herz gewachsen, daß er Auftrag gab, die herrschaftliche Immobilie fürstlich zu renovieren. Das ist an sich schon ein befremdlicher Vorgang – was haben die Kumpels in Wanne-Eickel eigentlich mit brandenburgischen Schlössern zu tun? Vor allem – warum müssen sie für deren Renovierung zwei Millionen Mark herblättern – Geld, das den eigenen Seniorenheimen guttäte? Wie dem auch sei – es handelte sich um eine noble Geste im Rahmen der Solidarität zwischen zwei SPD-regierten Ländern; den Herrschaften, die dort ihren Lebensabend genießen, wird es recht gewesen sein.

Jetzt sind ihre Träume vom alt-fürstlichen Leben zerstoben; denn was sie zuerst für einen schlechten Witz hielten und was auch Rau zuerst nicht glauben wollte, ist wahr geworden: Der Landkreis verkaufte die Nobelimmobilie für eine Mark! An wen? An einen rheinischen (!) Immobilienhändler. Die Beamten in Senftenberg vergaßen dabei offensichtlich sogar, den Senioren ein Heimrecht zu sichern – jetzt will Rau noch einmal einspringen und eine Besserung der Verträge erreichen.

Wer die hartleibigen Immobilienhändler kennt, die über die neuen Länder hergefallen sind, weiß vorauszuahnen, was wohl kommt. Es bahnt sich irgendwo ein Gegengeschäft an. Vielleicht nach dem Muster: Altenplätze dort – Bauauftrag/-genehmigung hier.

Bayern

Bauernschläue

650000 Mark hat der Landkreis Miesbach in Oberbayern Landwirten dafür gegeben, daß sie die dort typischen Hecken um Felder und Wiesen verwildern ließen. Die Bauern haben das Geld natürlich gerne eingesteckt, die Auflagen jedoch nicht immer eingehalten.

Aneinandergereiht wären die »Hage«, so heißen die Hecken fachmännisch, 183 Kilometer lang. Das würde leicht bis zum Landwirtschaftsministerium in München und zurück reichen.

In ihnen verstecken sich Hase, Igel und auch Dachs, Amsel, Drossel, Fink und Star und die ganze weite Welt der Subventionsbetrügereien. Hage, wenn sie bezuschußt werden, dürfen weder gemäht noch gedüngt oder beweidet werden; wenn Lücken entstehen, müssen diese mit heimischen Sträuchern und Bäumen geschlossen werden. Selbst das kostet den Landwirt nichts; er erhält die jungen Pflanzen kostenlos in der heimischen Baumschule.

Um die Hage gibt es eine Art Schutzzone, die nicht gemäht werden darf und eingezäunt werden soll.

So weit ist das Programm »Hagpflege« versteh- und durchschaubar. Als der Oberste Bayerische Rechnungshof im Jahr 1992 dann ein paar Beamte hinausschickte, die einmal nachschauen sollten, wie es so steht um die Hage, da kamen sie auf so manche Dreistigkeit: Die vereinbarten Streifenlängen und -breiten wurden vielfach nicht eingehalten, die Krautschicht war oft zerstört, weil die Hagfläche beweidet oder gemäht worden war, es wurden dort Bauschutt oder Holz abgelagert, und die vorhandenen Lücken waren nicht geschlossen.

So weit zum Thema Bauernschläue. Jetzt zum Thema Beamtenkumpanei: Das Hagprogramm läuft bereits seit 1985. Dem Obersten Rechnungshof ist es offenbar nicht zu Ohren gekommen, daß sich die zuständige Behörde, das Landratsamt in Miesbach, nicht sonderlich um die Einhaltung der Verträge gekümmert hat. Der Rechnungshof zieht daraus einen Schluß, der wie eine Drohung gegenüber den auf jeden Pfennig angewiesenen Bauern klingt und die Naturschützer schmerzen wird: »Die untere Naturschutzbehörde hat jedenfalls bis 1992 die vereinbarten Bewirtschaftsbeschränkungen nicht überwacht. Wenn von der Verwaltung nicht ausreichende Kontrollen vorgenommen, also etwa 20 Prozent der geförderten Hage jährlich besichtigt werden können, sollte die Förderung insgesamt aufgegeben werden.«

Das legt zwei weitere Schlüsse nahe: Was soll erst werden, wenn die Bauern tatsächlich in den Dienst der Landschaftspflege gestellt werden, dafür aber ihre Wirtschaftsflächen stillegen müssen? Und: Ist es nicht doch angebracht, die Landwirte in Zukunft via Satellit bezüglich ihrer Vertragstreue zu überwachen? Die technischen Mittel dazu stehen bereit . . .

Brandenburg

Gerade noch mal gutgegangen

Fast wäre das Land Brandenburg viereinhalb Millionen Mark losgeworden, wenn nicht der Rechnungshof frühzeitig Wind von der windigen Beschaffung eines Polizeihubschraubers bekommen hätte. Das Innenministerium, das dringend einen vierten Hubschrauber zum Transport von Kräften des Sondereinsatzkommandos brauchte, hatte sich für einen 4,5 Millionen Mark teuren Typ aus Polen entschieden. Sicher kein schlechtes Gerät – nur gab es dafür in der Bundesrepublik keine Zulassung, der Vogel hätte also auf dem Boden stehenbleiben müssen.

Auf Intervention des Rechnungshofes verzichtete das Innenministerium auf den Kauf und wurde anderswo fündig – in den Beständen der Bundeswehr. Der gehören nämlich seit den Tagen der Wiedervereinigung sämtliche Fluggeräte der ehemaligen Volksarmee, auch Hubschrauber des Typs MI-8. Und für die gibt es zumindest im Bereich der neuen Bundesländer eine Flugerlaubnis.

Damit waren auch die viereinhalb Millionen Mark aus der Diskussion: Für 800000 Mark gab es vom Bund gleich zwei Hubschrauber.

Womit nun allen gedient ist: Die Bundeswehr ist um 800000 Mark reicher und braucht die beiden Vögel nicht zu verschrotten (was auch wieder Geld gekostet hätte), das Land hat 3,7 Millionen Mark gespart, und die Polizisten kommen schnell dorthin, wo die Politik sie hinschickt. Und die Beamten haben hoffentlich gelernt, daß sie in Zukunft lieber nachdenken, bevor sie Bestellscheine ausfüllen.

Sachsen-Anhalt

Ins Blaue gefördert

Wer kein Geld hat, kann auch nicht Auto fahren – nach dieser Regel sollte auch die öffentliche Hand ihre Investitionen steuern. Wer die Grundfinanzierung eines Projekts nicht sicherstellen kann, darf auch keine Fördermittel bekommen. Sonst wird aus den Fördermitteln das Grundkapital, aus dessen Zahlung der Zwang zu immer noch ein paar tausend Mark Stütze resultiert.

Leider: Die Verwaltungen halten nicht viel von dieser Regel, obwohl sie in den Haushaltsgesetzen festgelegt ist. So stieß auch der Rechnungshof des Landes Sachsen-Anhalt schnell auf Verstöße.

Zum Beispiel erhielt ein kirchliches Krankenhaus für die Erweiterung einiger Wartezimmer vom Ministerium für Arbeit und Soziales 216000 Mark, obwohl die Herkunft der Mittel für die restlichen benötigten 54000 Mark ungesichert blieb. Wahrscheinlich wird's der Steuerzahler blechen, hatte das Ministerium doch vor der Herausgabe der Gelder vergessen zu prüfen, ob die Kirche als Träger und Nutznießer nicht das Ihrige hätte beitragen können.

Eine Skurrilität nebenbei: Der Bewilligungsbescheid lag zwischen dem 26. Oktober 1992, als er erteilt wurde, und Anfang 1993, als er persönlich übergeben wurde, fast sechs Wochen in irgendeiner Amtsstube herum. Wenn schon jemand am Rande der Legalität finanziert wird, dann sollte er doch wenigstens frühzeitig davon in Kenntnis gesetzt werden, oder?

Hessen

Grüner Verschiebebahnhof

Die grün inspirierten Kinder dieser Republik, so geht die Fama, seien finanztechnisch eher naiv. Sympathisch naiv zudem, vergriffen sie sich doch in ihrem ethischen Wahn nie an fremdem Geld; hungerten eher. Daß dem nicht so ist, macht dieser Fall deutlich, der so komplex angelegt ist, daß selbst die Leute vom Rechnungshof zugeben, bisher nur die Umrisse des Skandals zu kennen. Daher muß hier auch aus presserechtlichen Gründen auf jede eigene Interpretation verzichtet werden. Der Leser möge den Fall trotzdem genießen und sich bei der Lektüre vor Augen führen: So schreiben Beamte eben. – Das ist der Fall:

Auf einem gepachteten ehemaligen Hofgut in Nordhessen betreibt Herr O. mit seiner Ehefrau einen landwirtschaftlichen Betrieb (Firma a) nach den Richtlinien des Bioland-Verbandes für organisch-biologischen Landbau. Um den von dem landwirtschaftlichen Betrieb O. eingeschlagenen Weg der Direktvermarktung zu erweitern, neu zu strukturieren bzw. ein neues Vermarktungskonzept mit dem erforderlichen Zukauf sowohl im Gemüsebereich als auch von anderen Produkten ausbauen zu können, wurde im Juni 1988 auf den Namen von Frau O. ein Handel mit biologischen Lebensmitteln (Firma b) als Gewerbebetrieb mit dem Geschäftssitz auf dem Hofgut eingerichtet.

Zur Schaffung der hierfür notwendigen betrieblichen Grundlagen und Betriebsstrukturen beantragte Firma b am 10. März 1989 Zuwendungen nach den »Richtlinien zur Förderung von Produktinnovationen und Vermarktungsalternativen« vom 13. Oktober 1988 (RL-PI/VA) beim zuständigen Amt für Landwirtschaft und Landentwicklung (ALL) für folgende Investitionen/Maßnahmen:

– Bauliche und organisatorische Investitionen
  1. Bau eines Käseschneideraumes mit Einrichtung ca. 5000 Mark
  2. Bau eines Trockenlagers ca. 5000 Mark
  3. abgestimmtes Computerprogramm (PC des Ehemannes sollte mitbenutzt werden) ca. 5000 Mark
  4. Einrichtung von Arbeitsplätzen mit Waagen ca. 6000 Mark
  5. Anschaffung von Rollwagen zum innerbetrieblichen Transport ca. 2000 Mark
  6. Anschaffung von Transportkisten, Kühltaschen ca. 2000 Mark
  7. Einrichtung eines Kühllagers mit Kühlraum ca. 30000 Mark
  8. Anschaffung eines zusätzlichen Lieferwagens ca. 20000 Mark
  Summe ca. 75000 Mark
– Werbemaßnahmen
  1. Werbemittel im ersten Projektjahr (Briefköpfe, Prospekte, Info-Schreiben, Briefwerbung, Anzeigen) ca. 5000 Mark

Insgesamt 80000 Mark

Der Antrag wurde vom ALL an das Landesamt für Ernährung, Landwirtschaft und Landentwicklung (LELL) als zuständige Bewilligungsstelle pauschal befürwortend weitergeleitet und vom LELL mit Bescheid vom 4. April 1989 in Höhe von 30 v. H. zu den Einzelinvestitionen und in Höhe von 50 v. H. zu den Werbemaßnahmen, insgesamt mit 25000 Mark, an Frau O. bewilligt. Die Kostenpositionen des Antrags waren dabei ohne Änderungen in dem Bewilligungsbescheid übernommen worden, obwohl nachvollziehbare Kostenvoranschläge bzw. Kostenberechnungen fehlten; die nach Nr. 3.2 der PL-PI/VA als formale Förderungsvoraussetzung geforderten Liefervertragsbedingungen waren ebenfalls nicht in ausreichender Höhe nachgewiesen.

Nach Vorlage und Prüfung der Einzelrechnungen wurde die Zuwendung am 11. Dezember 1989 in Höhe von 23362,25 Mark ausgezahlt.

Ausweislich der vorgelegten Rechnungen der Verwendungsführung wurden sämtliche Bauarbeiten zu den geförderten Investitionen der Firma b von Firma a durchgeführt. Diese stellte der Firma b für diese Arbeiten insgesamt 550 Arbeitsstunden à 35 Mark und 48 Stunden à 40 Mark, zusammen also 21170 Mark zuzüglich 8 v. H. MwSt., in Rechnung.

Weiter wurden von zwei Mitbewohnern des Hofguts 50 Stunden für Malerarbeiten und Regalbau à 20 Mark und 43 Stunden für Maurerarbeiten à 20 Mark abgerechnet. Ein dritter Mitbewohner des Hofguts, der im nachgenannten Zuwendungsverfahren der Firma a (...) u. a. auch Leistungen als Statiker in Rechnung gestellt hat, rechnete in diesem Zuwendungsverfahren für die Fertigung und das Einsetzen der Kühlhaustür 700 Mark und für Schweißarbeiten an der Kühllagertür (mit Einbau) 500 Mark zuzüglich jeweils 8 v. H. MwSt. ab, ohne diese Leistungen näher zu spezifizieren.

Leistungen im Bereich der Werbung und Verkaufsförderung in Höhe von pauschal 4100 Mark zuzüglich 14 v. H. MwSt. waren der Firma b von einem in Niedersachsen gelegenen »Büro für Marketing und Vertriebsoptimierung«, welches Herr O. gemeinsam mit einem ehemaligen Studienkollegen als Gesellschaft bürgerlichen Rechts betreibt (Firma c), in Rechnung gestellt worden. Diese Rechnungen wurden ohne nähere Prüfung von der Verwaltung im Förderungsverfahren zugrunde gelegt, obwohl bereits der Umstand hätte stutzig machen müssen, daß ein großer Teil der vorgelegten Materialrechnungen auf den Namen von Herrn O. ausgestellt war.

Am 31. Dezember 1989 beantragte die Firma b eine Erhöhung des Zuschusses zum Werbeetat für das erste Projektjahr 1989 um weitere 2500 Mark, ohne die damit im Zusammenhang stehenden Kostenplanungen genauer zu spezifizieren. Das LELL bewilligte am 20. Februar 1990 den beantragten Zuschuß in Höhe von 2500 Mark. Der Abrechnung dieses Zuschusses lag wiederum eine Rechnung der Firma c über 5000 Mark zuzüglich 14 v. H. MwSt. zugrunde. Die Einzelpositionen dieser Rechnung waren nicht näher spezifiziert und konnten deshalb, wie z. B. die Kostenpositionen der Schulung des Vertriebspersonals der Firma b, nicht nachgeprüft werden.

Am 11. Oktober 1989 beantragte die Firma b die Weiterförderung des Werbeetats für 1990 (also des zweiten Projektjahres) nach den RL-PI/VA und beantragte am 27. Mai 1990 ergänzend die Bezuschussung des Kaufs eines Computers mit Drucker, obwohl im ersten Förderungsantrag (...) erklärt worden war, daß der PC des Ehemannes O. mitbenutzt werden sollte. Der Computer mit Drukker war Firma b wiederum von Firma c mit Kosten von 5850 Mark angeboten worden. Weitere Kosten für Werbung waren vom gleichen Büro ebenfalls pauschal mit 6000 Mark in Rechnung gestellt worden. Diese Beträge wurden ohne Einzelprüfung in den Bewilligungsbescheid vom 17. August 1990 aufgenommen, mit 50 v. H. (Werbemaßnahmen) bzw. 30 v. H. (andere Investitionen) bezuschußt und am 15. November 1990 ausgezahlt.

Der Abrechnung dieser Maßnahme am 9. November 1990 lagen nahezu allein Rechnungen einer in Niedersachsen unter gleicher Geschäftsadresse wie Firma c ansässigen Gesellschaft bürgerlichen Rechts für die Einrichtung zukunftsbezogener Vermarktungskonzepte im Biobereich (Firma d) zugrunde. Die Gesellschafter der Firmen c und d sind identisch.

Bei abgerechneten Gesamtkosten von 12248,11 Mark einschließlich MwSt. entfallen Kosten in Höhe von 11970 Mark allein auf die Firma d. Dabei waren die durchgeführten Werbearbeiten auch hier nur pauschal mit 5000 Mark zuzüglich MwSt. ausgewiesen und somit nicht prüfbar. Obwohl diese am 29. Oktober 1990 vorgelegten Belege laut verwaltungsinternem Prüfvermerk des LELL vom 9. November 1990 bereits als Grundlage für die Auszahlungsanordnung vom 15. November 1990 gedient hatten, erinnerte das LELL mit Schreiben vom 26. März Firma b an die Vorlage eines formalen Verwendungsnachweises, der schließlich unter dem Datum vom 27. März 1991 beigebracht wurde.

Der Rechnungshof betrachtet eine solche nachträgliche formale Erfüllung von Obliegenheiten durch die Antragstellerin unter Berücksichtigung der geschilderten Antragsprüfungs- und Bewilligungspraxis als Farce; solche sinnlosen Verwaltungspraktiken sollten dienstaufsichtlich ein für allemal abgestellt werden.

Unter Federführung der Firma d wurde bereits im Haushaltsjahr 1991 die Konzeption eines zentralen Vermarktungssystems für biologische Produkte entworfen. Hierdurch sollte die mit der Firma b begonnene Vermarktungsidee weiter ausgebaut und von einer Zentralstelle aus organisiert und mittels EDV-Einsatzes gesteuert werden. Ein entsprechender im Entwurf vorgelegter Projektantrag des Bioland-Landesverbandes Hessen vom 30. August 1991 zur »Entwicklung eines Hausservice-Verbundsystems«, der von einem Mittelbedarf von insgesamt 400000 Mark ausging, wurde nach Gesprächen im Landwirtschaftsministerium nicht weiter verfolgt, weil die Führung eines derartigen Hausserviceverbundes durch den Bioland-Landesverband als Projektträger den Zugang für Demeterbetriebe, Rhönhofbetriebe usw. nicht ermöglichen würde.

Der Rechnungshof hält dieses Argument für vordergründig, weil ein konkretes Interesse anderweitig gebundener, ökologisch wirtschaftender Betriebe und Zusammenschlüsse an dem Vermarktungssystem bis heute nicht nachgewiesen worden ist.

Zu dem von Frau O. unter »Hausserviceverbund Hessen in Gründung« (spätere Firma f) am 16. Februar 1992 vorgelegten Projektantrag zur Entwicklung eines Hausservicesystems in Hessen führte das LELL am 28. Februar u. a. aus:

»Auf der Besprechung am 27. Januar 1992 war die Rede von der Gründung einer GbR (Gesellschaft bürgerlichen Rechts; der Verf.) aus mehreren interessierten Landwirten (ca. 3–4), die als vorläufiger Projektträger einen Antrag auf Förderung stellen könnten. Diese Gruppe könnte später um neue Teilnehmer erweitert werden. In Anbetracht der Größe des geplanten Projekts halte ich die besprochene Vorgehensweise für den besseren Weg und bitte Sie daher zu prüfen, ob sich nicht zwei weitere Gesellschafter finden, die das Projekt von Anfang mittragen und sich dem vorgelegten Antrag anschließen.«

Als Ergebnis der Vorstellungen der Bewilligungsstelle in Verbindung mit der vorausgegangenen Besprechung am Fachministerium wurde mit Gesellschaftervertrag vom 14./20. Februar 1992 eine weitere Gesellschaft bürgerlichen Rechts (Firma e) mit dem Ziel des Handels mit biologischen Lebensmitteln mit dem Geschäftssitz im Nachbarort des Hofgutes gegründet. Gesellschafter sind zwei Diplom-Agraringenieure, von denen einer bis dahin halbtags in dem landwirtschaftlichen Betrieb (Firma a) beschäftigt gewesen war.

Die neue Gesellschaft (Firma e) stellte sodann am 11. März 1992 einen eigenen Förderungsantrag nach dem RL-PI/VA für ein Projekt zur »Hausservicevermarktung«. Zur Schaffung der notwendigen betrieblichen Grundlagen wurden Zuwendungen für

- den Umbau vorhandener Gebäude in Pack- und Lagerräumlichkeiten,
- die Entwicklung eines Werbe- und Marketingkonzeptes

beantragt. Der Start der Firma e sollte in angemieteten Räumlichkeiten der Firma b auf dem Hofgut erfolgen. Die im Antrag enthaltenen Investitionen/Maßnahmen sind wie folgt aufgegliedert:

- Bauliche und organisatorische Investitionen
  1. Umbau einer Scheune für Lager- und Kühlraum 8690 Mark
  2. Kühlzelle 13 545 Mark
  3. Kältesatz für Kühlzelle 6000 Mark
  4. Einrichtung von Arbeitsplätzen mit zwei Waagen 4700 Mark
  5. 4 Rollwagen 2332 Mark
  6. Anschaffung von 500 Transportkisten 2550 Mark
  7. Personalcomputer mit Monitor 5332 Mark
  8. Drucker 1490 Mark
  9. EDV-Programm »Hausservicemarketing« 7000 Mark
  10. Anschaffung eines Lieferwagens mit Kühlzelle 35 870 Mark

  Summe 87 509 Mark
- Werbemaßnahmen
  1. Entwicklung, Werbestrategie, Erstellen von Werbematerialien 5500 Mark
  2. Druck von verschiedenen Werbeprospekten 1640 Mark

  Summe insgesamt: 94 649 Mark

Obwohl auch bei diesem Antrag die formalen Förderungsvoraussetzungen im Hinblick auf entsprechende Liefervertragsbedingungen nach den RL-PI/VA nicht vorlagen, wurde der Förderungsantrag vom örtlichen ALL befürwortend zur Bewilligung dem LELL weitergereicht.

Die fachliche Stellungnahme des ALL geht dabei weder auf die einzelnen Kostenpositionen des Antrags noch auf die Fragen zum Betriebsstandort bzw. zur Miet- oder Pachtvertragsgestaltung mit der Firma b ein, wiewohl dies unter dem Gesichtspunkt der Nutzungsdauer der betrieblichen Investitionen von ausschlaggebender Bedeutung gewesen wäre. Auch das LELL ging diesen Fragen nicht nach, sondern bewilligte am 18. Mai 1992 einen Zuschuß in Höhe von 30 v. H. bzw. 50 v. H. von insgesamt 29923 Mark bei unveränderter Übernahme der Kostenansätze des Bewilligungsantrages.

Das ALL als örtliche Fachbehörde wurde gebeten, die Förderungsmaßnahmen vor Ort zu begleiten; hiervon kann allerdings keine Rede sein, denn die pauschale Mitteilung der antragstellenden Firma e vom 11. September 1992, daß sich innerhalb der geplanten Maßnahmen wesentliche Kostenverschiebungen ergeben würden, weil u. a. auch deutliche Umplanungen vorgenommen worden seien (z. B. der Kühlraum 50 v. H. größer als ursprünglich geplant), führten lediglich zu der verwaltungsseitigen Reaktion, ergänzend zu den Belegen die Vorlage der Originalkontoauszüge und die Unterschrift unter einen Verwendungsnachweis zu verlangen.

Die Verwendungsnachweise vom 14. Oktober 1992 und vom 13. November 1992 wurden, ohne auf die Abweichungen vom Antrag einzugehen, ohne weitere Beanstandungen vor Ort geprüft und die Zuwendung in Höhe von 27874,44 Mark am 7. Dezember 1992 zur Zahlung angewiesen.

Zu den im Rahmen der Verwendungsführung vorgelegten Rechnungen für die Maßnahmen ist folgendes festzustellen:

Wie bei der ersten Förderungsmaßnahme der Firma b (...) wurden auch bei der Förderungsmaßnahme der Firma e sämtliche Bauleistungen vom landwirtschaftlichen Betrieb des Herrn O. (Firma a) erbracht und der antragstellenden Firma e mit Rechnung vom 19. Oktober 1992 pauschal mit insgesamt 100 Arbeitsstunden à 35 Mark und 417 Arbeitsstunden à 30 Mark, insgesamt also mit 16010 Mark zuzüglich 8 v. H. MwSt. in Rechnung gestellt.

Von dem bereits bei der Fördermaßnahme der Firma b genannten Mitbewohner auf dem Hofgut wurden auch in diesem Antragsverfahren 55 Arbeitsstunden à 35 Mark für Bauleitung und Planungsarbeiten sowie 20 Arbeitsstunden à 30 Mark für den Bau einer Kühlraumtür zuzüglich 8 v. H. MwSt. abgerechnet. Die Firma d hat für die Lieferung des Softwarepaketes »Hausservicevermarktung« als Festpreis 7000 Mark und für Werbemaßnahmen auf der Basis von Stundenlohnarbeiten (80 Mark pro Stunde) 5440 Mark jeweils zuzüglich 14 v. H. MwSt. in Rechnung gestellt.

Inwieweit es sich bei dem genannten Softwarepaket um das im Zusammenhang mit dem unter Tz. 78 dargelegten geförderten Programm handelt, dürfte im nachhinein kaum mehr nachvollziehbar sein. Nach Meinung des Rechnungshofs hätte Firma f nach dem vorliegenden Franchisevertrag das im Rahmen der Förderungsmaßnahme erstellte EDV-Programm für Hausservicevermarktung im Jahr 1992 Firma e kostenlos zur Verfügung stellen müssen. Eines zusätzlichen durch Haushaltsmittel des Landes geförderten Ankaufs von der Firma d hätte es deshalb nicht bedurft.

Hierfür spricht auch die überaus enge Zusammenarbeit der genannten Firmen am selben Standort, in denselben Wirtschaftsräumen und unter Nutzung derselben Lieferwagen. Hinzu kommt, daß Herr O. über die von ihm mitbetriebene Firma d das in Rede stehende EDV-Programm für die von seiner Ehefrau und seinem vormaligen Teilzeitbeschäftigten geleitete Firma f selbst entwickelt hat.

Für die als Dachorganisation für angeschlossene Vermarktungsbetriebe geplante Gesellschaft bürgerlichen Rechts (Firma f), seinerzeit noch in Gründung, hatte Frau O. am 16. Februar 1992 ebenfalls einen Förderungsantrag vorgelegt (...). Die Kosten des danach von der Firma d, deren Mitbetreiber Herr O. ist, zu entwickelnden EDV-gestützten Vermarktungssystems für Hausservice betreibende landwirtschaftliche Betriebe in allen Regionen Hessens, die kontrolliert biologischen Landbau betreiben, waren für die erste Phase mit 171000 Mark und für die zweite Phase mit 235000 Mark veranschlagt. Dem Antrag hatte wiederum allein ein Angebot der Firma d zugrunde gelegen.

Nachdem in der Antragsbesprechung vom 27. Januar 1992 im Fachministerium Bedenken bestanden hatten, daß das Gesamtprojekt zu diesem Zeitpunkt allein auf die Firma b ausgerichtet sei, deren Inhaberin gleichzeitig zu diesem Zeitpunkt alleinige Gesellschafterin der Dachgesellschaft f war, war die Firma e gegründet worden. Deren Gesellschafter W. trat nunmehr mit Gesellschaftervertrag vom 25. März 1992 zusätzlich als Mitgesellschafter der Firma f bei.

Gemäß Gesellschaftervertrag sollte die neu gegründete Dachgesellschaft folgende Aufgaben übernehmen:

- Weiterentwicklung der Vermarktungsform »Hausservice« zu einem standardisierten Konzept,
- Verbreitung dieses Konzepts,
- Hilfe bei Einrichtung dieser Vermarktungsform,
- Entwicklung und Weitergabe von Betriebsmitteln und
- Ausarbeitung einer zukünftigen Rechtsform für den Hausserviceverbund.

Das LELL hatte mit Schreiben vom 28. Februar 1992 zu dem Förderungsantrag u. a. gefordert, für einige der Antragspositionen jeweils zwei weitere Kostenvoranschläge einzuholen und vorzulegen bzw. weitere Kostenpositionen transparenter zu machen. Diesem Verlangen ist die Antragstellerin nicht nachgekommen. Vielmehr wurde von ihr mit Schreiben vom 29. März 1992 umfassend dargelegt, daß allein die Firma d »die richtige Adresse« sei. Weiter wurde ausgeführt, daß es zur Zeit nicht möglich sei, neben dem Gesellschafter der Firma e noch weitere interessierte Landwirte als Gründungsmitglieder zu gewinnen.

Ungeachtet dieser Entwicklung und ohne auf die eigenen Forderungen im Schreiben vom 28. Februar 1992 nochmals näher einzugehen, befürwortete das LELL den Förderungsantrag gemäß Prüfungsvermerk vom 28. April 1992 in vollem Umfange und erklärte, daß wegen des besonders hohen Innovationsgehaltes auf das Einholen weiterer Kostenvoranschläge verzichtet werden müsse.

Warum das LELL als Bewilligungsstelle danach die Mühe auf sich genommen hat, mit Schreiben vom 30. April 1992 das ALL zu bitten, zum Antrag Stellung zu nehmen, und dies wegen der Eilbedürftigkeit per Telefax, ist nicht nachvollziehbar. Das ALL indessen hat in seiner Stellungnahme vom 11. Mai 1992 nunmehr zahlreiche Bedenken und Anregungen vorgetragen bzw. geltend gemacht, die spätestens jetzt zu einem Überdenken der Förderungsmaßnahme hätten Anlaß sein müssen. So wurde nunmehr erkannt, daß weniger die Firma f, sondern Herr O. als Initiator und Betreiber des geplanten Projekts aufgetreten sei. Das ALL machte den Vorschlag, wenn dieses Vermarktungskonzept vom Land Hessen gefördert werde, sei es dringend erforderlich, ein begleitendes Beratungskonzept durch die hessische Agrarverwaltung zu erarbeiten, um dieses Verbundsystem flächendeckend anbieten zu können. Ferner wurde darauf hingewiesen, es solle berücksichtigt werden, daß das Projekt bisher weitgehend auf die Familie O. zugeschnitten sei; bei einer Bewilligung von Förderungsmitteln müsse der Zugang zur Firma möglichst vielen hessischen Betrieben ermöglicht werden.

Trotz dieser ungeklärten Förderungsvoraussetzungen gewährte das LELL mit Bewilligungsbescheid vom 9. Juni 1992 eine Zuwendung in Höhe von 75000 Mark (50 v. H. Zuschuß zur förderungsfähigen Aufwendung in Höhe von 150000 Mark) für folgende Investitionen bzw. Aufwendungen:

1. Vorklärungsarbeiten zur Erstellung eines Konzeptes (Beaufsichtigung des Betriebsablaufes, Strukturaufbau, Datenerfassung) 200 Stunden à 50 Mark = 10000 Mark
2. Erstellung eines Handbuches zur Hausvermarktung 40000 Mark
3. Erstellung eines EDV-Programmes 40000 Mark
4. Entwicklung eines Werbekonzeptes 10000 Mark
5. Bekanntmachung dieser Vermarktungsform zur Gewinnung weiterer landwirtschaftlicher Betriebe als Gesellschafter 20000 Mark
6. Betriebsberatung über die zukünftige Rechtsform, innerbetriebliche Zusammenarbeit etc. 15000 Mark
7. Einrichtung des Systems bei neuen Betrieben (Beratung, Training, Mithilfe in den ersten Wochen) je Betrieb 7500 Mark = 15000 Mark

   Gesamtsumme 150000 Mark

Zur Abrechnung der für das Haushaltsjahr 1992 bewilligten Zuwendungen wurde am 16. Oktober 1992 ein erster Teilverwendungsnachweis mit Kosten von 115330,97 Mark vorgelegt. Allein Kosten in Höhe von 67670 Mark zuzüglich 14 v. H. MwSt. waren hierbei von der Firma d für Tätigkeiten bis einschließlich 30. September 1992 in Rechnung gestellt worden. Hinzu kommt u. a. ein Betrag von 21160 Mark zuzüglich 14 v. H. MwSt. als Auslagen für Vermarktungsberatung. Diese Beträge hatte eine weitere von Herrn O. auf dem Hofgut betriebene Firma (Firma g) der Firma d in Rechnung gestellt, die sie ihrerseits an die antragstellende Firma f weitergab. Im einzelnen handelt es sich um folgende Leistungen der Firma g:

1. Kontakt mit Interessenten HVH 53 Arbeitsstunden à 80 Mark = 4240 Mark
2. Konzeption Handbuch zur Hausvermarktung 198 Arbeitsstunden à 80 Mark = 15840 Mark
3. Auslagen für Telefon 100 Mark, Fahrten 980 km à 1 Mark = 980 Mark

Summe 21160 Mark, zuzüglich 14 v. H. MwSt. 2962,40 Mark, Gesamtsumme 24122,40 Mark.

Ohne daß die verwaltungsmäßige Rechnungsüberprüfung, mit der das LELL das ALL durch Schreiben vom 22. Oktober 1992 beauftragt hatte, abgewartet worden wäre, wurde am 22. Oktober 1992 (also am gleichen Tag) ein Zuschußbetrag in Höhe von 50583,76 Mark an die Firma f zur Zahlung angewiesen.

Der weitere zu dieser Förderungsmaßnahme am 11. November 1992 vorgelegte Teilverwendungsnachweis hatte Kosten in Höhe von 44466,76 Mark der Firma g über Arbeiten vom September bis einschließlich 5. November 1992 zum Inhalt. Auch im Rahmen dieser Teilabrechnungen waren gemäß Rechnung der Firma g für »Kontakte mit Interessenten« insgesamt 102 Arbeitsstunden à 80 Mark sowie Telefon und Büromaterial jeweils zuzüglich 14 v. H. MwSt. der Firma d in Rechnung gestellt und an die Firma f weitergegeben worden.

Zusätzlich wurden in diesem Teilverwendungsnachweis jeweils 5000 Mark als Eigenleistungen der beiden Gesellschafter der Firma f, nämlich von Frau O. und von dem seinerzeit als Teilzeitbeschäftigten der Firma a fungierenden Herrn W., in Rechnung gestellt. Diese Eigenleistungsabrechnungen beinhalten je Gesellschafter 100 Stunden à 50 Mark für Diskussionen über Grundlagen zum Hausserviceverbund, Weisungen und Besprechungen an bzw. mit der Firma d, deren Mitgesellschafter Herr O. ist, u. ä. So wurden für beide Gesellschafter

- am 13. 6. 1992 – 7 Stunden Diskussionen über Grundlagen HVH,
- am 14. 6. 1992 – 8 Stunden Diskussionen über Grundlagen HVH,
- am 20. 6. 1992 – 8 Stunden Diskussionen über Grundlagen HVH,
- am 8. 8. 1992 – 8 Stunden Diskussionen Vorlage Franchisevertrag,
- am 9. 8. 1992 – 7 Stunden Diskussionen Vorlage Franchisevertrag,

- am 29. 8. 1992 – 8 Stunden Diskussionen Struktur und Gesellschaftsform,
- am 30. 8. 1992 – 7 Stunden Diskussionen Struktur und Gesellschaftsform,
- am 19. 9. 1992 – 7 Stunden Diskussionen Geschäftsordnung,
- am 20. 9. 1992 – 8 Stunden Diskussionen Geschäftsordnung

u. a. abgerechnet.

Abgesehen davon, daß die RL-PI/VA die Finanzierung von Eigenleistungen nach Auffassung des Rechnungshofs nicht zulassen, erscheinen Gesamtdiskussionsaufwand und tägliche Diskussionszeiten so unglaubhaft, weil außerhalb jeglicher Lebenserfahrung, daß wenigstens bezüglich dieser geltend gemachten »Leistungen« eine sensible verwaltungsseitige Bearbeitung hätte erwartet werden müssen. Indessen wurde auch zu dieser Teilabrechnung der Restzuwendungsbetrag am 23. November 1992 ausgezahlt, obwohl erst mit Schreiben vom gleichen Tag die Rechnungsunterlagen dem ALL zur Prüfung übersandt worden waren.

Nachdem das ALL seine Prüfung zu den Verwendungsnachweisen abgeschlossen hatte, faßte es am 4. Februar 1993 seine Bedenken und Fragen wie folgt zusammen:

- Die nach den VV zu § 44 LHO in den Allgemeinen Nebenbestimmungen zur Projektförderung vorgeschriebenen formalen Rechnungsdaten sind in den vorgelegten Rechnungen nicht enthalten. Z. B. fehlen Auftrags- und Lieferdaten ganz.
- Die Möglichkeit der Anerkennung der Rechnungen über die Eigenleistungen von Frau O. und Herrn W. (als Gesellschafter) wird bezweifelt.
- Eine Abschlagszahlung in Höhe von 30000 Mark aufgrund der Rechnungen der Firma d vom 2. Oktober 1992 wurde anscheinend vom Privatkonto der Frau O. überwiesen, so daß eine korrekte Trennung der verschiedenen Betriebe nicht erfolgt ist, obwohl jeweils für die Einzelbetriebe getrennt eine Förderung beantragt und bewilligt worden war.
- Es fiel jetzt auf, daß immer wieder die gleichen Firmen mit weitgehend identischer Gesellschafterstruktur sich gegenseitig Rechnungen ausstellten.

- Die Prüfung hat gezeigt, was nach Meinung des Rechnungshofs bereits vor der Antragsprüfung festzustellen gewesen wäre, daß die Trennung der Einzelbetriebe nur schwerlich nachvollziehbar ist, weil sämtliche Aktivitäten und Nutzungen von Gebäuden, Computern etc. gemeinsam erfolgt. Das Amt für Regionalentwicklung, Landschaftspflege und Landwirtschaft (ARLL – vormals ALL) sieht sich außerstande, die korrekte Trennung zu überprüfen.
- Die Höhe der angesetzten jeweiligen Stundenlöhne wurde in Frage gestellt.

Erst das Ergebnis dieser Prüfung war für das Landesamt für Regionalentwicklung und Landwirtschaft (HLRL – vormals LELL) Anlaß, die Abrechnungen der Förderungsmaßnahmen aus dem Haushaltsjahr 1992 für die Firmen b, e und f am 21. April 1993 vor Ort selbst zu überprüfen. Im Ergebnisvermerk zu dieser örtlichen Überprüfung vom 25. Mai 1993 wurden Sachverhalte ermittelt, die nach Meinung des Rechnungshofs allein schon Anlaß zur zumindest teilweisen sofortigen Rückforderung der Förderungsmittel hätten sein müssen.

- Die im Rahmen des ersten Zuwendungsverfahrens der Firma b von Firma a erbrachten Bauleistungen sind nicht als förderungsfähige Eigenleistung zu bewerten.
- Die Förderungsvoraussetzung nach Nr. 3.2 der RL-PI/VA für Firma f sind zu prüfen; gegebenenfalls ist der Förderungshöchstbetrag nach Nr. 5.2 der RL-PI/VA festzusetzen.
- Die fehlende Auslastung der für die Firma e bezuschußten Maßnahmen müßte Anlaß für eine Kürzung der Zuwendung sein.
- Die Inrechnungstellung der Eigenleistung der Gesellschafter der Firma f für Weisungen und Diskussionen an bzw. mit der Firma d in Zusammenhang mit dem bezuschußten Projekt ist zu bezweifeln.

Statt eine Entscheidung über die (Teil-)Rückforderung von Mitteln zu treffen, zahlte die Bewilligungsstelle am 26. Mai 1993 wegen einer fälschlichen Kostenzuordnung in der Abrechnung der für 1992 bewilligten Zuwendungen einen weiteren Zuschußbetrag in Höhe von 7403,76 Mark an Firma f aus und legte die Angelegenheit im übrigen mit Bericht vom 28. Mai 1992 dem Ministerium zur Entscheidung vor.

Alles verstanden? Der Verfasser gibt zu: er auch nicht.

Und was sagt das Landwirtschaftsministerium? Man will prüfen, ob Gelder zurückgefordert werden müssen. Was sagt der Staatsanwalt? Der fürchtet sich vorm grünen Verhau.

Hamburg

Wohnraum verschenkt, Geld verplempert

Hamburg leidet an Wachstumsstörungen: zuwenig Fläche, zuwenig Wohnungen. Daher bemüht sich die Verwaltung auch redlich, Wohngebiete zu schaffen – und weiß dennoch, daß sie der Entwicklung wohl noch über lange Zeit hinterherhinken wird.

Daher war es dem Rechnungshof auch relativ unverständlich, daß in einem der Erschließungsgebiete, es erhielt den Namen Allermöhe II, 1800 Wohneinheiten weniger geplant waren, als das möglich gewesen wäre. Die mögliche dichtere Bebauungsweise wäre bei der Erschließung nicht einmal teurer gekommen; also beim Anlegen der Straßen, Kanalisationen oder was sonst noch für die Versorgung der Anwohner benötigt wird.

Ganz im Gegenteil: Der Rechnungshof kalkulierte die Erschließungskosten nach und kam auf rund 40 Millionen Mark Einsparmöglichkeiten. Dabei legten die Beamten jene Einrichtungen zugrunde, die im benachbarten Wohngebiet »Allermöhe I« zur Verfügung stehen. Und dort, das wird allgemein anerkannt, herrscht ein beträchtlicher Wohnkomfort.

Die räumliche Privilegierung der künftigen Anwohner von Allermöhe II ist in der Tat beeindruckend ausgefallen: Dort sind lediglich 16,6 Wohneinheiten pro Hektar geplant, während sich in Allermöhe I 22,4 Wohneinheiten auf derselben Fläche verteilen.

Ähnlich groß ist die Diskrepanz zu den übrigen geplanten Großerschließungsgebieten: 26,9 Wohneinheiten pro Hektar in Neugraben-Fischbek und 29,7 Wohneinheiten in Finkenwerder.

Rheinland-Pfalz

Teures Wasser

Eine geschickte Umschichtung öffentlicher Fördermittel – und schon fließt das Geld reichlich und ist die Finanzhoheit des Parlaments unterlaufen.

So dachten es sich wohl die Verantwortlichen eines Wasserzweckverbandes im Hunsrück, als sie ein wenig mit Fördermitteln des Landes und des Bundes jonglierten. Der Zweckverband, der auf dem freien Kapitalmarkt viel Geld aufgenommen hatte, um die Wasserversorgung der Bürger in den angeschlossenen Gemeinden zu sichern, erhielt vom Land ein zinsloses Darlehen über sieben Millionen Mark, um sich von den hohen Belastungen lösen zu können. Das war der erste Gnadenakt.

Der zweite folgte 1990 durch die Bundesregierung, die dem Zweckverband einen Baukostenzuschuß von 3,4 Millionen Mark bewilligte. Damals schloß sich ein Bundeswehrflugplatz der Wasserversorgung an, so daß der Bund das Geld einschießen konnte/mußte.

Statt jetzt die Fördermittel des Landes zumindest teilweise zurückzuzahlen, was den Bedingungen der Förderzusage entsprochen hätte, nutzte der Zweckverband die freigewordenen Mittel, um Defizite beim Betrieb des Wasserwerkes abzudecken.

Damit widmeten die Beamten die Investitionsfördermittel »bestimmungswidrig« (Rechnungshof) in Betriebskostenzuweisungen um.

Damit war nicht nur der Gesetzgeber umlaufen, der eigentlich für solche Zahlungen eigene Posten offenhält und diese auch kontrolliert; es wurde wohl auch die längst fällige Diskussion um die betriebswirtschaftlich korrekte Führung der Wasserversorgungsanlage hinausgeschoben.

Berlin

Eingesprungen, ausgespielt, reingefallen

Daß sportliche Großveranstaltungen ganz eigenen kommerziellen Gesetzen folgen, mag bedauern, wer will – es ist nur mal so. Ein nicht wegzudenkender Teil dieser Gesetze ist offensichtlich, daß immer und überall ein wenig der Staat mit ins Boot gezogen wird; daß ein paar Manager sich ein goldenes Näschen verdienen, daß sogenannte Vermarktungsgesellschaften sich im Graufeld zwischen Politikern, Sportfunktionären und Werbungtreibenden etablieren und daß am Schluß wunderbarerweise Verluste entstehen, für die dann der Steuerzahler geradezustehen hat.

So auch bei der Hockey Champion Trophy, die 1991 in Berlin stattfand. Zur Ehre, dieses Ereignis ausrichten zu dürfen, kam die Stadt, weil eine andere Kommune in einem anderen Staat sich aus Kostengründen zurückgezogen hatte. Der Senat der Stadt Berlin, die 1989 ja bereits ein Vorläuferturnier ausgerichtet hatte, war an diesem Spektakel außerordentlich interessiert, weil er sich davon ein besseres Standing im Wettbewerb um die Ausrichtung der Olympischen Spiele 2000 erhoffte . . .

Damit begann eine Zahlentrickserei, die der Rechnungshof in seinem Bericht 1993 als vollständig unkorrekt bezeichnete. Der Rechnungshof hegt auch den Verdacht, daß der Stadtverwaltung die Art und Weise, wie das Großkopfertenturnier veranstaltet wurde, selbst nicht so recht geheuer war. Weswegen sie lieber die Abgeordneten im Senat darüber abstimmen ließ. Die gaben dann auch ihren Segen dazu.

Es ging um 750000 Mark, um das Turnier durchführen zu können. Und es ging um das vom Hockeybund frühzeitig abgelegte Eingeständnis, mit der Organisation und dem Vermarkten der Veranstaltung schlichtweg überfordert zu sein. Weshalb sich eine Vermarktungsgesellschaft um alles kümmern sollte. Der Bundessportverband mochte nur als ideeller, die Vermarktungsgesellschaft hingegen sollte als wirtschaftlicher und rechtlicher Träger auftreten.

Damit war aber immer noch nicht die wirtschaftliche Plattform für das Turnier gesichert. Was es gab, waren Hochrechnungen der Vermarktungsgesellschaft: Eineinviertel Millionen Mark sollten aus dem Verkauf von Eintrittskarten, aus Werbe- und Fernsehverträgen fließen. An Ausgaben wurden 2,075 Millionen Mark erwartet – blieb ein Fehlbetrag von 850000 Mark. Der, so hatten sich die Politiker früh festgelegt, sollte zu einem großen Teil aus dem Haushalt der Stadt abgedeckt werden. Es ging ja um Olympia.

Um an das Geld zu kommen, beantragte der Hockeybundesverband beim Senat eine Beihilfe von 750000 Mark, die die Politiker auch bewilligten. Nur fragt sich jetzt der Rechnungshof: wofür eigentlich? Wozu brauchte ein ideeller Träger irgendeiner Veranstaltung so viel Geld, wenn die Vermarktungsgesellschaft doch alles in eigener Regie abwickeln würde? Die Antwort ist schnell gegeben: Der Sportverband überwies das Geld, abzüglich einiger Peanuts, gleich an die Vermarktungsgesellschaft weiter.

Denn mit der hatte der Bundesfachverband schon früh einen Vertrag abgeschlossen, in dem er die Zahlung eines Zuschusses in eben dieser Höhe versprach. Berlin hat sich demnach mit einer dreiviertel Million Mark eine Sportveranstaltung gekauft – weil die Stadt dem Internationalen Olympischen Komitee wieder einmal (vergeblich) imponieren wollte.

Das Problematische daran? Nach den Berliner Vorschriften darf Geld vordringlich nur dann fließen, wenn Berliner Sportvereine sich zum Wettkampf treffen. Ausnahme sind Fälle (und dann bekommen auch die überregionalen Verbände einen Zuschuß), wenn das sportliche Ereignis im Interesse Berlins stattfindet. Der Knackpunkt liegt darin, daß ausschließlich die Verbände Zuschüsse bekommen dürfen – und das auch nur, wenn sie die Veranstaltung selbst durchführen und auch selbst investieren. Wenn sie hingegen als Lizenzgeber auftreten, um einer Sportvermarktungsgesellschaft zu einem guten Geschäft zu verhelfen – dann ist das im Prinzip nicht erlaubt. Hier hat sich für die Sportverbände der Länder und des Bundes ein sehr lukratives Feld eröffnet, mittels öffentlicher Sponsorenschaft und ohne eigenes Risiko image-, aber auch verlustträchtige Veranstaltungen durchzuführen. Die Gefahr dabei ist nur, daß sich die Funktionäre, die ja eigentlich ausschließlich dem Wohl der Sportart und derer, die sie ausüben, verpflichtet sind – daß die sich von den Vermarktungsgesellschaften abhängig machen.

In Berlin gab es bereits die ersten Anzeichen: Dem Senat lag bei der Verhandlung des Zuschußantrages statt eines Finanzplans des Sportverbandes nur der Finanzplan der Vermarktungsgesellschaft vor – der sich später, nebenbei gesagt, als viel zu optimistisch erwies. Anders wäre es wohl nicht zu der Zusage seitens des Senats gekommen, man wolle das Risiko tragen.

Als es ans Abrechnen ging, legte der Verband »eine Einnahmen- und Ausgabenrechnung der Vermarktungsgesellschaft mit nur zum Teil nachprüfbaren Belegen vor« (Bericht des Rechnungshofes 1993). Die zeigten auf, daß die Veranstaltung eigentlich ein Verlustgeschäft gewesen sei – nun muß der Senat noch einmal in die Tasche greifen. Denn es gilt das abgestimmte Wort.

Hessen

Kulturlüge, oder was?

Wenn einer einen Scheck, der für seinen Chef bestimmt ist, lieber auf das eigene Konto einzahlt, was passiert mit dem? Der findet Verständnis beim hessischen Kultusminister. So, wie der ehemalige Chef der Hessischen Erwachsenenbildungsstätte Falkenstein. Der hatte, weltweit aktiv und auch sehr freigebig im Umgang mit dem Geld der Steuerzahler, einem Kollegen aus Chicago einen Scheck über 5000 Dollar geschickt. Der retournierte, aus welchen Gründen auch immer, das wertvolle Papier. Alle, auch die Prüfer vom Rechnungshof, freuten sich zunächst, daß der Etat des ohnehin recht klammen Kultusministers dadurch erheblich aufgebessert werden konnte.

Jedoch: Das Geld kam und kam nicht an. Schon der Scheck blieb irgendwo hängen – beim zwischenzeitlich geschaßten Chef des Erwachsenenbildungswerkes. Der hatte nämlich seinem Arbeitgeber eine Rechnung von 12010 Mark für Auslagen aufgemacht; dabei aber vergessen, so der Rechnungshof, »ordnungsgemäße zahlungsbegründende Unterlagen« vorzulegen. Da das Geld deswegen auf sich warten ließ, vereinnahmte der beschäftigungsneutrale Erwachsenenbildner zwischenzeitlich den 5000-Dollar-Scheck. So ist das eben in der privaten Wirtschaft, wird er sich gedacht haben, man rechnet einfach auf.

Der Rechnungshof sah die Sache etwas anders und klopfte beim Kultusminister an. Der behauptete schnell, sowohl Scheck als auch Abrechnung seien gerade hereingekommen; was die Prüfer denn noch wollten? Die wollten überprüfen und stellten fest: kein Scheck, keine Unterlagen.

Jetzt sahen sich die Kultusbeamten zu der Aussage gedrängt, man habe doch dem Erwachsenenbildner glauben müssen und dessen Versprechen als Tat gewertet. Und, das muß man als Steuerzahler im vollen Wortlaut so richtig auskosten (zitiert wird der Bericht des Rechnungshofes, vorgelegt im Januar 1994): »Später habe der ehemalige Leiter der Hessischen Erwachsenenbildungstätte Falkenstein gegenüber dem Hessischen Kultusministerium zu diesem Sachverhalt erklärt, daß es sich seinerseits nicht um eine wissentliche Falschaussage gehandelt habe, da er den Scheck ›an diesem Tage‹ hätte einlösen wollen, dies jedoch unterlassen habe, da sich die Hessische Erwachsenenbildungsstätte Falkenstein geweigert habe, seine ›offenen Forderungen‹ ... auszugleichen.« Es ging dabei um Kosten, die dem Lehrer bei ausländischen Seminarveranstaltungen entstanden sind.

Nach diesem Austausch schwammiger Erklärungen stellte das Kultusministerium dann doch eine Zivilklage in Aussicht, meinte aber, daraus werde wohl nicht viel werden. Im Ausland, so lassen sich die weltmännischen Belehrungen der Kultusbeamten interpretieren, werden halt keine so peniblen Quittungen ausgestellt, wie das in unseren Landen der Fall ist.

Es ist schön, so etwas zu wissen. Denn wenn schon die Ministerialen in Hessen so freizügig bereit sind, bei der Abrechnung im Ausland entstandener Kosten auf ordnungsgemäße Quittungen zu verzichten, dann werden sie das doch sicher an die zuständigen Finanzämter weitergegeben haben mit der Bitte, bei der Auslandsabrechnung privater Geschäftsreisender ähnlich flexibel zu reagieren.

Hamburg

In Schönheit den Bach hinunter

Wer schön wohnt, will auch ästhetisch ausschreiten – so jedenfalls werden es sich die Mitarbeiter der Hamburger Baubehörde gedacht haben. Für das Luxuswohngebiet Allermöhe II, das an Komfort alle anderen Erschließungsgebiete weit hinter sich läßt, sind Brücken besonderer Schönheit und Qualität geplant. Unter anderem zwei, die gänzlich aus Stahl gefertigt werden – was gemessen an vergleichbaren Brückenkonstruktionen im Wohngebiet Allermöhe I, fünf Millionen Mark Mehrkosten bedeutet; Mehrkosten allein für ein Optimum an Schönheit.

Wer dieses Vorhaben begreifen will, muß wissen, daß in Allermöhe ein Wohngebiet von besonderem Wert geschaffen werden soll. Wer dort leben wird, tut das am Rand kleiner Wasserläufe (»Fleeten«) und inmitten von sehr viel Grün. Die Stadtverwaltung ist bereit, in diese kuschelige Atmosphäre sehr viel Geld in Form von Erschließungsinvestitionen zu pumpen.

Quer durch das Wohngebiet wird eine diagonale Fuß- und Radwegverbindung gelegt, die sogenannte Gründdiagonale, die sich an zwei Stellen mit dem Fleet und der Hauptstraße des Wohngebietes kreuzt.

Gründiagonale und Autostraße sollten, das sah ein erster Plan vor, auf einer gemeinsamen Brücke den Fleet überqueren – das ist der bauliche Standard bei derartigen Situationen. Der Hamburger Baubehörde war das nicht ansprechend genug. Sie legte sich darauf fest, aus der einen nun zwei Brücken zu machen, und zwar in der Form, daß Radfahrer und Autos über die eine und Fußgänger über die andere Brücke geführt werden sollen.

Und um die ganze Kombination nun auch noch besonders auffallend zu gestalten, wählten die Planer jetzt statt des üblichen Stahlbetons eine Bauweise aus purem Stahl. Und da am anderen Ende des Wohngebiets eine vergleichbare örtliche Situation besteht, muß dort natürlich ein Pendant der hier beschriebenen Komposition aus Stahl, Asphalt und Wasser errichtet werden.

Damit, so der Rechnungshof, habe sich die Behörde nicht nur über den gültigen Bebauungs- und den Haushaltsplan hinweggesetzt; sie habe zudem Mehrkosten von jetzt bereits absehbaren fünf Millionen Mark in Kauf genommen.

Die zukünftigen Bewohner von Allermöhe II wird es freuen: Da die Baubehörde sich zumindest bis zur Vorlage des Berichts des Rechnungshofes nicht bereit erklärt hatte, von der teuren Variante zu lassen, werden sie wohl bald über Brücken hoher Einmaligkeit schreiten können. Denn weitere Luxusbrücken wird sich die Stadt in Zukunft nicht mehr leisten können.

Schleswig-Holstein

Fortgeflogen

Schleswig-Holstein ist zwar meerumschlungen, aber ansonsten fehlt den Großen aus Politik und Wirtschaft der rechte Bezug zur großen weiten Welt. Dem wollten sie abhelfen. Zwar ist der Hamburger Flughafen selbst von der nördlichsten Landesgrenze her bestens zu erreichen, doch eine eigene Abflugpiste ist immer besser. Vor allem dann, wenn es in Richtung Köln/Bonn und Berlin geht, dahin also, wo die schleswig-holsteinischen Abgeordneten öfter einmal anzutreffen sind. Auch Frankfurt wird regelmäßig angeflogen.

Die DLT Deutsche Luftverkehrs GmbH (jetzt: Lufthansa-Cityline), eine Tochter der Lufthansa, hatte seit November 1987 die Linie Kiel–Frankfurt und seit März 1990 die Linie Kiel–Köln/Bonn übernommen. Durchgeführt wurden die Flüge in Charter von der Cimber Air AS. Die Strecke Kiel–Berlin übernahm die Pan Am.

Der Kieler Luft-Luxus brachte den Unternehmen nichts als Verluste. Daher verlangte vor allem die DLT eine Subventionierung der Dienste, andernfalls würde der Flugverkehr eingestellt. Die zu erwartenden Verluste müßten zumindest ausgeglichen werden. Die Cimber Air schloß sich dem Verlangen gerne an.

Nach einigem Hickhack kam auch ein entsprechendes Abkommen zustande. Das sah vor, daß Lufthansa und Cimber Air eine Umsatzgarantie von 2,4 Millionen Mark pro Jahr erhielten. Lag der Umsatz darunter, verpflichtete sich das Land, entweder entsprechende Flugtickets zu kaufen oder direkte Liquiditätszuschüsse zu leisten.

Diese Subventionierung ist so unüblich nicht in der Bundesrepublik. Vor allem die Fürsten kleinerer Länder garantieren ihren

Flughäfen unter dem Argument der Strukturpolitik gerne den Bestand.

Nicht so üblich ist es jedoch, daß die entsprechenden Verträge abgeschlossen werden, ohne daß die notwendigen Gelder bewilligt wurden.

Das entsprechende Schriftstück, am 11. April 1991 unterzeichnet, enthielt nicht einmal die sonst übliche Klausel, daß der Vertrag erst mit Genehmigung durch das Parlament rechtskräftig würde. Die kam erst in Form eines Nachtragshaushalts im Juni 1991. Der Rechnungshof sieht darin einen klaren Verstoß gegen geltendes Haushaltsrecht.

Damit ist die Geschichte von den fliegenden Schleswigern aber noch nicht zu Ende erzählt. Denn das Abkommen lief mit dem 31. 10. 1992 aus. Um weiterhin ab Kiel in die Luft gehen zu können, schloß das Ministerium im März 1992 einen zweiten Kooperationsvertrag zu denselben Bedingungen. Er wurde danach offensichtlich noch einmal aufgelegt, diesmal aber mit der Lufthansa.

Es bleibt dabei: Schleswiger Abgeordnete, wollen sie in Bonn oder Berlin ihre Arbeitsplätze erreichen, brauchen die beschwerliche Flugreise auch weiterhin nicht in Hamburg anzutreten.

Bayern

Finanzämter lahmgelegt

Das halten selbst die Computer der bayerischen Zentralfinanzämter nicht aus: die Flut von immer neuen Steuergesetzen und Verordnungen aus Bonn.

Damit (und mit der Hilfe für die neuen Bundesländer) begründen die Finanzamtschefs in Nürnberg und München die Tatsache, daß dort neue, leistungsfähigere Computerendgeräte in viel schnelleren Abständen beschafft werden als in anderen Dienststellen.

Die Datenverarbeitungsorganisation bei den bayerischen Finanzämtern funktioniert nämlich so: Sie sind über Standleitung mit dem Zentralrechner ihrer übergeordneten Behörde verbunden. So kann jeder Beamte auf die relevanten Daten seines lieben Kunden zurückgreifen, wo immer der auch auftaucht.

Üblicherweise werden in Privatunternehmen mit hohem Datenanfall die täglich neu erfaßten Fakten dann in den Zentralrechner eingegeben, wenn Zeit dazu ist und die Peripheriegeräte der produktiven Mitarbeiter davon nicht beeinträchtigt werden, also nachts.

Dafür stehen Systeme bereit, die nahezu automatisch ablaufen – wenn die individuellen Kinderkrankheiten einer Anlage erst einmal ausgeräumt sind und die Verfahren sich eingespielt haben.

Bei den Zentralfinanzämtern geht das offenbar nicht. Dort läuft die »Stapelarbeit«, so heißt die Datenübernahme, tagsüber ab. Daher sind auch die Systeme ab einer gewissen Belastungsgrenze nicht in der Lage, den Mitarbeitern störungsfreies Arbeiten zu garantieren: »Die Kiste stürzt ab«, wie es in der Computersprache so schön heißt.

Um das zu vermeiden, müssen immer schneller immer leistungsfähigere Rechenanlagen her – und die wiederum können nicht ausreichend ausgetestet werden, damit die Stapelarbeit nachts garantiert fehlerfrei ablaufen könnte. Daher die Stapelarbeit im Verlauf der Bürostunden.

Ein Teufelskreis: Immer mehr Arbeit bedingt immer schlimmere Überlastung, die immer leistungsfähigere Computer braucht, die mit immer mehr Arbeit eingedeckt werden, bis die Grenze der Belastbarkeit erneut erreicht ist.

So kam es zum Beispiel, daß das Zentralfinanzamt München nach einer recht umfangreichen Investition 1989 bereits im Herbst 1991 das gerade knapp drei Jahre alte Computersystem durch ein neues ersetzte. Nur ein Jahr später fiel die Entscheidung für ein weiteres neues System, das jetzt mindestens 18 Millionen Mark kosten wird.

Wann, so stellt sich die Frage, kommt von den Steuereintreibern mal einer auf die Idee, wirklich ausgereifte Systeme zu kaufen, statt sich immer nur mit den neuesten Front-Runnern bayerischer Chipveredler zu befassen?

Baden-Württemberg

Volle Pulle, unberechtigt

Es geht nichts über eine handfeste Straße, am besten von der Güte einer Autobahn, meinen viele Dorfbürgermeister und setzen alles dran, ihre Gemeinden mit Hochleistungspisten zu verbinden. Selbst dann, wenn die überregionale Planung nur einen Ausbau der untersten Klasse vorsieht – mit gutem Grund meist, gehören die entsprechenden Routen doch zu den nur wenig befahrenen im Land.

Beispiele für diese Einstellung gibt es zuhauf. Der 1993er Bericht des baden-württembergischen Rechnungshofes zeigt eine besonders eklatante Mißachtung der Vorschriften auf. Danach war vorgesehen, die Landstraße zwischen einem Ort, den der Rechnungshof mit Z. und einem anderen, den er mit U. abkürzt, im eher unteren Qualitätsstandard auszubauen. So wurde es im Gesamtverkehrsplan bereits 1986 festgelegt. Wichtig ist zu wissen, daß diese Vorgaben von den örtlichen Bauträgern nicht verändert werden dürfen.

Bei der Planung dieser Straße ergab sich eine Erschwernis: Das Amt für Wasserwirtschaft und Bodenschutz verlangte zum Schutze des Grundwassers (in der Nähe liegt ein Wassergewinnungsgebiet), daß alles Regenwasser von der Straße weg über eine aufwendige Kanalisation in ein Klärbecken geführt werden mußte.

Sowohl die Straßenbauverwaltung als auch das Ingenieurbüro, das mit der Durchführung der weiteren Planung befaßt war, hatten erkannt, so berichtet der Rechnungshof, daß es sich um ein zu groß angelegtes Entwässerungsprojekt handelte, aber keine Einwände geäußert. Das Regierungspräsidium genehmigte dann die Vorstellungen der Wasserbaubehörde.

Das hatte wohl zur Folge, daß das beteiligte private Ingenieurbüro meinte, in die vollen gehen zu können. Bereits sehr früh schien unter anderem festzustehen, daß das durch den Generalverkehrsplan vorgegebene Bauvolumen erheblich überschritten werden sollte. Indiz: Die Ausschreibung für die Bauarbeiten sah deutliche Abweichungen vom Verkehrsplan voraus.

Was sich da andeutete, wurde dann auch realisiert:

- Statt die bestehende Fahrbahn durch eine zweite zu ergänzen, wurde gleich die ganze Trasse neu gebaut.
- Statt ursprünglich auf sechs, legten die örtlichen Baubehörden die Straßenbreite auf sechseinhalb Meter aus.
- Eine Flutmulde zu Ableitung von Hochwasser, die vordem nicht zur Diskussion gestanden war, erschien den Planern plötzlich wichtig. Der Rechnungshof weist darauf hin, daß es sich hier eigentlich um Ausgaben handelt, die von den Kommunen bezahlt werden müßten (es ging um den Schutz eines Gewerbegebietes) und nicht vom Land. Es wurden also Pflichten verschoben.

Effekt: Allein die Kosten für die Entwässerungsbauten, 2,4 Millionen Mark, machten 40 Prozent der Gesamtkosten aus. Das hatte zur Folge, daß Mittel, die laut Generalverkehrsplan eigentlich für andere Projekte vorgesehen waren, diesen nun nicht mehr zur Verfügung standen.

Damit konnte der Verkehrsplan nicht vollständig durchgeführt werden, so daß der neue Plan mit den alten, nicht fertiggestellten Straßenprojekten belastet ist.

Saarland

Öko-Träume und Millionendünger

Daß selbst minderwertige Produkte durch das Siegel »Öko« noch zum Renner werden, ist dem frustrierten Verbraucher längst bekannt. Was er hingegen noch nicht so genau weiß, ist die Tatsache, daß die saarländische Regierung versucht hat, eine durch und durch verrottete Liegenschaft allein mit dem »Öko«-Siegel so aufzuwerten, daß sie endlich Geld in das Faß ohne Boden werfen konnte.

Das tut sie auch heute noch mit dem Hofgut Imsbach, das unlängst in eine Stiftung umgewandelt worden ist. Eine kuriose Stiftung übrigens, über deren Kapitalausstattung der Rechnungshof so urteilt: »Die vom Stiftungsgesetz geforderte ausreichend vorhandene Vermögensausstattung wurde ... nicht beachtet. Statt dessen stand die in Zukunft erhoffte Vermögensentwicklung im Vordergrund.« Und an anderer Stelle: »Die Zuschüsse der Saarland-Sporttoto GmbH sollten Eigenleistungen der Stiftung ersetzen. Finanziert wurden aber Ausgaben für Investitionen und Honorare.«

Wirklich kurios. Dabei lag der Stiftung ein im Prinzip plausibler Gedanke zugrunde: Wenn schon ein staatliches Gut, ausgestattet mit immerhin 117 Hektar landwirtschaftlicher Nutzfläche und 16 (allerdings unter Denkmalschutz stehenden) Gebäuden mit traditioneller Technik nicht mehr kostendeckend arbeitet, dann sollte es aus der herkömmlichen Überproduktion herausgenommen werden. Statt dessen bietet sich das Areal durchaus für ökologische Projekte an, auch solche, die vielleicht heute noch visionär, später aber um so rentabler sein können.

Dann allerdings gab es da eine unerklärliche Kappung: Aus den

117 Hektar wurden auf einmal nur mehr 5,9 – exakt das Areal, auf dem das Gut mit seinen Gebäuden beheimatet ist. Die übrigen Flächen, das eigentlich produktive Vermögen des landwirtschaftlichen Betriebs, blieb beim bisherigen Eigentümer, der Landesentwicklungsgesellschaft Saar GmbH. Ein Unternehmen, das sich eher mit der Ansiedlung von Industrie in von ihr eingerichteten Gewerbegebieten und -flächen auskennt.

Unterfüttert mit gerade einmal knapp sechs Hektar Hofgrund und keinem Pfennig Geld, erscheinen die drei Stiftungsziele großmäulig, wie die saarländische Regierung gerne auftritt. Die Stiftung sollte:

1. den alternativ-ökologischen Landbau vorantreiben;
2. Informations-, Beratungs- und Bildungszentrum über umweltrelevante Technologien beim Bau und beim Erhalt von Gebäuden sein (es soll dort sogar in dieser Richtung geforscht werden);
3. die Errichtung und den Betrieb von Freizeit-, Verpflegungs- und Übernachtungseinrichtungen durchführen.

Wer sich in der Szene auskennt, weiß, daß hochvermögende Leute wie der Industrielle Schweißfurth, der mit seinen Hermannsdorfer-Landwerkstätten in Glonn bei München sitzt, für ein ähnliches Projekt erst einmal etliche Millionen Mark aus dem eigenen Vermögen gestiftet haben. Das saarländische Umweltministerium erhoffte sich hingegen wohl Mitarbeiter und Lieferanten, die für Gottes Lohn arbeiten. Oder aber Fördergelder aus allen möglichen Kassen, einschließlich der europäischen. Denn das ist eines der schönsten Spiele, das sich Beamte ausdenken können: das Fördertöpfchenspiel. Dabei greift jeder jedem reihum in die Taschen, und wer als erster seinem Mitspieler ein Loch in den Geldbeutel gefingert hat, darf den Steuerzahler totschlagen.

Das Fördermittelspiel der Saarländer zur Sanierung der maroden Immobilie sah so aus:

1. Gebraucht wurden mindestens zwölf Millionen Mark.
2. Das Ministerium für Umwelt gibt Geld zur Deckung der laufenden Verluste und für Investitionen. Dafür wohl mußte das Umweltpapperl herhalten.
3. Das Umweltministerium aktiviert Mittel für die Sanierung, die aus dem Topf der Städtebauförderung stammen.

4. Die Saarland-Sporttoto GmbH ersetzt die Eigenleistungen der Stiftung, sprich: verschleiert den Ausfall des Eigenkapitals.
5. Das Wirtschaftsministerium gibt Geld für den vorgezogenen Ausbau des landwirtschaftlichen Teils. Dabei steigen die Kosten von ursprünglich vorgesehenen knapp 700000 Mark auf zuletzt (Anfang 1993) knapp 1,4 Millionen Mark.
6. Das Arbeitsamt springt mit Zuschüssen zu Arbeitsbeschaffungsmaßnahmen ein. Erhofft hatten sich die ministerialen Öko-Geldverweser hieraus rund 5,5 Millionen Mark. Dabei, so der Rechnungshof, sei zu Beginn der Maßnahmen abzusehen gewesen, daß sich allenfalls 30 Prozent der Investitionssumme von zwölf Millionen Mark, also vier Millionen, durch die betroffenen Arbeitskräfte würden umsetzen lassen.
7. Auch das Ministerium für Arbeit und Frauen darf Bares beim Töpfchenspiel in den Pott einlegen.
8. Schließlich wollte man auch noch die EU in die Runde zwingen. Zweimal sogar: mit Geld aus dem europäischen Sozial- und aus dem Strukturfonds.

Was exakt wann wem aus welcher Quelle zugeflossen ist, konnte der Rechnungshof nicht so genau entwirren. Wahrscheinlich haben ihm auch die Augen getränt nach dem Blick in die Bücher: Da wurden Rechnungen aus dem Kontokorrentkonto bezahlt, was teure Überziehungszinsen kostete. Die Regeln des Reisekostenrechts blieben den Beteiligten ein Buch mit sieben Siegeln. Und es wurden Ausgaben auf den Weg gebracht, die wegen der fehlenden Eigenmittel nicht vertretbar waren. – Meint wenigstens der Rechnungshof des Saarlands: »Die Prüfung verschiedener Bauleistungen mit den jeweils ausgeführten Gewerken, die etwa die Hälfte der dafür aufgebrachten Ausgaben betrafen, führte zu wesentlichen Beanstandungen:

- Verstöße gegen die Verdingungsordnung für die Bauleistungen blieben unerkannt, weil baufachliche Prüfungen nur kursorisch vorgenommen wurden. Schlußrechnungen fanden Billigung ohne baufachliche Prüfung.
- Verdingungsverhandlungen sind fehlerhaft geführt worden, aber dennoch unbeanstandet geblieben.
- Wegen mangelhafter Bauvorbereitung stimmten Leistungsbe-

schreibungen mit den in Auftrag gegebenen Leistungen und mit den später abgerechneten Leistungen in erheblichem Umfang nicht überein. Auftragssummen wurden so gesenkt, daß bereits bei der Vergabe die Preisgrundlagen hinfällig waren. Leistungsminderungen wurden durch Nachtragsleistungen ohne Wettbewerb ersetzt. Aufmaße fehlten.

– In Schlußrechnungen wurden oft nur bis zu 50 Prozent der ursprünglich in Auftrag gegebenen oder ausgeschriebenen Leistungen abgerechnet. Ersatzweise wurden Nachtragsleistungen ohne Wettbewerbspreise nachgeschoben, so daß insgesamt die Auftragssummen nicht überschritten wurden. Abgerechnete und angebotene Leistungen waren oft nicht vergleichbar.
  Der Zuwendungsgeber hätte dies nur erkennen können, wenn er auf der Vorlage von Belegen bestanden und prüfbare Verwendungsnachweise gefordert hätte.
– Gemeinsame Vergabe vergleichbarer Gewerke bei allen Gebäuden hätten günstigere Preise ergeben.«

Den Umweltminister ficht das alles wenig an. Seine Erwiderung auf die Vorwürfe klingt so sachlich-arrogant, daß sich der kritische Beobachter gerne an jenen Jo Leinen, früher Umweltminister, erinnert, der gerade diese Praktiken quer durchs Land so vehement geißelte:

»Seit 1987 wird das Öko-Zentrum Hofgut Imsbach im Rahmen einer Stiftung als Modellprojekt für eine landwirtschaftlich-alternative Nutzung entwickelt und zu einer ökologisch orientierten Informations- und Bildungseinrichtung ausgebaut.

In seinem Jahresbericht 1992 räumt der Rechnungshof ein, daß von ihm beanstandete Mängel der Anlaufphase seit Mitte 1991 mit der Übernahme der Prüfung von Verwendungsnachweisen durch das Ministerium für Umwelt behoben worden sind.

Die Landesregierung wird auch künftig Zuwendungen und deren Verwendung der gebotenen sorgfältigen Prüfung unterziehen, die Einhaltung der haushaltsrechtlichen Bestimmungen sicherstellen und für Verfahrensverbesserungen Sorge tragen.«

Woraus wir lernen: Auch die Alternativen werden zahm. Und tragen ihre Turnschuhe nur noch im Keller, wenn's Nacht ist und die Nachbarschaft vorher evakuiert wurde.

Hamburg

Vergeigt

Künstlerische Perfektion, so heißt es, sei nur zu fünf Prozent dem Genie zu verdanken, der Rest entstamme harter Arbeit. Daher könnte der unbedarfte Beobachter erwarten, daß zum Beispiel die Mitglieder des Philharmonischen Staatsorchesters darauf brennen, an jeder nur möglichen Probe und jeder nur denkbaren Aufführung (»Dienste« genannt) teilzunehmen.

Für das Training ihrer Fertigkeiten hat die Hamburger Kulturbehörde den Sinfonikern reichlich Gelegenheiten verbindlich vorgeschrieben: Jeder von ihnen, Geiger, Trompeter oder Trianglist, muß pro Jahr durchschnittlich 315 Dienste leisten.

Das passiert aber regelmäßig nicht. Der Rechnungshof hat für die Spielzeit 1990/91 festgestellt, daß durchschnittlich nur 234 Dienste geleistet werden, die Spanne reichte dabei von 151 bis zu 288 Diensten.

Das ist nicht etwa das Resultat der in der Spielzeit 1990/91 durchgeführten Umbauten. Denn bereits 1989 hatte der Rechnungshof die Freizeitmentalität der Musiker heftig gerügt und Abhilfe gefordert.

Es ist jedoch immer noch so, daß die Kulturbehörde sehr generös mit Freistellungen und der Gewährung von Sonderurlauben umgeht. Das hat für die ohnehin recht großzügig besoldeten Musiker den Vorteil, daß sie andernorts lukrative Nebenengagements eingehen können – etwa als Solisten bei Musikaufführungen in kleineren Orten oder bei Festivals.

Die Folge: Das Philharmonische Staatsorchester setzt eine unverhältnismäßig große Zahl von Aushilfen ein – was den Haushalt des

Orchesters naturgemäß beträchtlich belastet. In welcher Höhe zusätzliche Ausgaben anfallen, läßt sich nicht feststellen. Denn die Verwaltung des Orchesters verfügte zumindest zum Zeitpunkt der Prüfung über kein geeignetes Verfahren, den tatsächlichen Einsatz von Hilfskräften zu bestimmen.

Bayern

Schlafmittel

Die bayerischen Bereitschaftspolizisten sind kerngesunde Jungs. Sie sind so selten krank, daß die Apotheker, die die Offizin der Bereitschaftspolizei betreuen, sich zu Tode langweilen dürften. Der Bayerische Oberste Rechnungshof hat für das Jahr 1992 ausgerechnet, daß pro Apothekenpersonal und pro Arbeitstag fünf »Beschaffungsvorgänge« mit je vier Einzelpositionen abgewickelt werden. Hinzu kommen täglich zwei Bedarfsanforderungen mit je sieben Einzelpositionen.

Hier ist es angebracht, die Kanzleisprache einmal etwas zu verdeutschen. Unter »Personal« ist gemeint: ein Pharmaziedirektor der Besoldungsgruppe A15 (knapp 4000 Mark Anfangsgehalt) plus zwei Hilfskräfte laut offiziellem Stellenplan und eine Halbtagskraft ohne jegliche offizielle Existenz. Die ganze Apothekerei kostet den Freistaat Bayern immerhin 900000 Mark.

Unter »Beschaffungsvorgänge« versteht der Herr Pharmaziedirektor, wenn er Medikamente, Geräte wie Bohraufsätze für den Zahnarzt oder Mullbinden für den Feldscher besorgt. »Anforderungen« sind die Bestellungen der Ärzte, die bei den Bereitschaftspolizisten an der Verwundetenfront arbeiten.

Nun sollte jeder Gutgläubige meinen, bei soviel Zeit könnte doch auch Raum bleiben, die Vorschriften sorgsam durchzulesen und sie auch auszuführen. Indem etwa die Regeln beachtet werden, die bei der Beschaffung teurer Geräte – wie zum Beispiel eines Röntgengerätes – selbstverständlich sind.

Als es aber um den besagten, 480000 Mark teuren, Apparat ging, da ließ sich der Pharmaziedirektor gerade einmal her, bei einem einzigen Handelsunternehmen für medizinischen Bedarf Unterlagen anzufordern; eine kunstgerechte Ausschreibung fand nicht statt.

Der Rechnungshof stellt fest, daß andere Dienststellen, die sich mit der Beschaffung von medizinischen Geräten befassen, durch Ausschreibungen bis zu 20 Prozent Preisvorteile erzielen konnten – das wären im Fall des Röntgengerätes für die Bereitschaftspolizei schon einmal 100 000 Mark gewesen.

Jetzt will die Verwaltung die Vergaberichtlinien endlich beachten.

Hessen

Papiertiger Finanzminister

In den Verfassungen aller Länder der Bundesrepublik ist dem Finanzminister eine besondere Bedeutung zugewiesen worden: Ohne ihn geht kein Geld über den Tresen. Die Position des Ministers ist so stark, daß er sogar berechtigt ist, ein Veto gegen alle finanziell relevanten Entscheidungen auszusprechen. Das gilt vor allem bei überplanmäßigen Ausgaben, also solchen, die den im Haushalt festgeschriebenen Etatrahmen der Ministerressorts überschreiten. Sollte es doch einmal nötig sein, mehr Geld als vorgesehen auszugeben, dann muß der Finanzminister um Zustimmung gebeten werden.

Das gilt auch in Hessen; und dort sogar für den Kultusminister Hartmut Holzapfel von der SPD. Der jedoch scherte sich 1992 wenig um die hessische Verfassung und überzog seinen Etat um über acht Millionen Mark. Besonders eklatant die Grenzüberschreitung beim Etatposten »Unterrichtung und außerschulische Sonderbetreuung von Aussiedlern und Ausländern«. Dafür waren gut 3,7 Millionen Mark vorgesehen; herausgekommen sind 11,6 Millionen.

Mit den zuviel ausgegebenen acht Millionen Mark Steuergeldern hat der Kultusminister sich von der politischen Last freigekauft, die einige hundert potentiell arbeitslose Junglehrer darstellen – traditionell SPD-Wähler. Die meisten von ihnen, die zunächst als Angestellte mit der Ausländerbetreuung betraut worden waren, müssen wohl aufgrund einer Entscheidung des Bundesarbeitsgerichts unbefristet angestellt werden, was den Haushalt des Landes Hessen auf Jahre über Gebühr strapazieren wird.

Der Finanzminister rügte dieses Vorgehen massiv. Der hessische

Rechnungshof teilte diese Abmahnung mit ungewohnt harschen Formulierungen: »Allein schon im Hinblick auf die Relation zwischen Überschreitung (acht Millionen Mark) und Ansatz (3,7 Millionen Mark) ist es kaum vorstellbar, daß es sich hierbei nicht um einen bewußten Verstoß gehandelt haben soll. Werden die vom Rechnungshof eingesehenen Unterlagen mitberücksichtigt, so wird diese Vermutung erhärtet... Das für die ordnungsgemäße Bewirtschaftung des Einzelplans... verantwortliche Kultusministerium hat bewußt gegen fundamentale Bestimmungen des Haushaltsrechts verstoßen.«

Und was tun die Politiker, speziell die vom SPD-dominierten Haushaltsausschuß? Sie erteilen dem Minister die Entlastung. Sie hätten den Herrn verfassungslabilen Minister ja auch in den sauren Apfel beißen lassen und ihn für die zuviel ausgegebenen Steuergelder zur Kasse bitten können.

Niedersachsen

Komplizen und Anstifter

Förderungsantrag abgelehnt? Macht nichts – neuer Antrag, neues Glück! So dachte wohl der Landrat eines Kreises in Niedersachsen, der seiner Volkshochschule liebend gern eine Keramikwerkstatt gespendet hätte. Leider mußte die zuständige Bezirksregierung einen Antrag auf Förderung aber abschmettern. Begründung: Die Finanzierung von Volkshochschulen kann so nicht unterstützt werden. Dazu gibt es das Gesetz zur Förderung der Erwachsenenbildung; und damit hat die Bezirksregierung nichts zu tun.

Der Landrat, findig-pfiffiger Kopf wie so viele Kommunalpolitiker, wußte sich aus dieser Falle klug zu befreien: Er bat den (wohl sehr von seiner Gunst abhängigen) befreundeten Bürgermeister der Gemeinde, in deren Räumen die Volkshochschule untergebracht ist, jetzt selbst einen Antrag einzubringen. Zwecks Arbeitserleichterung stellte der Landrat dem Bürgermeister auch gleich den erfolglosen Antrag zu Verfügung. Der wurde nur insofern verändert, als jetzt nicht mehr von einzelnen keramik-interessierten Bürgern die Rede war – sondern von Vereinen.

Das muß man sich wohl so vorstellen: Da trainiert die freiwillige Feuerwehr Wasserzielschießen auf Teller, Tiegel und Töpfe, welche die heißen Kerls tags zuvor eigens in der Keramikwerkstatt gefertigt haben. Der Männergesangverein übt einschlägige Töpferlieder am erfolgversprechendsten im einschlägigen Ambiente, und wenn das Bürgermeistertöchterlein heiratet – dann ist sichergestellt, daß beim Polterabend genug Töpferware zum Zerdeppern bereitsteht.

Der Bezirksregierung schien diese Zielsetzung plausibel genug, um der Förderung umgehend zuzustimmen.

Rheinland-Pfalz

Schöner duschen

Polizeidienst ist schweißtreibend. Nach Dienstschluß gönnen sich die Beamten gerne ihre geliebte heiße Abreibung. So waren denn auch in einem Neubau der Schutz-, Kriminal- und Wasserschutzpolizei an der Bundesstraße 49 die Duschräume recht aufwendig geplant, und zwar so, daß die schweiß- und feuchtigkeitsgeschwängerte Luft durch eine spezielle Abluftentsorgung nach draußen geblasen werden mußte. Der Rechnungshof hat darauf hingewiesen, daß eine Belüftung der Dusch-, WC- und Umkleideräume ja auch durch die Fenster denkbar sei – und viel Geld einsparen würde.

Die Prüfer wollten auch nicht einsehen, warum die WC-Räume auf den vier Etagen nicht übereinander angelegt wurden. Die vom Innenministerium bevorzugte Lösung sah vor, diese Einrichtungen nach einer Art Würfelsystem über den Bau zu verteilen. Folge: vermeidbar aufwendige Abwasser- und Frischwasserinstallationen. Soweit nicht genug mit den Ungereimtheiten der Planung.

So war vorgesehen, einen Mehrzweckraum hin zur Dachterrasse ebenso großzügig zu verglasen wie die Fassaden – sicher innen und außen ein erfreulicher Anblick. Aber eben doch ein wenig arg teuer zu Zeiten der Mittelknappheit.

Weitere Rügen: unwirtschaftliche Planung der Großgarage; Raumtiefen größer als notwendig (luxuriöse 5 beziehungsweise 5,10 Meter statt der üblichen 4,70 Meter); extra Duschanlagen für die Wasserschutzpolizei, obwohl die Duschen der Schutz- und Kriminalpolizei mitbenutzt werden können.

Hinzu kommt, daß mit der Änderung der Polizeiorganisation zum

1. Januar 1993 nicht mehr so viele Arbeitsplätze gebraucht werden wie vormals angenommen.

Fazit: Es ist möglich, die Hauptnutzfläche des Gebäudes um 80 Quadratmeter zu reduzieren. Damit lassen sich von den angenommenen Baukosten in der Höhe von knapp 800000 Mark rund 230000 Mark einsparen.

Baden-Württemberg

Sternfahrt

Wenn der großmächtige Daimler-Benz-Konzern einmal bittend in die Runde schaut – dann springen die Landespolitiker in Stuttgart ganz schön im Quadrat. Das war auch so, als dem Daimler-Boß Edzard Reuter im Jahre 1991 ganz plötzlich ein Sponsor von der Platte sprang, der ihm die Firmenpräsenz anläßlich der Olympiade in Barcelona 1992 mitfinanzieren sollte.

Eigentlich war ja geplant, daß die Stadt Berlin im Miró-Museum Barcelona zusammen mit dem Automobilhersteller eine Sonderausstellung ausrichten sollte; sozusagen als Gruß an die Mitglieder des IOC, die ja ein Jahr später den Austragungsort der Olympiade des Jahres 2000 entscheiden sollten.

Der gute Wille kam aber offenbar bei den IOC-Offiziellen gar nicht gut an. Sie ließen Ende 1991 verlauten, daß die frühzeitige Berlin-Präsenz sich auf die Bewerbung gar nicht positiv auswirken würde, eher im Gegenteil. Und prompt sprang Berlin von dem Vorhaben ab.

Da standen die Kommunikationsmanager der Daimler-Benz AG plötzlich allein im Regen: Die Veranstaltung selber durchzuziehen, hätten sie nicht einmal für viel Geld geschafft, denn das Museum steht ausschließlich für staatliche oder staatsnahe Aktivitäten frei. So regelt es der Stiftungsvertrag des Trägers.

Andererseits: Sportliche Großereignisse bilden für den Konzern noch immer den geeigneten Rahmen, Botschaften von Macht und Größe unters internationale Publikum zu bringen, wenngleich dieses Image inzwischen auch schon ganz schön angekratzt ist.

So galt es denn, kurzfristig einen weiteren Partner zu finden; einen, der dem Unternehmen das Tor zum Miró-Museum öffnen konnte und der gleichzeitig gerne bereit war, Geld, viel Geld zumal, dafür springen zu lassen.

Im Staatsministerium fanden Edzard Reuter und seine Marketingmannen den richtigen Ansprechpartner. Zwar maulte das Wirtschaftsministerium etwas, weil die Gelder damals schon knapp waren und die Mittel doch besser bei direkten Fördermaßnahmen, etwa zur Stützung junger Unternehmen, untergebracht seien – aber bei der Kabinettssitzung am 12. November 1991 wurde das Projekt beschlossen. Das Wirtschaftsministerium, ausgerechnet dieses, sollte bis zum 17. Dezember desselben Jahres ein schlüssiges Konzept vorlegen – mit einem zweifelsfreien Kostenvoranschlag selbstverständlich.

Erneut sieht sich der aufmerksame Leser in fassungsloses Staunen versetzt: Da trauen die Minister des Landes Baden-Württemberg ihren deutlich überlasteten Beamten doch tatsächlich zu, binnen fünf Wochen das Konzept für eine Ausstellung allererster Güte auf die Beine zu stellen. In der Industrie, die einiges auf ihre Effizienz hält, ist dazu mindestens ein Vierteljahr notwendig. Die Vorbereitungen dauern üblicherweise ein ganzes Jahr. In Barcelona mußte aber bis 25. Juli 1992 alles fertig sein. Hochspannung war also angesagt.

Zunächst kam das Kostenpaket auf den Tisch: Die erste und endgültige Schätzung belief sich auf drei Millionen Mark. Das Land sollte davon zwei Millionen Mark geben, den Rest erhofften sich die Planer, zu Unrecht, wie sich später herausstellte, von der heimischen Industrie.

Selbstverständlich hatte man auch mit Daimler als Geldgeber gerechnet. Schließlich war abgemacht, daß das Unternehmen im Rahmen der Ausstellung einen Daimler-Benz-Club einrichten durfte; natürlich prominent im Blickwinkel der Besucher sowie der Fernsehobjektive und für die besonderen Gäste des Konzerns reserviert. Da hätte das Unternehmen dann sehr vom imagestarken Umfeld profitiert.

Auch das Land habe so seine Vorteile, fabulierten die Befürworter der teuren Aktion. Es könne sich als wirtschaftsstarke, exportorientierte und fortschrittliche europäische Region präsentieren; zusammen mit der gastgebenden Region Katalonien als einer der »vier Motoren« Europas; zudem als Gastgeber für eine Vielzahl von Entscheidern und Meinungsführern.

Das wurde aber schnell vertan. Denn plötzlich stand das Miró-Museum nicht mehr in vollem Maße zur Verfügung. Statt ausschließlich im Museum wollten die Baden-Württemberger lieber in einem eigens errichteten Pavillon feiern. Das Museum wurde nur noch für eine – sehenswerte – Kunstausstellung gebraucht.

Aus welchem Grund diese Entscheidung auch gefallen sein mag – wahrscheinlich ist, daß sich die Stiftungshüter das später ablaufende PR-Brimborium um den Daimler-Benz-Konzern dann doch verbeten hatten.

Die neue Variante sah die Errichtung eines 700000 Mark teuren Pavillons auf dem Gelände einer benachbarten Schule vor. Als die Dinge so weit gediehen waren, hatten sich die Firmen schon längst finanziell aus dem Projekt zurückgezogen, aber nicht physisch.

Der Rechnungshof stellt in seiner knappen Bürokratensprache fest: »Der neue Standort hatte zur Folge, daß die Präsentation des Landes räumlich getrennt wurde, nämlich die Kunstausstellung im Miró-Museum, das einen kulturellen Anziehungspunkt darstellt, und die Darbietungen im Pavillon auf dem Schulgelände. Damit geriet die Kunstausstellung in Isolierung von der Landespräsentation... (Es) war... vorhersehbar, daß sich die Dominanz des Unternehmens (gemeint ist der Daimler-Benz-Konzern; der Verfasser) im und um den Pavillon erhöhen würde. Dies bestätigten Durchführung und Ablauf.«

Ungeschminkt ausgedrückt: Plötzlich war die Daimler-Benz AG in den Genuß eines staatlich finanzierten, 700000 Mark teuren, Pavillons gekommen, der darüber hinaus auch noch für weitere 700000 Mark stilvoll ausgestattet wurde. Alles andere, was im Pavillon geschah, mußten weniger eingeweihte Besucher als hochherzige Aktion der Daimler-Benz AG erleben – auch jene Veranstaltungen, die das Land weitere 600000 Mark gekostet haben, unter anderem eine Modenschau der Modeschule Stuttgart. Auch die noble Bewirtung werden die Gäste rein als Sache der Daimler-Benz AG gesehen haben, denn auf keinem Sektglas, nicht einmal auf den herumliegenden Prospekten, war an prominenter Stelle zu lesen, daß das Land Baden-Württemberg die kostenlose Bewirtung mit insgesamt 180000 Mark bezuschußt hatte.

Da wundert es dann auch nicht mehr so besonders, daß das Land zwar die Kosten für den Ausstellungsprospekt, Werbung und Einladungen in voller Höhe, nämlich 100000 Mark, übernommen hat – aber selbst im Prospekt nicht einmal deutlich als Veranstalter erkennbar war. Zurückhaltung kann auch übertrieben werden.

Die Daimler-Dominanz war um so ausgeprägter, als die wenigen anderen Aussteller im Pavillon auch nicht viel getan hatten, sich in ein werbewirksames Licht zu setzen. Die Kritik an dem verkorksten Barcelona-Abenteuer fand dann auch in der Presse ihren Niederschlag. Eine Zeitung zitiert der Rechnungshof mit spürbar ironischer Wonne. Das Zitat und die Folgerungen des Rechnungshofes seien hier wiedergegeben: ». . . eine führende deutsche Zeitung sprach demgemäß von einer ›kleinen Ausstellung‹ mit Uhrenschildern aus Gütenbach, Steiff-Tieren und einer Märklin-Eisenbahn. Selbst wenn man das als journalistische Pointierung begreift, bleibt festzustellen, daß nach Inhalt und Art der Präsentation auch einzelne Ungeschicklichkeiten unterliefen, insbesondere aber das Publikumsinteresse an der Landesausstellung . . . mehr gering als nachhaltig war.«

Blieb am Schluß nur noch die Funktion des Pavillons als Trinkhalle. Auch hierzu hat der Rechnungshof einige passende Worte gefunden: »Hinzu kam, daß der Andrang zum kostenlosen Essen und Trinken von morgens bis in die Nacht – es waren Tausende von Personen berechtigt, und die Clubkarten wurden als ›Vollpensionskarten‹ gehandelt – dazu führte, daß die Eingangskontrolle vorverlegt wurde, so daß Besuchern ohne Clubkarte der Zugang zum Ausstellungsbereich des Landes zunächst abends und später ganztätig verwehrt war, während die Restaurationsgäste zeit- und teilweise auch den Ausstellungsbereich belegten. Mit zunehmender Dauer der Spiele wurde die Funktion des Treffpunktes als Verköstigungs- und Trinkstätte immer beherrschender. Lärmemissionen, die vom Treffpunkt ausgingen, führten zu Interventionen offizieller Stellen.«

Weniger vornehm ausgedrückt: Die Besucher des »Treffpunkt Barcelona. Daimler-Benz-Club. Land Baden-Württemberg« führten sich auf wie die Axt im Walde. Auf Kosten des Landes. Zum Nutzen des größten Arbeitgebers.

All das war den Offiziellen wohl einigermaßen peinlich. Warum sonst rügt der Rechnungshof, daß sich, abgesehen von der Eröffnung der Kunstausstellung durch den Ministerpräsidenten, kaum ein Offizieller auf der Landesausstellung hat blicken lassen?

Das hatte auch sonst unangenehme Folgen: Um überhaupt an ausreichend viele Betten und Flugtickets zu kommen, mußte das Wirtschaftsministerium riesige Kontingente aufkaufen, darunter Hotelzimmer zu Preisen im vierstelligen Bereich – nicht Peseten, sondern Deutsche Mark.

Die wurden natürlich zur Zeit der Ausstellung nicht alle gebraucht, so daß das Ministerium die überständigen Kapazitäten später im Kreise der Staatsbediensteten wie Sauerbier zum »Abwohnen« anbot. Da haben wohl einige ein paar preiswerte Urlaubstage verlebt.

Überhaupt war das so eine Sache mit den Reisekosten: Über eine halbe Million Mark, ein Siebtel des Gesamtaufwandes, exakt 580000 Mark, machte in der Schlußabrechnung die Position »Reisekosten, laufende Nebenkosten« aus. Der Rechnungshof fragt sich, ob das so überhaupt nötig gewesen wäre.

Das alles sind aber für den Rechnungshof nur Nebenerscheinungen eines an sich zweifelhaften Engagements. Was er am schärfsten geißelt, ist die Tatsache, daß die gesamten Aufwendungen in der Höhe von 3,7 Millionen Mark seiner Meinung nach außerhalb des geltenden Haushaltsrechts ausgegeben wurden. Das ist dann wirklich der Gipfel.

Thüringen

Kein Druck im Knast

Gefangene, die arbeiten, ertragen ihr Los besser, als wenn sie sinnlos herumgammeln. Mit der Wende ist auch in den Justizvollzugsanstalten Thüringens mehr Menschlichkeit in die Abläufe der Verwahrung eingekehrt. Es wird einiges getan, den Einsitzenden Arbeit zu geben, wenngleich hier und da die dafür benötigten Maschinen erst einmal eingekerkert werden.

»Freigang« ist zum Beispiel für eine 1991 angeschaffte Druckmaschine des Gefängnisses Hohenleuben noch nicht in Sicht. Denn da die Räumlichkeiten fehlen, um die Druckerei fachgerecht einzurichten, fristen die Aggregate, Platten und Zylinder noch immer eine unerwünschte Zwangspause. Der Rechnungshof des Landes mag nicht einsehen, warum derart teure Gerätschaften nicht erst dann angeschafft werden, wenn sie wirklich unverzüglich aufgestellt und eingesetzt werden können. Vor allem sorgt sich der Rechnungshof um die Garantien, die ja nicht nur einem zeitlichen Verfall unterworfen sind, sondern auch bei unsachgemäßer Lagerung auslaufen.

Was die Prüfer auch rügen, ist der Umstand, daß hier wieder einmal Geräte im Wert von mehr als einer viertel Million Mark freihändig, ohne Ausschreibung und nur auf Anraten zweier Kollegen im Westen angeschafft wurden; in diesem Fall auf Rat von Gefängnisbeamten in Straubing und Diez.

Dem Justizministerium ist als Ausrede nur eingefallen, daß die Serviceleistung der Lieferfirma zum Zeitpunkt des Vertragsabschlusses so verlockend sowie Beschaffenheit und Qualität der

Maschine so überzeugend gewesen seien, daß man einfach habe zugreifen müssen.

Wer den Hersteller der Maschine kennt, die Heidelberger Druckmaschinen AG, der stellt sich spätestens hier verblüfft die Frage, wieso es absehbar gewesen sei, daß die Qualität der Maschine bei einer späteren Lieferung rapide sinken würde?

Bund

Nullrunde

Wer einen Mitarbeiter der Deutschen Bundespost Postdienst beim Denken erwischt, der ... na, was? Denken Sie doch selber weiter! Und legen Sie Ihren Spekulationen dieses Beispiel aus dem Verwaltungsalltag zugrunde:

Da verschickt die Personalverwaltung monatlich Briefe an ihre Beamten, die nichts Neues enthalten: die Bezügemitteilung. Sie tut das selbst dann, wenn sich an der ausgewiesenen Summe nichts verändert hat. Das privilegiert die Beamten des Postdienstes gegenüber allen anderen Beamten der Bundesverwaltung außerordentlich. Die bekommen eine Bezügemitteilung nur dann, wenn sich irgendwas geändert hat; die Höhe des Gehalts zum Beispiel oder wenn eine neue steuerliche Einstufung zu beachten ist.

Gliche sich der Postdienst der anderswo üblichen Praxis an, könnte er etwa zwei Millionen Mark pro Jahr einsparen plus den anteiligen Kosten für die für den Versand benötigte Arbeitskraft.

Und was sagt die oberste Briefeleitung in Bonn? Die mag nicht daran rühren und begründet das mit der Personalfürsorgepflicht. Nicht etwa, weil die Postbeamten vielleicht ein wenig vergeßlicher sind als die anderen Bundesbeamten und daher immer wieder an die Höhe ihrer Einkünfte erinnert werden müssen.

Nein, die Bezügeversender wollen eine Zweiklassengesellschaft vermeiden. Wie bitte? Ganz einfach: Weil die Angestellten und Arbeiter der Post, aus welchen tariflichen Gründen auch immer, weiterhin ihre Bezügemitteilung bekämen, könne man den Beamten doch nicht zumuten, diese nur bei Bedarf auf dem Tisch des Postamtes vorzufinden.

Das, lieber steuerzahlender und gebührengeplagter Leser, ist kein böser Traum, sondern entstammt dem Bericht des Bundesrechnungshofes aus dem Jahr 1993, dem Jahr eins nach der Verhinderung einer Zweiklassengesellschaft im Deutschen Postdienst.

Hessen

Pleite und alles verschenkt

Was für eine Veranstaltung: eine Woche lang (18. bis 22. September 1992) Umweltdiskussionen zwischen Bürgern, Industrie, Umweltschutzverbänden, Politikern und Beamten. Interesse: nahezu Null. Effekt: Pleite auf der ganzen Linie. Der eigens für die Durchführung gegründete Verein, der »Deutsche Umwelttag e. V.«, mußte am 29. Oktober 1992 den Vergleich anmelden.

Dabei standen potente Vereinsmitglieder für das Gelingen der Veranstaltung gut: die Arbeitsgemeinschaft der Verbraucherverbände, der Bundesdeutsche Arbeitskreis für umweltbewußtes Management, der Bund für Umwelt und Naturschutz Deutschland, der Deutsche Gewerkschaftsbund, der Deutsche Heimatbund, der Deutsche Naturschutzring, der Deutsche Sportbund, der Förderkreis Umwelt future, die Grüne Liga, der Naturschutzbund Deutschland, der Touristenverein »Die Naturfreunde«, die Umweltstiftung WWF Deutschland und der Verkehrsclub Deutschland – bis auf den WWF alles eingetragene Vereine mit erheblichen Bezügen aus den öffentlichen Kassen.

Es erhärtet sich der Verdacht, daß diese politischen Umwelt-Pressure-Groups den neuen Verein vorwiegend nur gegründet hatten, um an weitere Zuschüsse aus dem Portemonnaie der Steuerzahler zu kommen. Das gelang auch mühelos. Es gaben das hessische Ministerium für Umwelt, Energie und Bundesangelegenheiten in vier Tranchen insgesamt rund 558000 Mark und das Ministerium für Landesentwicklung, Wohnen, Landwirtschaft, Forsten und Naturschutz 50000 Mark.

Und das, obwohl die Finanzierung von Tag zu Tag deutlicher auf wackeligen Beinen stand – eigentlich ein Alarmzeichen für die Ministerialen und ein deutlicher Hinderungsgrund, überhaupt Geld auszuschütten.

Als dann der Vergleich angemeldet worden war, bat das Umweltministerium den Rechnungshof, doch in den Büchern des Vereins Umwelttage einmal nach dem Rechten zu sehen. Die Prüfer kamen zu verheerenden Einsichten. So fehlten vielfach die für die ordnungsgemäße Abrechnung staatlicher Zuschüsse so wichtigen »Verwendungsnachweise«; die Ausgaben waren auch nicht, wie vorgeschrieben, von einer Wirtschaftsprüfungsstelle kontinuierlich überwacht worden und – die Fördergelder waren zu einem großen Teil überhaupt nicht ausgegeben worden.

Das freute den Vergleichsverwalter. Der hatte richtig Bargeld in der Hand, um überhaupt mit den Gläubigern verhandeln zu können. Der Rechnungshof stellte fest, daß von den 558000 Mark Staatsknete 414000 Mark noch auf den Bankkonten lagerten.

Es freuten sich aber auch die Rechnungsprüfer, die meinten, dieses Geld problemlos zurückfordern zu können: es gehöre ja nicht dem Verein, weil es unberechtigt abgerufen worden sei. Aber zu früh gefreut: Nach Intervention der Vereinsmitglieder, die einen Konkurs fürchteten, der ihr Image schwer ramponiert hätte, verzichteten Umwelt- und Landesentwicklungsministerium auf die fast schon gerettete halbe Million. Die Vereinsmitglieder ihrerseits schossen 1,43 Millionen Mark in die Vergleichsmasse, damit sich eine Entschädigungsquote von 35 Prozent erreichen ließ. Was bedeutet: Wer für 100 Mark geliefert hatte, bekam jetzt nur noch 35 Mark bezahlt; betroffen von diesem Skandal waren 550 meist kleinere Kaufleute und Handwerker. Die hochfeinen Vereinsmitglieder, sonst stets auf Korrektheit und feinen Umgang bedacht, erklärten dem Ministerium aber auch, sie schössen das Geld nur ein, wenn der Staat auf seine Forderungen verzichte. Wieso, fragt der Rechnungshof erbost, haben die Vereine nicht dafür gesorgt, daß alle Forderungen zu hundert Prozent befriedigt wurden, und zwar aus dem eigenen Vermögen?

Damit hat das Land Hessen letztlich nur deswegen eine Pleite mitverantworten und doppelt finanzieren müssen, weil die verantwortlichen Beamten in den Ministerien nicht in der Lage waren, die ordnungsgemäße Verwendung staatlicher Gelder zu überwachen. Die geschädigten Kleingewerbler werden es ihnen sicher danken.

Hamburg

Teures Pflaster

Drei Jahre lang hat das Hamburger Straßenbauamt gebraucht, ein wenige hundert Meter langes Teilstück der Ahrensburger Straße um- und auszubauen; auf 12 Millionen Mark kamen am Schluß die Kosten dafür. 800000 Mark zuviel, sagt der Rechnungshof, denn die Qualitätsstandards seien doch arg hoch gesetzt worden.

Wie es aussieht, hat sich die Verwaltung bei der Verkehrsbelastung verschätzt und bei der Fahrbahnbefestigung ein zu aufwendiges Material eingesetzt sowie eine zu teure Bauweise gewählt. Vermeidbare Kosten: 500000 Mark.

Weitere 300000 Mark hätten bei der Gestaltung der Parkplätze gespart werden können. Denn statt der im Haushaltsplan festgeschriebenen Längsparkbuchten hatte sich die Behörde schließlich für schräggestellte Parkplätze entschieden – was zwar mehr Parkraum bot, aber den Ankauf von Grundstücken nötig machte. Und statt des zunächst geplanten Pflasteruntergrundes wurden die Stellplätze aufwendig asphaltiert.

Der Vorgang weist über den recht freigebigen Umgang mit Steuergeldern hinaus zugleich auf ein ziemliches Abstimmungschaos unter den Hamburger Behörden hin. Die Baubehörde hat nämlich in ihrer Erwiderung zur Feststellung des Rechnungshofes darauf hingewiesen, daß der geforderte billigere Splitmastixasphalt zum Zeitpunkt der Baumaßnahmen noch keine zugelassene Regelbauweise gewesen sei.

Die Replik des Rechnungshofes auf diese Einlassung macht stutzig: Andere Behörden der Stadt hätten diese Bauweise schon damals aus wirtschaftlichen Gründen angewendet, inzwischen sei sie sogar bei der Baubehörde zum Standard erhoben worden.

Stellt sich die Frage: Warum erst jetzt, und warum tauschen die mit dem Bau von Straßen befaßten Dienststellen ein und derselben Stadt ihre Erfahrungen nicht ausreichend aus?

Rheinland-Pfalz

Verschleuderungsdenkmäler

Wer ein denkmalgeschütztes Gebäude besitzt und es renovieren will, der bekommt dafür Steuererleichterungen. Sie werden als Sonderabschreibung von zehn Prozent der Bausumme gewährt. Das erstreckt sich allerdings nicht auf den gesamten Bauaufwand, sondern lediglich auf notwendige Arbeiten zum Erhalt der historischen Bausubstanz.

Wenn also ein denkmalgeschütztes Haus »entkernt« wird, das heißt, wenn bis auf die Außenmauern alles niedergerissen und wieder aufgebaut wird, dann sind ausschließlich die Arbeiten an der stehengebliebenen Fassade förderungswürdig, nicht aber die Arbeiten dahinter.

Das wissen offensichtlich die Finanzämter in Rheinland-Pfalz oder das Landesamt für Denkmalpflege nicht immer. So bescheinigte das Landesamt zum Beispiel in einem Fall die gesamten Sanierungskosten in Höhe von 2,5 Millionen Mark nach einer Entkernung für förderungsfähig. Damit, so der Rechnungshof, sind dem Land erhebliche Steuergelder entgangen.

Daß es sich hierbei um keinen Einzelfall handelt, läßt sich dem Jahresbericht 1993 des Rechnungshofes entnehmen. Das Landesamt für Denkmalpflege hat nachweisbar Bescheinigungen im Volumen von 1,9 Millionen Mark unberechtigt vergeben.

Die Finanzämter müssen sich denselben Schuh anziehen. Sie verteilten manchmal die entsprechenden Vergünstigungen, ohne daß der Bauherr die zwingend erforderliche Bescheinigung des Denkmalamtes vorlegen konnte; bei 22 Fällen kamen so Steuervergünstigungen zu 1,2 Millionen Mark Bauvolumen zusammen.

Daß nach Meinung des Rechnungshofes bei diesen Fehlern selbst in den Finanzämtern mangelnder steuerlicher Sachverstand am Werke war, muß das Finanzministerium besonders beschämen. Stellt sich die Frage, wie viele Steuerbescheinigungen bei weit komplexeren Problemstellungen darüber hinaus noch fehlerhaft sind.

Bremen

Prüfungen gekippt

Ein ungeheuerlicher Skandal wird zur Zeit in der bremischen Verwaltung vorbereitet, ein Skandal, der dafür sorgen wird, daß in Zukunft überhaupt nicht mehr geprüft werden kann, ob die Beamten mit den ihnen anvertrauten Geldern auch wirtschaftlich umgehen. Auslöser ist der bremische Beauftragte für den Datenschutz, der sich im Jahre 1990 plötzlich weigerte, die Reisekosten seiner Mitarbeiter ordnungsgemäß abzurechnen. Das heißt: Er fügte seinen Belegen keinerlei Taxiquittung oder Hotelrechnung mehr bei. Begründung: Datenschutz!

Zwar intervenierte der zuständige Abschnittsleiter der Landeshauptkasse umgehend – aber vergeblich. Das Gezerre um die fehlenden Belege dauerte immerhin bis 1991. Damals begann sich der Rechnungshof für den Affront zu interessieren. Jetzt gehen die Belege zwar wieder ein, aber nur mit dem Vorbehalt, daß diese keinen Personenbezug mehr haben dürfen. Was wohl bedeutet: Es ist auch weiterhin nicht festzustellen, welcher Beamte in welchem auswärtigen Hotel wie teuer übernachtet oder wo ein Außendienstmitarbeiter in welchem Restaurant vielleicht drei Spezis bewirtet hat.

Wenn diese Auffassung Schule macht, dann gute Nacht, kostengeschüttelte Republik!

Mecklenburg-Vorpommern

Ertrickst und ertrotzt

Sage keiner, die Leute vom Finanzamt beherrschten nicht sämtliche Tricks. Vor allem, wenn es um ihre Bequemlichkeit geht, etwa um Parkplätze für ihre privaten und Dienstfahrzeuge. Da waren die neuen Finanzbeamten im neuen Bundesland Mecklenburg-Vorpommern ihren austrainierten Kollegen aus den alten Ländern gelehrige Schüler: Was wir brauchen, kriegen wir so oder so. Wir müssen nur kreativ mit den Vorschriften umgehen.

Zum Beispiel beim 670 Quadratmeter großen Parkplatz der Oberfinanzdirektion Rostock, der im Jahr 1991 wirklich wüst und ungepflegt aussah. Eine Verschönerung hätte 170000 Mark gekostet, über die die Geldeintreiber nicht aus freien Stücken verfügen durften.

Sie stellten daher, haushaltsrechtlich korrekt, eine »Baubedarfsnachweisung für kleine Neu-, Um- und Erweiterungsbauten« auf und wären im Falle der Genehmigung berechtigt gewesen, die Parkfläche herzurichten, Sicherungseinrichtungen, wie eine Schranke, aufzubauen und ein bißchen Grün anzupflanzen.

Das Finanzministerium, wohl eingedenk der Tatsache, daß es anderswo Wichtigeres zu finanzieren gab, ging mit dem dicken Rotstift über den Antrag und lehnte ihn vollständig ab. »Macht nichts!« dachte sich der oberste Oberfinanzdirektor Rostocks und widmete das Vorhaben um. Diesmal zur »Baubedarfsnachweisung für Bauerhaltung«, Unterabteilung »Parkplatzsanierung«. Dafür braucht er nämlich keine Genehmigung des Finanzministeriums.

Was aber noch komfortabler war: Seine eigene Behörde, die Oberfinanzdirektion Rostock, war die zuständige Genehmigungs- und

Fachbehörde. Kein Wunder, daß die notwendigen 170000 Mark dann schnell flossen, obgleich das Geld an anderer Stelle bei der Sanierung des Dienstgebäudes wieder eingespart – und diese wohl auf spätere Zeiten verschoben werden mußte.

Jetzt freuen sich die Steuerzahler in Rostock, pünktliche wie säumige, daß ihre Vollstrecker trockenen Fußes aus dem Auto ins Gebäude kommen und zurück.

Den Rechnungshof aber ärgert zum wiederholten Male, wie sich Beamte so mir nichts dir nichts über die Haushaltsordnung der Länder hinwegsetzen und damit auch über das Parlament und letzten Endes über die Verfassung. Es geht doch das Wort von der unbedingten Verfassungstreue deutscher Beamter!?

Sachsen-Anhalt

Sportart Geldjonglieren

Wer weit springen, schnell laufen oder besonders schön turnen will, der muß heutzutage eine weitere Sportart beherrschen: das meisterliche Jonglieren mit dem Geld. Denn sonst gibt es keine staatlichen Förderungen, aus denen sich weite Reisen, üppige Bankette oder schöne Autos finanzieren lassen. Denn die gehören, zumindest bei den Älteren, den Funktionären, nun einmal zum Sport. Zumindest zu der Art Sport, wie ihn das Management des Landessportbundes Sachsen-Anhalt e. V. versteht.

Eigentlich darf das Land nur dann Geld geben, wenn der Landessportbund seine Verwaltungs- oder Veranstaltungskosten nicht selbst tragen kann. Ansonsten muß sich der Überverein aus den Geldern seiner Mitglieder finanzieren.

Diese Regel läßt sich aber umgehen. Und den Trick haben die Landessportler Sachsen-Anhalts bei den Kollegen in Niedersachsen abgeguckt: Sie führen einen ordentlichen und einen außerordentlichen Haushalt. Der ordentliche Haushalt umfaßt die Ausgaben etwa für die Büromieten, Telefonanlagen, Reisen, Autos, Gehälter und was auch immer das Herz eines Sportfunktionärs begehrt.

Der außerordentliche Haushalt befaßt sich mit den außerordentlichen Dingen: der Finanzierung von Großveranstaltungen zum Beispiel oder der Förderung einzelner Vereine und Sportarten.

Während der Topf »ordentlicher Haushalt« immer schön prall gefüllt ist (im Rechnungsjahr 1991 hat man sich 2,1 Millionen Mark »Liquiditätsreserve« zusammengespart, 1992 wiederum 1,7 Millionen), herrscht im außerordentlichen Haushalt permanent Ebbe. Was bedeutet: Gäbe es für diesen Haushalt kein Geld vom Staat, müßten viele Veranstaltungen im Lande ausfallen. Natürlich will das kein Politiker riskieren und spendiert gerne Geld. Im Falle Sachsen-Anhalts sogar eine Förderung in fester Höhe – was an sich schon ein Unding ist.

Für den Rechnungshof sieht das so aus: Auf der einen Seite der schiere Wohlstand, auf der anderen künstlich herbeigeführte Armut, für die der Steuerzahler aufkommen muß. Jetzt fordert der Rechnungshof, der Landessportbund möge über seinen eigenen Schatten springen und die Gräben zwischen den beiden Geldtöpfen zuschütten.

Bund

Wunderkinder

Wem Gott ein Amt gibt, sagt der Volksmund, dem gibt er auch den Verstand dazu. Dieses Management by Holy Ghost haben die Chefs der Wasser- und Wirtschaftsverwaltung sowie der Deutschen Reichsbahn (nach-DDR-Version) bis zur Perfektion entwickelt. So weit, daß sie sicher sind, jeden, der einen neuen, anspruchsvolleren Posten bekommt, gleich auch in die dazugehörige höhere Gehaltsklasse gruppieren zu können.

Eigentlich ist das gänzlich unüblich im öffentlichen Dienst. Dort läßt man die neuen Würdenträger sich lieber ein paar Wochen in den neuen Arbeitsbereich einfühlen.

Die Leute von der Reichsbahn sind aus ganz anderem Holz geschnitzt. Da wurde zum Beispiel ein Maschinenbauingenieur zum Abteilungsleiter im Personalwesen befördert, eine an sich nicht so ohne weiteres nachvollziehbare Entscheidung. Wenn der Mann sich wenigstens früher schon um die Belange seiner Kollegen verdient gemacht hätte! Aber nein, der Rechnungshof des Bundes attestiert ihm »fehlende Fachkenntnisse«. Trotzdem wurde der zum Personalabteilungsleiter gewendete Maschinenbauingenieur von der ersten Stunde an voll bezahlt.

Bei der Wasser- und Schiffahrtsverwaltung des Bundes ging es ähnlich zu: Da war einer bisher sicher mit großem Erfolg damit befaßt, die Wasserstraßen seines Berittes zu überwachen – und fand sich plötzlich übergangslos (auch bei den Bezügen) als Chef des Sachbereiches Organisation, Personal und Haushalt wieder. Auch hier, so der Rechnungshof, ohne jegliche Fachkenntnisse. Wie er sich qualifiziert hat? Der Autor enthält sich der dummen Anspielung auf den Volksmund, der davon spricht, daß der Herr es den Seinen im Schlaf gebe.

Bund

Brot statt Waffenschmidt

Wenn alle Rußlanddeutschen, denen westdeutsche Politiker jahrelang herzliche Aufnahme in Aussicht gestellt hatten, jetzt ins Land strömten – der finanzielle Kollaps wäre programmiert. Um das zu verhindern, gibt die Bundesregierung jährlich rund 100 Millionen Mark aus, um das Leben der nach deutschem Recht Deutschen in der GUS zu erleichtern. Will sagen: Die Bundesregierung kauft sich von ihren törichten Versprechungen frei.

Dabei ist ihr offenbar jeder Verein recht, der nur ein »e. V.« (eingetragener Verein) im Briefkopf trägt; darunter auch der »Verein für das Deutschtum im Ausland« (VDA). Horst Waffenschmidt, Aussiedlerbeauftragter der Bundesregierung, arbeitet vorzugsweise mit diesem Verein, wenn Gelder des Innenministeriums irgendwohin in die russischen Weiten geschaufelt werden müssen.

Etwa für die Einrichtung von Bäckereien, die mit einem speziellen Feinmehl beliefert werden müssen, das in Rußland überaus selten ist und jetzt über Tausende von Kilometern herbeigeschafft wird; bei der katastrophalen Verkehrslage dort ein nahezu unlösbares Problem.

Oder 34 Millionen Mark für ursprünglich 19 Fleischfabriken und Molkereien. Für deren Aufbau wurden bereits Ende 1990 rund 34 Millionen Mark überwiesen, obwohl, so der Bundesrechnungshof, nicht einmal die Standorte geklärt waren. 1992 waren erst vier Betriebe in der Lage, Fleisch- und Wurstwaren zu liefern. Jetzt fordert ein Unternehmer aus Salzgitter auch noch 16,5 Millionen Mark Nachschuß und behauptet gleichzeitig, die für die Fabriken benötigten Gebäude seien sein Eigentum.

Unerkannt entkommen ist auch ein Großteil jener fast eine Million Mark, die für Ersatzteile in Lebensmittelfabriken gedacht waren. Jede bedürftige Fleischerei sollte für 27000 Mark, jede Käserei für 67000 Mark neue Gerätschaften erhalten; die Prüfer vom Rechnungshof entdeckten jedoch nur drei Bäckereien, die mit Teilen im Wert von insgesamt 5000 Mark beglückt worden waren. Und die angeblich für 34000 Mark beschafften Vorratsschränke hätten auch nie ihren Bestimmungsort erreicht. Statt dessen erlebten die Prüfer mit einiger Rührung den Stolz der Bäcker über ihre notdürftig zusammengezimmerten Verkaufsregale.

Dabei hat es an Mahnungen des Rechnungshofes, dem die Schlamperei schon früh aufgefallen war, nicht gemangelt; allerdings ohne greifbare Resultate: Waffenschmidt und seine Zuarbeiter im Innenministerium schütteten weiter freihändig Gelder über den VDA aus. Jetzt geht es aber einigen wohl bald an den Kragen: die Staatsanwälte ermitteln. Aber das kann Jahre dauern, denn Ermittlungsverfahren gegen politische und beamtete Würdenträger laufen bekanntlich besonders zäh ab. Ob in der Zwischenzeit die Rußlanddeutschen aber mehr Brot als einen leutselig winkenden Waffenschmidt bei sich sehen, ist noch nicht bekannt.

Schleswig-Holstein

Verbildet

Eigentlich logisch: Kommunalpolitiker gehören zu jenen, die einem besonders hohen Risiko am Arbeitsmarkt ausgesetzt sind. Schließlich müssen sie sich alle vier Jahre zur Wiederwahl stellen – und was da alles so passieren kann, ist, zumindest theoretisch, unvorhersehbar. Auch politisierende Pädagogen, selbst beamtete, auf Lebenszeit angestellte, gehören zur Spezies der solcherart am Arbeitsmarkt Benachteiligten. Weshalb sie natürlich sorgsam weiterqualifiziert werden müssen, wie zum Beispiel in Schleswig-Holstein.

Das Bildungsministerium dort hat 1992, weil ab Beginn 1993 per Gesetz Institutionen gefördert werden sollten, die Weiterbildungsmaßnahmen anbieten, ein Modellprogramm aufgelegt. Nach dem Gesetz geht es darum, Bildungsangebote zu fördern, die geeignet sind, Benachteiligungen am Arbeitsmarkt zu kompensieren.

Darauf zielten auch die Modellvorhaben ab und auch darauf herauszufinden, wie einem Mißbrauch Riegel vorgeschoben werden könnten. Nun kam es aber, daß es zwanzig Pädagogen und Kommunalpolitikern nach einer Reise ins ferne Albion gelüstete.

Die Reise kostete, einmal vom Taschengeld der Bildungswilligen abgesehen, 24000 Mark. Das Sozialministerium zahlte davon 20000 Mark; je 200 mußten die Reisefreudigen selbst beisteuern.

Der Rechnungshof fand später heraus, daß lediglich 1024 Mark an Honorar für Referate und Vorträge bezahlt wurden, also nur rund fünf Prozent der Gesamtkosten, der Rest also für Reise und Verpflegung draufgegangen ist. Fazit der Prüfer: »Schon die Anerkennung als Modellvorhaben erscheint zweifelhaft.«

Bayern

Abgeschossen

Wenn sich so ein hoher Beamter aus Bayern, immerhin Mitglied eines neuen Elitestandes, ein kapitales Geweih an die Wand nagelt, dann weiß er, daß sein Dienstherr ihm diesen Triumph unter Umständen mit ein paar tausend Mark bezuschußt hat; laut Bayerischem Oberstem Rechnungshof durchschnittlich pro Abschuß mit 2300 Mark. Es sei ihm gegönnt, schließlich steht der hohe Beamte ja auch zumindest bei seinem Arbeitgeber, dem Ministerpräsidenten, in dem guten Ruf, auch an Sparsamkeit für das Land Außerordentliches zu leisten.

Außerordentlich die Kosten für die Jagdbeute: Auf 40 Millionen Mark summierten sich die Ausgaben.

Das sollte eigentlich ausreichen, möchte der Steuerzahler meinen, das Wild so niedrig zu halten, daß es nicht die jungen Triebe des ohnehin belasteten Waldes kaputtbeißt.

Weit gefehlt. Um den schlimmsten Schäden vorzubeugen, müssen jährlich Wildschutzzäune im Wert von 27 Millionen Mark errichtet werden. Bambis Hunger kostet den Steuerzahler also allein in den Bayerischen Staatsforsten mindestens 67 Millionen Mark, von dem Verlust an Werten einmal ganz abgesehen.

Die Gründe für diese Entwicklung sind komplex, weshalb hier nur die absurdesten aufgezeigt seien. Der Trophäenwahn gehört dazu. Ein Hirsch der Klasse I, also einer mit besonders großem Geweih, muß mindestens zehneinhalb Jahre alt sein. Nicht jeder Hirsch erreicht dieses Alter. Will man ihn im Revier halten, müssen zudem ausreichend Weibchen vorhanden sein. Daher gilt die Regel, daß ein einziger Hirsch der Klasse I aus einem Bestand von mindestens 70 Stück Rotwild entstammt.

Wer weiß, daß die Bayerische Staatsregierung die Jagderlaubnis auf derart attraktive Tiere auch zur Durchsetzung politischer und wirtschaftlicher Ziele sowie zur Pflege guter Beziehungen zu allerhand Würdenträgern und zur Belohnung beflissener Beamter einsetzt, der kann sich vorstellen, daß ein hoher Bestand von Klasse-I-Hirschen der Regierung nur zupaß kommen kann. Übergroße Rotwildpopulationen sind die zwangsläufige Folge.

Da wird es verständlich, warum die Förster vor allem in den bayerischen Mittelgebirgen von »waldverwüstenden Schäden« (Zitat aus dem Bericht des Bayerischen Obersten Rechnungshofes 1993) sprechen.

Nun kostet die Trophäenjagd nicht nur Geld für Wildschutzzäune, Fütterung (im März 1990 zum Beispiel setzte ein Berufsjäger sage und schreibe 218 Arbeitsstunden für die Wildfütterung ein – 218 von insgesamt 223 Dienststunden, die im März abzuleisten waren) und Holzvernichtung, es entstehen auch Personalkosten für Dienstleistungen.

Vor allem im Hochgebirge muß ein Berufsjäger oft genug das von nicht mehr ganz so jagdtauglichen Gästen nur angeschossene Wild aufspüren, die Gäste müssen geführt und betreut, die Trophäen ausgekocht werden. Allein die Führung der Gäste, so der Rechnungshof, kostet die Forstämter pro Person durchschnittlich neun Stunden Arbeitszeit.

Und wer kommt in den Genuß solcher Gastfreundschaft, die immerhin das Bayerische Staatsministerium für Landwirtschaft und Forsten gewährt? Auch das weiß der Rechnungshof. Die Forstämter mit einem Bestand von Trophäenwild haben pro Jahr durchschnittlich 50 Jagdgäste zu betreuen. 20 Prozent davon sind Angehörige anderer Forstämter; die sind oft so wild auf ihr Jagdvergnügen, daß sie sich gleich in mehreren Revieren anmelden.

Zehn Prozent der Gäste sind Angehörige der Oberforstdirektion und des Ministeriums. 15 Prozent gehören der US-Army an, mit der ein »Wehrbetreuungsprogramm« entwickelt wurde. Eine nicht genauer definierte Quote umfaßt die Staatsgäste. Der Rechnungshof dazu: »Einige Forstämter haben besonders viele Jagdgäste aus Politik und Verwaltung zu betreuen.«

Unter dem Strich kommt heraus, daß sich die Forstleute gerne gegenseitig ihren Jagdspaß subventionieren und daß es ihnen offensichtlich egal ist, wie es dem Wald, dessen Wohlergehen eigentlich ihre Hauptsorge zu gelten hat, dabei ergeht.

Baden-Württemberg

Donner ums Theatergeld

Die Landestheater Baden-Württembergs erhielten 1991 insgesamt rund 19 Millionen Mark staatlicher Zuschüsse; 1993 waren es 20 Millionen Mark. Diese Zuschüsse verpflichten sie eigentlich, ihre Produktionen zu einem großen Teil auch außerhalb ihrer »Sitzorte« Bruchsal, Esslingen und Tübingen aufzuführen.

Ziel ist es, anspruchsvolle Bühnenkultur auch jenen zugänglich zu machen, die nicht in der Lage sind, große Reisen in den nächsten Ort mit einem Schauspielhaus zu unternehmen.

Nur das Landestheater Bruchsal scheint dieser Aufgabe gerecht zu werden; so konstatiert wenigstens der Landesrechnungshof in seinem Bericht aus dem Jahre 1993. Die Veranstaltungen der Bruchsaler Bühne fanden nämlich zu 26 Prozent am Sitzort und zu 74 Prozent außerhalb statt. Bezeichnend, daß die Bühne diejenige ist, die mit 4,4 Millionen Mark (1991) am wenigsten bezuschußt wurde.

Die Esslinger Künstler hingegen, die 1991 immerhin 7,8 Millionen Mark erhielten, spielten nur zu 33,7 Prozent außerhalb, die Tübinger (7,5 Millionen Mark Subvention) sogar nur zu 28,1 Prozent.

Der Rechnungshof meint, damit sei die Verpflichtung des Landes, die Theater zu unterstützen, zumindest in bezug auf Esslingen und Tübingen hinfällig. Die Städte sollten gefälligst selber ihr Kulturgut finanzieren.

Die lehnen aber ab. So wird es denn wohl kommen, daß auch in Esslingen und Tübingen das Theatersterben beginnt – oder der Steuerzahler die eher kleine Kulturelite zweier Mittelstädte arg teuer finanziert.

Saarland

Goldgrube

Der Liegenschaftsverwaltung des Saarlandes ist auf dem Gelände einer Industriebrache eine dreiviertel Million Mark abhanden gekommen. Das Projekt, das eigentlich schnell neue Arbeitsplätze schaffen sollte, kümmert weiter vor sich hin. Der Clou: Der Landesrechnungshof spricht noch immer von der Professionalität der mit der Angelegenheit betrauten Beamten. Wahrscheinlich ist das aber ironisch gemeint.

In Losheim verwilderte eine Industriebrache, die aus dem Besitz der Firma Streif Fertighaus AG und der Hochtief AG stammt. 1988 hatte das Land das Areal für 8,6 Millionen Mark mit dem Ziel erworben, dort einen Gewerbepark einzurichten. Damals waren die Politiker ja noch voller Optimismus in bezug auf die Fruchtbarkeit derartiger Bemühungen.

Es war auch schnell ein Investor gefunden, die IGL. Und am 9. Januar 1990 präsentierte Finanzminister Hans Kasper das Projekt anläßlich einer Pressekonferenz, zusammen mit der Landesentwicklungsgesellschaft.

Der Investor nahm das Gelände unmittelbar darauf in Besitz. Hier ist es wichtig, die juristischen Begriffe »Besitz« und »Eigentum« zu unterscheiden: Wer etwas besitzt, ist noch lange nicht der Eigentümer. Wer ein Auto mietet, kommt zwar in dessen Besitz, Eigentümer bleibt aber immer noch die Vermietungsfirma.

So war das auch mit dem Areal in Losheim: Der Investor, vertreten durch seinen Beauftragten, kam zwar ungehindert auf das Gelände, er konnte dort auch schon Aufräumungs- und Bewachungsarbeiten verrichten – aber Eigentümer war er damit noch lange nicht.

Denn der Kaufvertrag, Mitte März 1990 unterschriftsreif, wurde vom saarländischen Kabinett nicht gebilligt. Statt dessen brachten die Politiker einen zweiten Investor ins Spiel, Villeroy & Boch. Am 14. August 1990 erging ein Auftrag des Ministerrates an das Finanzministerium, mit dem zweiten Investor zu verhandeln.

Was immer sich da im Laufe des Gezerres abgespielt haben mag – es war sicherlich nicht von der feinen englischen Art. Schließlich verlangte der erste Investor, der sich auf dem Gelände natürlich heftig zu schaffen machte (und das, wie der Rechnungshof feststellte, stets im Einvernehmen mit dem Finanzministerium), den Ersatz seiner Auslagen. Plötzlich standen 16,3 Millionen Mark Forderungen im Feuer.

Das war fatal. Denn das Finanzministerium hatte es unterlassen, die Vereinbarungen über die Verrichtungen auf dem Gelände schriftlich niederzulegen. Jetzt stand das Ministerium an der Wand, denn der zweite Investor, der mit den Arbeiten beginnen wollte, verlangte, daß vorher alle strittigen Rechts- und Eigentumsfragen geklärt sein müßten.

So gab der Finanzminister schließlich dem Druck des ersten Investors nach und schloß einen Vergleich: Die Forderungen sollten mit 750000 Mark abgegolten werden. Den schwachen Versuch der Beamten und Politiker, sich mit der niedrigen Quote von knapp fünf Prozent der Ausgangsforderung zu brüsten, schlug fehl. Der Rechnungshof kühl: »Die hohen Geldforderungen haben sich vor diesem Hintergrund (der Rechnungshof spielt auf fehlende Verträge an; der Autor) eindeutig als das erwiesen, was sie in der ungeklärten Situation waren, nämlich ein in Geld ummünzbares Druckmittel.« Von Pressionen verstehen die Minister im Saarland tatsächlich was.

Niedersachsen

Mietfrei lernen

Wer in Niedersachsen gute Nerven zeigt, der darf in einigen staatlichen Institutionen mietfrei wohnen. Er läuft nicht einmal Gefahr, später zur Zahlung gezwungen zu werden. Die Rede ist nicht von den Unterkünften, in denen sozial schwache Familien untergebracht werden, sondern von vergleichsweise luxuriös ausgestatteten Räumen in jenen Kollegs, wo Bürger durchaus angemessenen Einkommens ihren Abiturabschluß nachholen. Drei Jahre wohnen die Schüler in diesen Kollegs und müßten dafür monatlich 100 Mark einschließlich Nebengebühren bezahlen.

Tun sie aber nicht immer. Der Rechnungshof hat in seinem Bericht 1993 dokumentiert, daß in der Kasse einer dieser Anstalten Ende 1992 immerhin 18660 Mark an Mieteinnahmen fehlten.

Das ließe sich vielleicht mit ein paar barschen Worten und der Drohung des Rausschmisses regeln – wenn den Beamten nicht meist dann die beträchtlichen Rückstände auffielen, wenn der Kollegiat längst mit oder ohne Abiturweihen die Schule verlassen hat.

Wie das? Es ist nicht etwa der Hausmeister des Kollegs, der die Miete einzieht, sondern ein Beamter der zuständigen Bezirksregierung. Und dem fällt, wenn Geld ausbleibt, das immer erst sehr spät auf.

Es wäre wohl zuviel verlangt, eine zeitnahe Kontrolle eingehender Mieten zu verlangen. Man darf dem Zuständigen nicht einmal Faulheit oder Wurschtigkeit vorwerfen, denn das Problem besteht schon länger. Mindestens seit 1979, als der Rechnungshof diese Vorgänge das erstemal geprüft hatte; damals fehlten in der Kasse erst knapp 6000 Mark.

Seit 1980 versucht nun das Kultusministerium zusammen mit den Bezirksregierungen das Problem in den Griff zu bekommen – ohne Ergebnis. Nicht einmal der Wechsel in der Regierungsverantwortung konnte daran etwas ändern, daß die Kollegiaten ihre Mieten nicht alle bezahlten und daß auch später keinerlei Beitreibungsmaßnahmen eingeleitet wurden. Es war meist nicht einmal festzustellen, wo die säumigen Zahler nach dem Ausscheiden aus dem Kolleg verblieben sind.

Bis zur Vorlage des Rechnungshofberichtes im Frühjahr 1993, also 13 Jahre, nachdem der Mißstand zum erstenmal öffentlich wurde, konnten sich demnach zahlungsunwillige Kollegiaten vor ihren Mietverpflichtungen drücken. Das mag ja nicht gerade ein Ansporn sein für alle, die sich bisher bemüht haben, ihre Gebühren pünktlich zu überweisen. Aber es sollte doch ein Anreiz sein, einmal nachzufragen, warum sich das Kultusministerium bis dahin mit der Auskunft der Bezirksregierung zufriedengegeben hat, auch sie sei mit der Situation nicht glücklich!?

Sachsen-Anhalt

Audi statt Fox

Die Mitarbeiter der Bad Lauchstädter Kurverwaltung in Sachsen-Anhalt haben ein Faible für Stilvolles. Damit sie auch bequem verreisen können, haben sie sich einen Audi 80 mit, so der Rechnungshof, »überdurchschnittlicher Sonderausstattung« zum Preis von 33 900 Mark zugelegt. Obwohl im Haushalt keine Mittel dafür vorgesehen waren.

Der Rechnungshof mag den Audi aber auch deswegen nicht, weil er den Kurleuten dienstrangmäßig gar nicht zusteht. Die Prüfer brutal-sparsam: Nach den Richtlinien über die Anschaffung von Dienstwagen sei »zum Beispiel der Kauf eines Polo Fox mit einem Aufwand von 14 500 Mark in Betracht gekommen«.

Der ersten Forderung, den Audi zu verkaufen, ist die Kurverwaltung inzwischen gefolgt. Die zweite Forderung, den Schaden, nämlich die Differenz zwischen dem Kauf- und Verkaufspreis vom Verantwortlichen zurückzufordern, nämlich 9390 Mark, möchte das Finanzministerium nicht teilen: kein schuldhaftes Verhalten.

Der Rechnungshof wiederum mag das nicht teilen und forderte die Unterlagen an, »um die Argumente für diese pauschale Antwort bewerten zu können«.

Bund

Futterzuschlag

Es gibt kein Bier auf Hawaii; und wenn doch, dann kein deutsches; und wenn doch, ist es unverschämt teuer. Überhaupt ist es überall unverschämt teuer, will ein deutscher Botschaftsangehöriger dort, wo ihn die Regierung hinschickt, anständig leben. Und anständig aussehen: sauberes Hemd, Armani-Anzug, Schuhe von der besseren Sorte.

Besonders teuer kommt der erste Einsatz im Ausland. Wenn so ein junger Diplomat in, möglicherweise, Luxemburg seinen ersten Einsatz erlebt, dann muß er nicht nur in das Fürstentum umziehen; er muß sich auch fürstentummäßig kleiden; er soll ja einen guten Eindruck machen. Dafür gibt es einen »Ausstattungsbeitrag«.

Rückt der junge Diplomat gleich in eine Position, die ihm besondere repräsentative Verpflichtungen auferlegt, indem er vielleicht häufig auf Cocktailparties erscheinen oder, zum Beispiel, den Papst schon mal zum Essen ausführen muß, erhöht sich der Ausstattungsbeitrag um zwanzig Prozent – das ist im Prinzip auch gut.

Nur scheint es so, als hätte das Außenministerium in der letzten Zeit nur noch Spitzenrepräsentateure in alle Welt verschickt. Denn der Rechnungshof stellt voller Verblüffung fest, daß jeder, der zum erstenmal seinen Auslandsposten antrat, auch gleich die 20prozentige Zulage erhalten hat – Bürodiener oder Regierungsrat. Freuen wir uns also über die Beliebtheit deutscher Botschafts- und Konsulatsangehöriger aller Dienstgrade, deren Kontakt zur hohen Politik und zur Bevölkerung so innig ist, daß sogar die Anfänger etwas bessere Unterwäsche und teurere After-shaves für die Abwicklung ihrer Obliegenheiten brauchen!

Bund

Wasser auf langsamen Mühlen

Wer seine Strom-, Gas- oder Wasserrechnung nicht vollständig bezahlt, der erhält eines Tages den Besuch des Vollstreckungsbevollmächtigten. Schnipp! Und die Lampe brennt nicht mehr, das Gas bleibt in der Leitung, und wer Durst hat, muß aus der Pfütze trinken. Abgesperrt von einem menschenwürdigen Leben, wie wir es kennen, wird auch, wer die monatlichen Abschlagszahlungen nicht leisten kann. Da sind die von den Versorgungsunternehmen ganz korrekt.

In der Abrechnung befindet sich stets auch eine Rubrik über die Mehrwertsteuer. Die ist selbstverständlich ebenfalls sofort mitzubezahlen; wenn nicht, kommt Besuch.

Die Finanzchefs der Versorgungsunternehmen bekommen diesen Besuch nie. Sie dürfen sicher sein, die Mehrwertsteuer erst dann zahlen zu müssen, wenn die Jahresabrechnung vorliegt und bezahlt wurde. Bis es soweit ist, bunkern sie das Geld ihrer Kunden auf Festgeldkonten und verdienen ihren Unternehmen ein hübsches Sümmchen nebenbei – insgesamt 100 Millionen Mark pro Jahr.

Der Bundesrechnungshof mag das nicht weiter so hinnehmen. Er verweist darauf, daß der Finanzminister die Zinsen auch gut gebrauchen könnte. Der teilt diese Meinung, beißt aber im Bundesrat auf Granit, denn es sind ja die Landesfinanzminister, Eigner vieler Versorgungsunternehmen, denen das Zubrot dann verlorengeht.

An den Gebührenzahler denkt natürlich mal wieder keiner. Außer, daß dem auf keinen Fall zusteht, Mehrwertsteuer auf Festgeldkonten zu horten.

Mecklenburg-Vorpommern

Redegeld

Die ehemaligen SED-Bonzen heißen jetzt in Mecklenburg-Vorpommern »Erfahrungsträger«. Das ist nicht nur Euphemismus über die Fertigkeit, Menschen zu quälen und zu bespitzeln. Die Umbenennung ist für einige der Partei- und Bezirksfunktionäre bare Tausender wert. Weil sie nämlich am besten wissen, wie wann welche Grundstücke oder Gelder wohin verschoben wurden, braucht das Finanzministerium die Erfahrungsträger als Gutachter. Rund 450000 Mark kassierten die bislang Verstockten für entsprechende Dienstleistungen; rund ein Fünftel der für die Aufklärung von Schiebereien insgesamt ausgegebenen 2,4 Millionen Mark Gutachtenhonorar.

Die Finanzministerin hält das für eine gute Sache. Aber vielleicht sollte sie einmal ihren Kollegen Justizminister besuchen und fragen, ob es nicht möglich ist, hartnäckige Schweiger vielleicht durch Beugehaft oder Strafverfahren zum Reden zu bringen. Kosten würde das wohl dasselbe; der Rechtsfrieden bliebe jedoch gewahrt.

Hamburg

Schweißtropfenpleite

Die neue Sportanlage im neuen Wohngebiet Allermöhe I ist wirklich wunderschön ausgefallen. Sie wird auch von den ansässigen Sportvereinen gut frequentiert – wahrlich ein Gewinn für den Bezirk. Und ein rechtes Verlustgeschäft.

Denn bei der Planung wurde versäumt, eine Bedarfsanalyse vorzunehmen. Wäre diese erfolgt, hätte die Planungsbehörde schnell feststellen können, daß, wie es jetzt der Fall ist, die exotischen Anlagen »Schweißtropfenbahn« und »Plattformtennis« überhaupt nicht genutzt werden.

So aber wurden beide gebaut; wohl unter der Annahme, ein bißchen Trimmangebot für das gemeine Volk, also für die nicht in Sportvereinen Organisierten sowie für die Einzelgänger, sei schon nötig.

160000 Mark hat der populistische Irrtum gekostet. Weitere 260000 Mark unnötige Ausgaben sind durch simple Planungsfehler entstanden.

So war es, wie der Rechnungshof bemängelt, überhaupt nicht nötig, statt der herkömmlich preiswerten lieber teure Kunststoffbahnen verlegen zu lassen. Auch die Befestigung von Neben- und Wegeflächen siedelt der Rechnungshof eher im Bereich des unnötigen Luxus an.

Ganz und gar nicht passieren hätte es dürfen, daß schlicht vergessen wurde, den Baugrund sorgfältig zu untersuchen. Dann wären auch zusätzliche Erdarbeiten nicht notwendig geworden.

Der Vorwurf des Rechnungshofes wiegt um so schwerer, als festzustehen scheint, daß, wäre zum Beispiel für die Schweißtropfenbahn später doch ein Bedarf entstanden (und das erspürt ein guter Bezirkspolitiker schnell), immer noch ausreichend Platz vorhanden gewesen wäre, diese nachträglich zu errichten.

Rheinland-Pfalz

Verwarnung für Politessen

Manchmal, so berichtet der Rechnungshof des Landes Rheinland-Pfalz, »stehen die Politessen zehn Minuten neben einem Auto, das im eingeschränkten Halteverbot parkt, und schreiben erst dann die Verwarnung aus«. Drei Minuten hätten auch gereicht – so, wie es die Straßenverkehrsordnung festlegt.

Ja, Politessen sind geplagte Wesen. Die Autofahrer hassen sie – und jetzt auch noch die Rüge vom Rechnungshof! Dabei bekommen diejenigen, die deren Einsatz planen, nämlich kommunale Beamte, ja noch viel mehr ab. Der Rechnungshof hält ihnen nämlich Ineffizienz vor.

Die zeigt sich in vielerlei Hinsicht:

- Zwar werde in vielen Städten von Montag bis Freitag zwischen 6 und 24 Uhr kontrolliert – aber nicht an Samstagen, wo es in den Innenstädten meist besonders hektisch zugeht.
- In anderen Städten findet die Kontrolle nur zwischen 6 und 16 Uhr statt, also in den Kernarbeitszeiten der Beamten. Parksünder, die nach 16 Uhr freveln, schlüpfen durch die Maschen des Gesetzes.
- Werden Überstunden gemacht, kommt es häufig vor, daß deren Abgeltung durch Freizeit gerade dann stattfindet, wenn Kolleginnen krank sind. Dann bricht in großen Gebieten der Stadt die Parkanarchie aus.
- Die Überwachungskräfte werden mit bürokratischen Arbeiten überlastet.
- Manchmal überwachen mehrere Kräfte Teile desselben Bezirks. Dann fehlt eine effiziente Bezirkseinteilung.

- Auch regelrechte Spaziergangschichten kommen vor: Überwachungsgänge in Außenbezirken, die mit ausreichendem Parkraum gesegnet sind.

Jetzt müßte man nur noch wissen, in welchen Orten welche Art von Ineffizienz auftritt, und man könnte sich beruhigt in den Einkaufsbummel stürzen.

Nordrhein-Westfalen

Geschenk vom Finanzamt I

836000 Mark hat ein Finanzamt in Nordrhein-Westfalen einem Handelsunternehmen geschenkt, weil die Betriebsprüfer nicht in der Lage waren, die Forderungen, die die GmbH gegenüber ihrer französischen Muttergesellschaft hatte, als steuerpflichtiges Kapital zu erkennen. Es ging um Zuschüsse für die Werbung, die die französische Eignerfirma ihrem deutschen Handelsunternehmen eigentlich hätte zahlen müssen, es aber unterließ.

Zu ändern ist an der Sache nichts mehr: Die Steuerbescheide sind rechtskräftig, die Forderungen sind verjährt.

Baden-Württemberg

Teure Straßenbahn

Das muß schon ein dummes Gefühl gewesen sein, das die Stadtväter einer mittelgroßen Stadt in Baden-Württemberg beschlich, als der Rechnungshof aus heiterem Himmel verlangte, man möge ihm die Planungsunterlagen sowie die Katasterpläne zusenden, aus denen die Gründe ersichtlich würden, warum die Stadtwerke beim Bau einer Straßenbahnlinie so ungewöhnlich viel Geld für den Kauf von Grundstücken aufgewendet haben.

Insgesamt dreieinhalb Millionen Mark (einschließlich 126 994 Mark Maklergebühren) hatte es nämlich gekostet, die notwendigen Grundstücke entweder zu kaufen oder zu tauschen.

Da machten sich die städtischen Beamten lieber selber an die Arbeit und kamen tatsächlich darauf, daß wirklich etwas nicht ganz korrekt abgelaufen sein muß: Sie reduzierten die Kosten, von denen sie meinten, sie berechtigten zu staatlichen Zuschüssen, um gut 1,2 Millionen Mark. Man sei, so die eher unverständliche Entschuldigung, von Planunterlagen ausgegangen, die vom tatsächlichen Ausbau abwichen.

Das lädt zu Überlegungen ein: Wer weiß in dieser Stadt, was wo wann zu welchem Preis gebuddelt wird? Träumte der Kämmerer, und entspringen die Anträge für staatliche Zuschüsse diesen seinen Träumen? Tun die Stadtwerke, was ihnen gerade so einfällt? Wie steht es mit der Zustimmungspflicht der Stadträte zu solch erheblichen städtebaulichen Eingriffen, wie ihn der Bau einer Straßenbahnlinie nun mal darstellt – einschließlich der Abweichungen von der ursprünglichen Route? Was tun eigentlich die Aufsichtsbehörden wie das Regierungspräsidium?

Tatsache ist, daß wohl wieder einmal zuviel Geld für Grundstücke ausgegeben wurde und daß der Steuerzahler keine Möglichkeiten hat, das zu unterbinden.

Sachsen-Anhalt

Großkopferte Sportfunktionäre

Wer huldvoll durch die Lande reist, um zu überprüfen, ob seine Untertanen auch kräftig ächzen und ackern, der will das auch stilgerecht tun. Die Funktionäre des Landessportbundes Sachsen-Anhalt e. V. haben sich Gefährte angeschafft, die als Dienstfahrzeuge eigentlich nur Ministern und Staatssekretären zustehen: Opel Vectras, Audis und VW Caravelles – in den Jahren 1991 und 1992 insgesamt elf Automobile für rund 355000 Mark. Dazu vier Autotelefone für zusammen 20000 Mark.

Der Rechnungshof zeigt sich erschüttert: »Nach den Richtlinien über Dienstkraftfahrzeuge in der Landesverwaltung des Landes Sachsen-Anhalt hätten Fahrzeuge dieser Preisklasse für Minister und Staatssekretäre beschafft werden dürfen. Mit diesem Personenkreis sollten sich die leitenden Funktionäre des Landessportbundes nicht vergleichen.«

Wie wahr! Es besteht offensichtlich, zumindest was die Hubraumhierarchie angeht, immer noch das Primat der Politik.

Berlin

Phantomküche

Als es in Berlin noch Polizeikasernen gab, in denen auch die Beamten des mittleren Dienstes wohnen mußten, da war es für die Verwaltung eine Pflicht, die Beamten auch zu verpflegen. Dafür wurden sehr leistungsfähige Küchen eingerichtet, die täglich etwas herstellten, was im Jargon der Branche eine vor allem nahrhafte, vielleicht auch hier und da schmackhafte Verpflegung genannt wurde.

Seit 1992, seitdem es ein neues Polizeigesetz gibt, sind die Beamten jetzt nicht mehr eingesperrt. Sie können schlafen und essen, wo sie wollen. Nur pünktlich zum Dienst müssen sie erscheinen – aber das ist bei Beamten ja eine Selbstverständlichkeit.

Pünktlich zum Dienst kommen allerdings auch noch alle Mitarbeiter der Polizeiküche. Was sie jetzt noch zusammenbrutzeln, brauchen die Polizisten aber nur noch freiwillig zu essen. Und prompt macht die Küche pro Jahr 400000 Mark Verlust.

Da hilft es auch nichts, daß nun jene zu den Opfern der Polizeiküchenmeister gehören, denen dazu keine andere Wahl bleibt: Menschen, die in Polizeigewahrsam genommen worden sind, oder solche, die in Abschiebehaft einsitzen. Zwanzig Prozent der Kapazität der Polizeigroßküche werden auf diese Weise gebunden. Wieviel Kapazitäten die Versorgung hungriger Polizeischüler (diese werden weiterhin zwangsernährt) sowie die Zubereitung von Mahlzeiten für Beamte im Großeinsatz in Anspruch nehmen, geht aus dem Bericht des Rechnungshofes nicht hervor.

Es bleiben 400000 Mark Subventionsbedarf – die nicht anfallen müßten. Denn die Justizverwaltung, Herrin über alle Berliner Gefängnisse, verfügt ihrerseits über sehr voluminöse Küchen – und da, so meint der Rechnungshof, könnte für die Asylanten, Betrunkenen, Festgenommenen, Polizeischüler, Wasserwerfer und freiwilligen Esser doch ein Bröckchen abfallen? Die Innen- und Justizminister wollen prüfen . . .

Bund

Kostendämpfung

Seit der letzten Reform des Gesundheitswesens hat die Pharmaindustrie gewaltig Federn lassen müssen. Daher wäre es auch überaus ungerecht, die Industrie noch einmal zu schröpfen, indem ihr vielleicht unberechtigte Gebührenvorteile gestrichen würden. Etwa jene, die dadurch entstehen, daß das Bundesgesundheitsamt, diese treffliche Einrichtung, bei der Festsetzung ihrer Gebühren für die Arzneizulassung nicht so recht aufgepaßt hat. Das Ergebnis ist für die Industrie außerordentlich erfreulich: Sie spart jährlich rund zehn Millionen Mark.

Die könnte sie ja eigentlich in den Fonds für HIV-Geschädigte einzahlen, oder?

Nordrhein-Westfalen

Nur mit Boten

Stadtrat zu sein – das ist eine verantwortungsvolle Berufung und eine Last. Der Gewählte und Gesalbte ist nur sich und dem Wohl der Bürger verantwortlich; ob dabei mehr sich oder mehr den Bürgern, das muß er mit seinem Gewissen ausmachen. Die Stadtmütter und -väter von Burscheid im Rheinland, einem lieblichen kleinen Städtchen mit rund 17000 Einwohnern, wissen wohl selbst nicht alle so genau, was ihnen das Gewissen wann geraten hat. Denn Burscheid ist eine der meistverschuldeten Städte in Nordrhein-Westfalen; 1992 lag das Soll bei 3726 Mark und 21 Pfennigen pro Kopf.

Daher konnten die Stadträte auch 1989 nur mit Mühe vermeiden, daß ein Kommissar die Regierungsgeschäfte im Ort übernahm. Wer weiß, was dann alles ans Tageslicht gekommen wäre! So unterwarfen sich Stadtrat und Verwaltung bedingungslos der Gemeindeaufsicht beim Regierungspräsidenten in Köln. Zugleich gelobten sie auch einen strikten Sparkurs. Das hatte zur Folge, daß kaum ein Verein noch mit städtischen Zuschüssen rechnen darf.

Die Burscheider Bürger nehmen das alles gerne hin; schließlich tun die Stadträte auch einiges für sie. Sie palaverten endlos (und meist in nichtöffentlicher Sitzung), ob zum Beispiel das teure Zustellsystem für ihre Sitzungsunterlagen abgeschafft werden könnte. Der zuständige Aufsichtsbeamte beim Regierungspräsidenten hatte sich nämlich darüber gewundert, daß die Räte ihre Post nicht selber im Rathaus abholten. Statt dessen wurde stets der Amtsbote der Stadt bemüht; der mußte zum Teil recht weite Fahrten zu den Arbeitsstätten der Parlamentarier in den umliegenden Orten auf sich nehmen. Aber: Solch ein amtlicher Botengang bringt für den Adressaten natürlich auch einigen Imagegewinn und eine Bestätigung seiner Bedeutung.

Daher kam den Politikern die Anregung der Aufsichtsbehörde gar nicht zupaß; andererseits drohten die Rüge oder gar die Anordnung der Einsparung – peinlich. Nach einigem Hin und Her und Beratungen war dann ein Kompromiß gefunden: Es wurde ein Schrank mit entsprechenden Schließfächern angeschafft, und wer will, kann den jetzt auch benutzen. Wer aber auf die Zustellung per Boten besteht – nun, der wird auch weiter bequem bedient. Wobei das Wort einer Stadträtin kolportiert wird, sie denke nicht daran, ihren männlichen Kollegen die Unterlagen hinterherzufahren. Was wiederum ein bezeichnendes Licht auf die geschlechtsspezifische Arbeitsteilung im Burscheider Stadtrat wirft.

Im Prinzip ergab sich also im Dezember 1993 diese Situation: Es wurden sowohl Geld für einen Schließfachschrank investiert als auch die Etatmittel für die Fortsetzung des Botendienstes freigegeben. Das alles hat auch insofern seine Ordnung, als die letzte Drohung aus dem Regierungspräsidium eine sehr sanfte war: Man sehe nicht, daß der bisherige Zustand »über 1994 hinaus« beibehalten werden könne.

Damit war wieder das Gewissen gefragt. Das hat Ende 1993 bei etwas über der Hälfte der Stadträte für die Selbstabholung geschlagen. Die andere knappe Hälfte besteht weiterhin auf den Botenfahrten. Die Leute im Regierungspräsidium wundert's auch.

Rheinland-Pfalz

Quantensprung

Dreihundertprozentige Kostensteigerungsquoten haben sich bei den öffentlichen Bauvorhaben inzwischen wohl als üblich etabliert. Da wundert es niemanden, daß bei der Sanierung einer Universität in Rheinland-Pfalz der veranschlagte Preis von 3,5 auf 12,4 Millionen Mark hinaufgeklettert ist. Bewunderungswürdig ist jedoch die Kreativität in der Schlamperei – den Beamten und Angestellten in den Behörden fällt offenbar immer wieder eine neue Variante ein, den Grundstock für überhöhte Forderungen ihrer Lieferanten zu legen.

Ein paar Beispiele, die aufzeigen, wie sich kleine Summen zu einem riesigen Forderungsberg auswachsen: Die Beamten des rheinland-pfälzischen Staatsbauamtes, die für die Universitätssanierung zuständig waren, hatten zum Beispiel gleich bei der Bestellung der notwendigen Gerüste den Hund ins Geschäft gebracht: Statt darauf zu achten, daß ein kleines Gerüst je nach Arbeitsfortgang an der Fassade des sternförmigen Gebäudes »weiterwandert«, haben sie zugelassen, daß die Gerüstbaufirma die gesamte Fassade einrüstete. Dadurch stieg der abgemachte Preis von 97000 Mark auf 131000 Mark.

Die Kosten der Fassadensanierung stiegen insgesamt von geschätzten 2,7 auf 9,1 Millionen Mark. Dazu gehört, daß bei der Reparatur der Fenster festgestellt wurde, daß die Mehrzahl davon eigentlich doch erneuert werden mußte. Offensichtlich hat bei der Bestandsaufnahme vor der ersten Kalkulation niemand nachgeschaut, wie desolat der Bauzustand tatsächlich war.

So kam es, daß die Handwerker fleißig und kostenintensiv drauflos schufteten, bevor der zuständigen Genehmigungsbehörde, dem

Ministerium für Finanzen, die Mehrkosten bekannt werden konnten.

Vor der Erneuerung des Flachdaches war es notwendig, eine Bestandsaufnahme der baulichen Situation zu erstellen. Dazu wäre das zuständige Universitätsbauamt durchaus in der Lage gewesen, da keinerlei schwierige bauphysikalische Probleme vorlagen, wie der Rechnungshof feststellte. Trotzdem übernahm ein freiberuflich tätiger Techniker diese Aufgabe und rechnete insgesamt 18896 Mark ab – Geld, das bei wirtschaftlicher Nutzung vorhandener, eigener Kapazitäten hätte gespart werden können.

Die Sanierung des Universitätsgebäudes (Fassaden, Heizung, Sanitär- und Elektroinstallationen) mit einem zunächst angesetzten Volumen von 3,1 Millionen Mark umfaßte 50 Einzelaufträge, in der Sprache der Fachleute »Gewerke« genannt. Nur eines davon, mit einem Volumen von 449000 Mark, wurde öffentlich ausgeschrieben. 17 hingegen wurden nach »beschränkter Ausschreibung« vergeben, bei der sich nur eine begrenzte Zahl von Unternehmen auf Anforderung der Universität hin an der Ausschreibung beteiligen durfte.

32 Gewerke gar wurden »freihändig« vergeben – also ohne Wettbewerb. Auf diese Weise kommt der bestmögliche Preis natürlich nur sehr selten zustande.

Statt Stundenlöhnen von insgesamt 28000 Mark für Arbeiten bei der Betonsanierung erwartet der Rechnungshof eine Endabrechnung in Höhe von knapp einer Million Mark. Ein Grund: Die Arbeiter mußten länger und härter zulangen, als es aus den Unterlagen zur Ausschreibung erkennbar wurde. So war die Fassade der Universität zum Beispiel brüchiger, als das der erste Anschein hatte erkennen lassen (genauere Prüfungen unterblieben).

Der zweite Grund: Die beauftragte Firma hatte selbst für Arbeiten, die von Hilfskräften durchgeführt wurden, den Stundenlohn von Vor- und Facharbeitern abgerechnet.

Bei der Berechnung der Löhne ging es auch weiterhin nicht so ganz mit rechten Dingen zu. Der Rechnungshof hat festgestellt, daß das Bauamt Zuschläge in erheblicher Höhe bezahlt hat – 25 Prozent etwa für Überstunden; 20 Prozent für Nachtarbeit; 75 Prozent für Sonntagsarbeit und 200 Prozent für Feiertagseinsätze.

Das wäre soweit auch korrekt gewesen – wenn die Beamten nicht übersehen hätten, daß im »Unternehmerzuschlag« von 142 Prozent auf die Lohnkosten bereits eine Umlage für bezahlte Feiertage, Ausfalltage und andere Zuschläge eingerechnet worden war.

Der Preis für die Baustelleneinrichtung (Bauwagen, Sanitärcontainer, Geräte) stieg von veranschlagten 34000 Mark auf 315000 Mark, also das Neunfache.

Der Rechnungshof zieht aus den Vorgängen einen vernichtenden Schluß: »Aus diesen und früheren Prüfungen ist festzustellen, daß das betreffende Staatsbauamt die ihm obliegenden Aufgaben vielfach nicht mit der gebotenen Sorgfalt wahrgenommen hat.«

Und unter den insgesamt elf Forderungen an Ministerium und Staatsbauamt, die der Rechnungshof stellt, ist eine besonders entlarvend: »Bei Vertragsvereinbarungen die Interessen des Landes sorgfältig wahrzunehmen.«

Bayern

Heizwerk verschenkt

Irgendwann hat die Technische Universität München, genauer gesagt die Verwaltung der Landwirtschaftlichen Versuchsanstalten in Weihenstephan, die Lust an ihrem Heizkraftwerk verloren. Das war so um 1988. Als die Verhandlungen mit einem potentiellen Käufer schwierig wurden, haben die Versuchsbauern und -milchveredler auch die Lust an weiteren Gesprächen verloren.

Sie überließen das Werk kurzerhand dem örtlichen Energieversorgungsunternehmen zur kostenlosen Nutzung, bedingten sich die großzügige Lieferung von Wärmeenergie aus und achteten nicht weiter drauf, was mit den einstmals dort beschäftigten Leuten passierte. Denen wurde gekündigt; das Heizkraftwerk läuft jetzt vollautomatisch.

Dieses schlampige Verhältnis wurde dem Bayerischen Obersten Rechnungshof mit der Zeit zuviel. Er forderte Besserung und steht jetzt fassungslos vor einer drohenden Sanktionierung des Geschenks: Das Energieversorgungsunternehmen, und da stimmt ihm die Staatsregierung zu, will den finanziellen Nutzen, den es aus dem kostenlos überlassenen Heizkraftwerk gezogen hat, mit jetzt anfallenden Kosten für die Anschlüsse der Abnehmer verrechnen.

So kommt man als Unternehmen zu heißen Geschenken – und als Staat zu entgangenen 800000 Mark. Mindestens.

Brandenburg

Superzuschlag

Ende 1994 ging für das Ministerium für Stadtentwicklung, Wohnen und Verkehr des Landes Brandenburg ein Abenteuer zu Ende, das die Beteiligten teils reich, teils sehr arm gemacht hat.

Die, die reich geworden sind, sind die Inhaber eines Beratungsunternehmens. Die, die arm geworden sind, sind diejenigen, welche die Gelder für das Ministerium aufbringen müssen – die Steuerzahler. Konkret geht es um 36 Millionen Mark, die das Land bis Ende 1994 zuviel bezahlte.

Das Beratungsunternehmen war damit befaßt, im Auftrag des Landes unter anderem die Kommunen in Fragen der Modernisierungs- und Städtebauförderung zu beraten. Der Vertrag, der die Honorierung regelte, wurde 1991 geschlossen und lief 1994 aus.

Der Rechnungshof hat sich die Honorarordnung für Architekten und Ingenieure angeschaut und ist zu der Erkenntnis gekommen, daß
- das Beratungshonorar um 37 Prozent,
- das Architektenhonorar um 88 Prozent und
- das Honorar für Ingenieurleistungen sogar um 264 Prozent

über der Gebührenordnung lag.

Zu ändern war dann nichts mehr. Das Land hatte nicht nur 4,5 Millionen Mark vermeidbare Mehrkosten zu tragen, sondern bis zum Ablauf des Jahres 1994 insgesamt 36 Millionen Mark, für die es darüber hinaus nicht einmal eine Abdeckung durch den Haushalt gab. Meint wenigstens der Rechnungshof.

Sachsen-Anhalt

Bücherbrocken

Wozu braucht die Kurverwaltung Bad Lauchstädt in Sachsen-Anhalt eine dreißigbändige Brockhaus-Enzyklopädie? Warum um Himmels willen braucht die dreißigbändige Brockhaus-Enzyklopädie der Kurverwaltung Bad Lauchstädt in Sachsen-Anhalt einen Goldschnitt, wo es doch die einfache Ausgabe auch getan hätte – so sie denn wirklich nötig gewesen wäre?

Das Kultusministerium hatte auf die Frage des Rechnungshofes eine stilvolle Antwort parat: Es verwies auf das Ambiente der Einrichtung und auf das Gesamtbild der historischen Bibliothek.

Da wurde der Rechnungshof aber patzig: »Tatsächlich sind jedoch die Bücher in Schränken und Regalen in verschiedenen Büros gelagert, so daß der Landesrechnungshof dieser Auffassung nicht folgen kann und bei seinem Standpunkt bleibt. Das Kultusministerium wird die gebotenen Konsequenzen zu ziehen haben.« Nur: welche? Den Brockhaus endlich zu lesen?

Berlin

Gut(Schlecht?)achten

Die BVG Berliner Verkehrsbetriebe möchte die Reinigung ihrer Züge Privaten überlasssen. Eigenleistung rentiert nicht mehr. Um zu dieser Erkenntnis zu kommen, bedurfte es eines privaten Unternehmensberaters, der dafür die stolze Summe von 1,4 Millionen Mark Honorar abrechnete. 300000 Mark für die Beratung, 300000 Mark für die Erstellung der neuen Leistungsverzeichnisse und 800000 Mark für das Erfassen der notwendigen Daten.

Dem Rechnungshof war das alles nicht so plausibel. Er ist der Meinung, das alles hätten die Verkehrsbetriebe zumindest teilweise billiger gekonnt.

Nicht verstehen wollten die Kritiker auch, warum der Unternehmensberater nach Ablieferung des neuen Konzeptes noch zweimal jährlich 100000 Mark erhält, weil er den neuen Reinigungsbetrieb bei der Einarbeitung unterstützt.

Der Rechnungshof ist offensichtlich nicht nur davon überzeugt, daß hier einer zuviel Geld eingesteckt hat, sondern vielmehr, daß die Ausgaben in Gänze unberechtigt sind. Im Schlußsatz des Berichts heißt es nämlich: »Die Kosten von 1,6 Millionen Mark sind vermeidbar gewesen.«

Die Rechnungsprüfer werden wohl recht haben. Denn wer sich die Argumente zu Gemüte führt, mit denen das Management der Verkehrsbetriebe die neuen Maßnahmen begründet, kommt auf den Verdacht, daß am falschen Ende angesetzt wurde. Die Reinigungsarbeiten in eigener Regie, heißt es in einer Stellungnahme der Verkehrsbetriebe, seien unrentabel, weil deren Organisation so zersplittert und der Krankenstand bei den Mitarbeitern (bis zu 35 Prozent) so hoch sei, daß man so nicht weitermachen wolle.

Da hätten es doch eine Umorganisation und ein menschlicheres Umgehen mit den Arbeitskräften auch getan.

Baden-Württemberg

Pressefreiheit verspielt

Manchmal, wenn Protzki ertappt wird, dann schlägt er gewaltig um sich. In einigen Fällen gelingt es ihm sogar, Journalisten mundtot zu machen – und wenn es auch »nur« ein Musikkritiker ist. Da hatte vom 10. bis 12. September 1993 in Bruchsal eine dreitägige »Eurofete« stattgefunden, einschließlich eines Konzertabends, den Justus Frantz leitete. Veranstalter und Organisator war die Stadtverwaltung; sie hatte, wenn das Konzert auch weitgehend von ansässigen Firmen gesponsert wurde, damit beträchtliche Personalkapazitäten gebunden – Steuergelder somit.

An eben diesem Konzertabend rieb sich der als freier Journalist arbeitende Musikkritiker Thomas Rübenacker. Er hörte wenig schöne Töne und schrieb im Provinzblatt »Badische Neueste Nachrichten« einen harschen Verriß. That's life – aber was dann kam, das ist eine typische Reaktion des ertappten Protzki, Bruchsaler Version: Bürgermeister und andere Honoratioren beschwerten sich derart massiv bei Verleger und Chefredakteur, daß Rübenacker fortan nicht mehr in den »Neuesten Nachrichten« publizieren darf. Eine existenzgefährdende Entwicklung.

Was hat Oberbürgermeister Bernd Doll so sauer gemacht? Ein paar Wochen später sollte in Bruchsal gewählt werden; und die barsche Kritik hätte fast des Bürgermeisters (»dieses Konzert muß man politisch, nicht künstlerisch sehen«) Erfolgsimage beschädigt, das die Eurofete ja beträchtlich fördern sollte. Diesen Schaden konnte der Bürgermeister gerade noch abwenden, er wurde mit 86,5 Prozent wiedergewählt. Daß er jetzt ein paar Flecken hat auf seiner verfassungstreuen Weste, das stört den Bürgermeister offensichtlich weniger.

Bund

Gardinchen im Fond

Niemand, der sie je gesehen hat, wird die Bilder vergessen: wie riesige Limousinen durch Moskau brettern, die Fenster verhängt mit undurchsichtigen Gardinen – Symbole der Macht und der arroganten Ferne zum Volk.

Die Bilder werden bald auch die Deutschen, wohlgemerkt, die jetzt gesamtdemokratischen, ganz real erleben können. Denn das Bundeskriminalamt hat 136 ihrer gepanzerten behördeneigenen Mercedes-Limousinen mit Gardinchen ausgerüstet; von Mercedes-Leuten handvernäht und in Maßarbeit eingepaßt – für 7000 Mark das Set. Verdeckt kutschiert werden hohe Politiker und Beamte; »Terroristenschutz«, gibt das Bundeskriminalamt an.

Ob unsere Chef-Protzkis mit Gardinen vorm Gehirn noch mehr als bisher den Überblick verlieren, muß abgewartet werden.

Saarland

Geld vor den Hütt'n

Eigentlich wollten sie das alte Gemäuer ja schon niederreißen, die Leute vom Forstamt Warndt im Saarland. Keiner nutzte die Jagdhütte, hat es in der letzten Zeit öfter geheißen, und so besonders ansehnlich war sie auch nicht mehr. Dann erlebte das alte Schätzchen doch noch das Wunder des Phönix: Für 100000 Mark wurde es herrlich aufgemöbelt und harrt nun der weiterhin wenigen Jäger und Waldarbeiter.

Den Rechnungshof ärgert so etwas, handelt es sich doch um keinen Einzelfall: Die Forstverwaltung hat in den letzten Jahren in verschiedenen Waldhütten umfangreiche und kostenaufwendige Renovierungsarbeiten durchführen lassen, die »teilweise mit der gebotenen Sparsamkeit nicht in Einklang stehen« (Rechnungshof).

Und was sagt das Ministerium für Wirtschaft dazu? Es schweigt. »Trotz Fristverlängerung«, wie der Rechnungshof in seinem Bericht aus dem Jahr 1993 verbittert feststellte. Inzwischen wird eine Vermietung ins Auge gefaßt.

Hessen

Stinkige Gruben

Sie sitzen wie die Spinne im Netz, die hessischen Bürgermeister, und können, so sie es darauf anlegen, so ziemlich jeden kommunalen Auftrag dahin biegen, wo sie ihn haben wollen. Vor allem dann, wenn sie an entscheidungsbefugten Stellen von Wasser- oder Abwasserverbänden sitzen, die oft viele Millionen Mark für Investitionen ausgeben. Auch die Pöstchen in den städtischen Wohnungsbaugesellschaften bringen stets pekuniäre Versuchungen mit sich.

So sind die Bürgermeister stets sehr beliebt bei den Bauunternehmern; feudale Reisen zu den schöneren Orten Deutschlands oder gar der weiten Welt sind die sichtbaren Folgen dieser Zuneigung. Ein fideler Bürgermeister, Hans-Werner Börs aus dem hessischen Kriftel, gleichzeitig Vorstand der Abwassergemeinschaft Schwarzbachverband, hatte sich sogar im Waginger Kurhaus-Stüberl des Superkochs Alfons Schubek dabei filmen lassen, wie er per eigens mitgebrachtem Amtssiegel ein Geschäft besiegelte und amtlich gültig machte. Gastgeber: das Bauunternehmen Rompf aus Driedorf. Der Film mit dem lustigen Börs liegt inzwischen bei der Staatsanwaltschaft Frankfurt.

Nicht sichtbar, vor allem nicht für den Normalbürger, sind die diskret unter dem Restauranttisch hergereichten braunen Umschläge, die bei derartigen Treffen schon mal den Besitzer wechseln. Unter Staatsanwälten steht der Taunus, ein Landstrich mit hoher Dichte an Großkopferten, inzwischen auch im Ruf einer selbst für Deutschland extremen Korruptionsdichte.

Von den beschuldigten Amtsträgern, mit denen sich allein die Staatsanwaltschaft Limburg befassen mußte, haben zwei inzwischen

Geständnisse abgelegt: Hugo Lietzow, Vorstand des Abwasserverbandes Vordertaunus, gab zu, jährlich zwischen 5000 und 7000 Mark nützliche Abgaben eingestrichen zu haben. Georg Hahl, Bürgermeister von Schmitten und Vorstand des Abwasserverbandes Oberes Weiltal, soll mindestens 400000 Mark erhalten haben. Die anderen Beschuldigten: Rolf Eggebrecht, Bürgermeister von Usingen: 390000 Mark; Heinz Born, Bürgermeister von Neu-Anspach: 200000 Mark; Kreistagsabgeordneter Wilfried Müller: 400000 Mark; Vizelandrat Joachim Galuschka: 450000 Mark. So die Mitteilung der zuständigen Staatsanwaltschaft.

Ins Visier der Fahnder geriet auch Peter Greggers, Hauptsachbearbeiter bei der hessischen Staatsbauverwaltung. Er soll bei der Vergabe von Aufträgen für den Bau des Paul-Ehrlich-Instituts in Langen ein wenig gemauschelt und dafür 700000 Mark Schmiergeld eingesteckt haben.

Symptomatisch für die deutsche Protzki-Szene: Auf etwa zehn Milliarden Mark Schaden pro Jahr schätzen Experten die Auswirkungen der Korruption im kommunalen Bereich.

Hamburg

Parkplatzgeschenk

Parkplätze sind teuer in Hamburgs Innenstadt; vor allem dann, wenn sich einer als Dauerparkgast einmieten möchte. So kostete 1992 ein Dauermietplatz in den Parkhäusern innerhalb des Wallrings den Normalverbraucher schon mal bis zu 400 Mark pro Monat, die Stadt zahlte dafür einen großzügig rabattierten Preis von bis zu 285 Mark.

Eigentlich sind diese Plätze ausschließlich für die Dienstfahrzeuge vorgesehen. Auch Mitarbeiter, die ihr Privatauto regelmäßig zu Dienstfahrten benutzen, dürfen ihren PKW hier unterstellen, ohne dafür Gebühren zahlen zu müssen.

In der Rangfolge der Parkplatzberechtigten folgen dann Schwerbehinderte und Mitarbeiter, deren Wohnort so ungünstig gelegen ist, daß sie keinen Park-and-ride-Platz anfahren können.

Wenn dann noch Plätze frei sind – erst dann kommen auch »normale« Behördenbedienstete in den Genuß der Unterstellplätze.

Allerdings nur gegen Entgelt – und hier liegt der Hund auch begraben. Denn während die Stadt pro Stellplatz zwischen 70 und 285 Mark ausgeben muß, verlangte sie als Entgelt gerade einmal 50 (Kurt-Schumacher-Allee) und 120 Mark (innerhalb des Wallrings) von ihren Bediensteten.

Was bedeutet: Die Hamburger Verwaltung subventioniert in bisher nicht exakt feststellbarer Höhe den Parkluxus ihrer Mitarbeiter.

Bayern

Verbiß im Staatssäckel

Bayerns Oberbeamte, soweit sie in landwirtschaftsnahen Ministerien und Behörden beschäftigt sind, genießen ein Privileg, um das sie selbst die Reichsten dieses Landes beneiden: Sie kommen nahezu mühelos an Jagdpachten. Und wenn sie diese erst einmal ergattert haben, können sie dort tun und lassen, was sie wollen – selbst wenn sie sich über eindeutige Vorschriften hinwegsetzen.

So, laut Bericht des Obersten Bayerischen Rechnungshofes, ein Amtsleiter der Staatlichen Schlösser- und Seenverwaltung. Dem wurde die Jagdpacht in seinem Beritt übertragen; in einem Park übrigens, der nicht nur mit Bäumen bestanden ist, sondern den auch attraktive Blumenrabatten zieren.

Vorgabe war unter anderem, den Bestand an Rehen auf maximal zwölf Stück zu halten. Alles, was darüber lag, wurde als schädlich für die Gesundheit der Bäume und für die Blumenrabatten angesehen.

Offensichtlich war der Amtsleiter aber in seinem Beruf viel zu beschäftigt, als daß er dieser Auflage folgen konnte. Selbst das örtliche Forstamt bezeichnete die Zustände im Revier als unhaltbar: Die Rehpopulation war so groß, daß zum Beispiel an 77 Prozent der jungen Bäume die Leittriebe kaputtgebissen waren. Die Bäume werden sich also nur verkrüppelt weiterentwickeln können.

Kein Wunder auch, daß die Blumenrabatten regelmäßig abgeäst und damit verwüstet wurden. Bei einer Begehung stellte der Rechnungshof fest, daß selbst in stark besuchten Bereichen des Parkes das Rehwild es zuließ, daß sich Besucher ihm bis auf 20 Meter näherten; stets ein Zeichen zu geringen Jagddrucks.

Abgesehen davon, daß jedem Förster bei solchen Zuständen und derart dramatischen Schäden die Galle hochkommt, hätte der Amtsleiter auch Schadensersatz für die verbissenen Bäume und abgeästen Blumen leisten müssen; so ist es unter Jägersleuten eigentlich der Brauch. Dazu kam es aber, nach jahrelanger Toleranz, erst 1991. Damals kam es auch zu rigorosen Abschußquoten: 1991 sollten 55, von 1992 bis 1995 jährlich 40 Stück Rehwild erlegt werden.

Auch diesen Auflagen konnte der Amtsleiter nicht nachkommen. Daher setzte er einen weiteren Jäger ein, der die Schießarbeit dann endlich erledigte.

Im Mai 1993 ist der Amtsleiter der ständigen Querelen nun doch müde geworden. Er gab die Pacht auf, die sofort einen Nachfolger gefunden hat. Wen wohl? »Einen anderen Angehörigen der staatlichen Verwaltung« natürlich.

Nordrhein-Westfalen

Vertanzt

Bürgersinn und Nachbarschaftshilfe sind heute mehr denn je gefragt. In einer Zeit, in der die Städte ihre Aufgabe, bei sozialen Problemfällen mit Rat und Tat beiseite zu stehen, nur noch ungenügend erfüllen, kommen die alten Tugenden der nachbarschaftlichen Unterstützung wieder zu Ehren. Allerdings nur, wenn das Umfeld dafür geschaffen wird.

Dazu gehört zweifelsfrei die Einrichtung geeigneter Begegnungsstätten. Das Land Nordrhein-Westfalen hält dafür sogar einen Stiftungstopf bereit. Organisiert wird die Ausschüttung durch die »Förderrichtlinie Stadterneuerung«.

Aus diesem Topf, er wird jährlich mit etwa 400 Millionen Mark ausgestattet, werden kommunale Einrichtungen gefördert, die »Bürgern, Familien, Vereinen und anderen gesellschaftlichen Gruppen zur Durchführung von öffentlichen oder privaten Gemeinschaftsveranstaltungen zur Verfügung stehen« – so ein Minister für Stadtentwicklung, Wohnen und Verkehr bereits 1988 als Antwort auf eine Kleine Anfrage im Parlament.

Der Minister wollte demnach im Prinzip die gemütlichen Gemeindetanzböden gefördert sehen oder den Festsaal im Gebäude der freiwilligen Feuerwehr; vielleicht auch die eine oder andere Mehrzweckhalle, wenn im Ort ausreichend Vereine vorhanden sind, die ihn nutzen wollen.

Warum, so fragten sich wohl die Stadtväter Kölns, als die Renovierung der »Rheinterrassen/Tanzbrunnen« genannten Lokalität am Ufer des Rheines anstand – warum soll das Fördergeld nur für Dörfchen und kleine Städte gelten? Warum nicht auch für uns, die wir ungleich mehr Einwohner haben als Much nebenan oder gar Tönisvorst?

Und flugs beantragten und erhielten sie eine Menge Geld, um den Umbau der Rheinterrassen zu finanzieren: Rund sechs Millionen Mark forderten sie an und erhielten sie.

Dafür wird die gesamte Anlage grundlegend erneuert: Es gibt einen Anbau für zwei Veranstaltungssäle, deren größerer 600 und deren kleinerer 100 Personen fassen wird. Dazu kommen die Modernisierung des Altbaus einschließlich der Installationen. Der außenliegende Tanzbrunnen, bis dahin beliebter sommerlicher Treffpunkt der jüngsten bis reiferen Jugend, wird überdacht sowie mit einer neuen akustischen und lichttechnischen Anlage versehen.

Alles vom Feinsten für die liebe Bürgerschaft. Gewiß auch in den richtigen Dimensionen, um kommunalpolitische Streitfragen zu diskutieren, eine Hochzeit auszurichten oder der Geburtstagsfeier eines Vereinspräsidenten den würdigen Rahmen zu verleihen?

Auch alles im Sinne der Definition, die der Minister seinerseits zum Thema »örtliche Begegnungsstätte« von sich gegeben hat? In seiner Erwiderung auf die Kleine Anfrage hieß es damals, örtliche Begegnungsstätten seien »wohnortnah, überschaubar, einfach gestaltet, folgekostenarm«.

Zumindest der Rechnungshof des Landes Nordrhein-Westfalen hat da im Falle der Rheinterrassen so seine Zweifel, daß diese Tugenden hier gegriffen haben. Die Prüfer meinen, daß ganz im Gegenteil Privatleute und Vereine mit kleinerer Kasse in den Rheinterrassen kaum mehr eine Chance haben werden, dort kostengünstig Festräume mieten zu können.

Die Stadt hat nämlich die Nutzung der Rheinterrassen einer privatwirtschaftlichen Organisation überschrieben. Eigner sind bekannte Größen aus dem Veranstaltungsbusineß; die aber haben, Indiz Nummer eins, mit Familien- und Vereinsfestivitäten traditionell nicht viel am Hut. Indiz Nummer zwei für den Verdacht, hier werde das Konzept der Bürgernähe und das Primat der Sparsamkeit unterlaufen: Die private Gesellschaft ist von Beginn an mit extrem hohen finanziellen Forderungen belastet. Sie ist unter anderem verantwortlich für den Umbau der Anlage; um das verkraften zu können, hat die Stadt die 5,5 Millionen Mark Fördergelder auch prompt an sie weitergeleitet.

Trotzdem muß die Gesellschaft noch mindestens 1,5 Millionen Mark an Eigenkapital aufbringen; denn der Kostenvoranschlag für den Umbau kommt auf rund sieben Millionen Mark. Wer schließlich berücksichtigt, daß öffentliche Bauvorhaben (und seien es nur solche, bei denen die kommunalen Beamten die Bauvorplanung geleistet haben) im Schnitt 30 Prozent teurer werden als ursprünglich angenommen, kommt auf eine Endrechnung von rund neun Millionen Mark.

3,5 Millionen Mark müßten die privaten Betreiber also wohl selbst aufbringen, was bei einer Verzinsung von, sagen wir einmal, sechs Prozent einer Belastung in Höhe von 210000 Mark pro Jahr entspricht.

Da die Stadt weiter Eigentümerin der Rheinterrassen und des Tanzbrunnens bleibt, ist die private Gesellschaft gezwungen, Erbbauzinsen und Pachten zu bezahlen – 100000 Mark im Jahr. Ganz nebenbei schmeckt das dem Rechnungshof offensichtlich schon aus ethischen Gesichtspunkten nicht. Zitat aus dem Bericht 1993: »Der Landesrechnungshof hat hierzu festgestellt, daß sich die Stadt zu Lasten der Gesellschaft jeglicher finanzieller Beteiligung an den Investitionskosten ... entledigt hat und im übrigen für ihre in äußerst schlechtem baulichem Zustand befindlichen Liegenschaften noch Erbbauzinsen und Pachten erhebt.«

Daneben stehen die Kosten für den Betrieb zu Buche. So ist bekannt, daß die Betreiber gleich drei Geschäftsführer einsetzen wollen. Vergütung: insgesamt etwa 300000 Mark pro Jahr. Legen wir noch einmal 500000 Mark jährlich für das übrige Personal hinzu, kommen wir auf Personalkosten von 800000 Mark pro Jahr. Plus die Gelder, die der Unterhalt der Anlage verschlingt. Es muß geheizt werden, die Bühnentechnik verbraucht ungeheure Mengen Strom, die Blumen und Pflanzen sind zu pflegen, es fallen Telefonkosten an, hier und da wird eine kleinere Reparatur fällig – hier sind 300000 Mark im Jahr wirklich nicht zu hoch gegriffen.

Und so addieren sich – es sei betont, daß es sich hierbei um eine sehr grobe Schätzung handelt – jährliche Kosten von rund 1,4 Millionen Mark.

Hier sei eine kleine rechnerische Provokation erlaubt: Einmal angenommen, dem Trägerverein gelingt auf Anhieb eine hundertprozentige Belegung der Rheinterrassen mit Vereins- und Familienfeiern (was täglich 900 Gäste bedeuten würde – 700 in den Sälen und 200 am Tanzbrunnen), dann käme die utopische Zahl von 292 000 Gästen jährlich zusammen. Diese müßten, um die neuen Rheinterrassen aus den roten Zahlen zu führen, dort jeweils 4,80 Mark an Gewinn hinterlassen. Sprich: Sie müßten bei einer Gewinnspanne von zehn Prozent jeder für knapp 50 Mark konsumieren – an Speisen, Getränken und an anteiligen Ausgaben für die Saalmiete. Utopisch.

So läuft alles darauf hinaus, daß, wie es der Rechnungshof argwöhnt, hier eine hochteure Tagungsstätte errichtet wurde, die trefflich in den Reigen jener Anbieter paßt, die um die Ausrichtung von Kongressen der Industrie und deren Verbände kämpfen.

Darauf weist auch ein Passus im Vertragswerk hin, nach dem die Betreibergesellschaft ihre Verpflichtungen aus jenem Gewinn finanzieren muß, der bei »rentierlichen« Veranstaltungen entsteht. Und das können bei dieser Kostenlage eben nur Großveranstaltungen sein.

Ist das Unbehagen des Landesrechnungshofes begründet, muß festgestellt werden, daß es der Stadt Köln gelungen ist, zu Lasten ihrer und anderer Vereine, Familien und gemeinnützigen Einrichtungen ein Kongreßzentrum zu errichten, ohne dafür einen einzigen Pfennig Geld eingesetzt zu haben. Geht die Betreiberfirma in Konkurs, was bei der augenblicklichen Lage zu erwarten ist, bleibt die Stadt Eigentümerin einer wunderschönen, neu renovierten Immobilie, die sie später entweder selbst bewirtschaften könnte oder, bei wesentlich besseren Bedingungen, wieder verpachten kann.

Saarland

Lange Reise

Jeder kennt die Geschichte des Dr. Livingstone, dem erst ein weiterer Wissenschaftler nach Afrika nachreisen mußte, bis er zur Rückkehr an seinen heimischen Arbeitsplatz überredet werden konnte. Neun Jahre hat Livingstone auf dieser Reise im Dschungel verbracht –, und dabei, das sei ihm zugute zu halten, hat er wichtige Erkenntnisse gewonnen. Wie er hinterher die ihm ausbezahlten Reisekostenvorschüsse abgerechnet hat, darüber ist nichts bekannt.

Livingstone ist noch heute Legende – wer aber spricht von den verschollenen Forschern aus der Universität Saarbrücken? Von jenen Leuten, die vor vier, fünf, acht, zehn Jahren aufgebrochen sind, mit einem saftigen Reisekostenvorschuß in der Tasche, um, sagen wir einmal, etwas über die Schmetterlingspopulation in den Düsseldorfer Rheinauen herauszufinden? Oder darüber, wie Goethe die Lotte in Weimar beinah . . . ?

Sie sind nicht wiedergekehrt. Denn wie anders läßt es sich erklären, daß ihre Vorschüsse noch immer als nicht abgerechnet im Vorschußbuch der Universität zu finden sind – bis zu zehn Jahre alt?

Manchmal verweist das Buch auch auf das tragische Ende eines hoffnungsvoll begonnenen Forscherschicksals: »Ausgebucht« nennen die herzlosen Buchhalter den Vorgang, wenn eine Forderung als uneinbringbar abgeschrieben wird. Das kann doch nur heißen: auf Expedition ums Leben gekommen, von der Wildsau überrannt, vom Yeti gefressen, von Bigfoot zerlatscht. Weggeheiratet.

Der Tragik auf die Spur gekommen sind die Beamten des saarländischen Rechnungshofes. Sie weinen noch heute über den Büchern der Saaruniversität im Reiche Oskar Lafontaines.

Sachsen-Anhalt

Die alte Denkweise

Wieso kaufte der Apotheker der Medizinischen Akademie Magdeburg 250 Säuglingsflaschen, wo noch 1627 Stück davon auf Lager waren und pro Monat nur rund 100 gebraucht werden? Hat der Apotheker vielleicht Kenntnis von einer Großlieferung schadhafter Kondome und unwirksamer Antibabypillen in den Raum Magdeburg, deren Auswirkungen gegenüber er gewappnet sein möchte?

Oder ist diese Hortungsaktion eher als hoffentlich letzter Ausfluß der in der DDR so lebenswichtigen Eichhörnchenmentalität zu verstehen? Daß in der Apotheke 1992 für knapp 190000 Mark Materialien lagerten, die seit mindestens einem Jahr niemand mehr angefordert hat, deutet, zusammen mit der chaotischen Lagerbuchhaltung, wohl eher auf letztere Annahme hin. Und auf die Unfähigkeit des Apothekers, seinen Wirkungsbereich sinnvoll zu organisieren.

Berlin

Zuviel bezahlt, Schaden übernommen

Wer die Handwerker im Haus hat, muß schon genau hinsehen, will er nicht viel Geld für miserable Leistungen bezahlen. So ist es auch der Bauaufsicht im Bezirksamt Neukölln passiert, die in Berlin-Britz eine Kindertagesstätte hat errichten lassen. Architektonischer Glanzpunkt sollte eine unverputzte Ziegelwand sein, ein »Sichtmauerwerk« als Fassade und im Treppenhaus. Schön verfugt bietet ein solches Mauerwerk sicherlich einen angenehmen Anblick. Schon vor dem Bau gab es allerdings Vorbehalte gegen die porösen Ziegel.

Jetzt ist das Gebäude marode: Die Fugen lösen sich auf. Der Rechnungshof hat bereits bei einer ersten Besichtigung festgestellt, daß die Handwerker gepfuscht haben. Er beziffert die »Schlechtleistungen« mit einem Wert von 200000 Mark, die zuviel bezahlt wurden.

Ein Gutachten gibt dem Rechnungshof recht. Es stellt fest (Zitat aus dem Bericht des Rechnungshofes 1993):

- Die Verfugungsarbeiten sind nicht fachgerecht ausgeführt worden, der Verfugungsmörtel ist von minderwertiger Qualität;
- das Sichtmauerwerk weist erhebliche handwerkliche Ausführungsmängel auf, es ist im Fugenbild ungleichmäßig und in erheblichem Maße nicht vollfugig hergestellt;
- die vergüteten Preise für die Verfugungs- und Mauerarbeiten sind angesichts der Ausführungsmängel unangemessen hoch;
- bereits eingetretene Durchfeuchtungen und weitere zu erwartende Schäden machen eine Sanierung des Außenmauerwerks dringend erforderlich.

Und was sagen die Beamten dazu? »Soll nicht wieder vorkommen!« Regreß- sowie Schadensersatzforderungen werde man prüfen. Das war's dann wohl auf lange Zeit.

Bonn – Berlin – Brandenburg

Kartoffelbauer

Die dümmsten Bauern haben die dicksten Kartoffeln – wollen mal sehen, ob das Sprichwort tatsächlich so stimmt. Zur Erkenntnis konnte der Steuerzahler zum Beispiel im Herbst 1994 kommen, als die Mitarbeiter der BBF (Berlin-Brandenburg-Flughafen-Holding), die den beiden Ländern und dem Bund gehört, zur Kartoffelernte ausrückten. Geeignete Äcker hatten sie dafür genug; die BBF ist inzwischen der größte Landeigner der Region um den Flughafen Schönefeld.

Um den ausbauen zu können, hatten die Beamtenmanager insgesamt 118 Hektar besten Kartoffelacker zusammengekauft. Die Tourismuspropheten gingen nämlich davon aus, daß um das Jahr 2000 herum mindestens 27 Millionen Passagiere von Schönefeld aus ihre Reisen beginnen würden. Allein diese Studie, von der französischen Aéroport de Paris erstellt (einem Konkurrenzunternehmen!), kostete acht Millionen Mark.

Für den Flughafenausbau, der sich damit als unumgänglich darstellte, brauchte die BBF allen nur verfügbaren Grund. Die Preise entwickelten sich entsprechend: Bis zu 308 Mark pro Quadratmeter wurden verlangt und bezahlt; insgesamt 363 Millionen Mark kamen so zusammen. Das brachte der mit der Landnahme beauftragten Brandenburgischen Landesentwicklungsgesellschaft LEG satte Provisionen, über die sich einer besonders freute: Brandenburgs Finanzminister und Landentwicklungschef Klaus-Dieter Kühbacher, der zugleich im Aufsichtsrat der Flughafenholding sitzt und dort zum Flächenkauf nicken mußte.

Als alle Verträge notariell besiegelt waren, wurden die Bedarfsprognosen von einem Tag zum anderen revidiert: Statt 27 Millionen wurden jetzt nur mehr 8,5 Millionen Passagiere erwartet. Damit waren die Ausbaupläne vom Tisch und das viele Geld zunächst einmal perdu. Neue Investoren sind nicht in Sicht; und wenn doch, werden sie sich bestimmt nicht auf die Horrorpreise einlassen, die eigentlich gefordert werden müßten. Andererseits will die BBF schnellstmöglich von ihrer Zinslast herunter; die macht immerhin 41 Millionen Mark im Jahr aus. Was also bleibt: Kartoffeln anbauen und auf den Wahrheitsgehalt der Sprüche aus dem Volksmund hoffen.

Hamburg

Verbranntes Geld

Wer Geld, das ihm rechtlich zusteht, einfach so verfallen läßt, weil er keine Zeit hat, sich darum zu kümmern, oder weil er meint, jemand anderer sei dafür zuständig – der ist entweder dumm, unfähig, fürchterlich reich oder er verdient in der Zeit, die er benötigte, um an das Geld heranzukommen, so viel, daß er gerne auf die Peanuts verzichten kann.

Offensichtlich konnte die Stadt Hamburg in den Jahren 1986 bis 1987 gut auf insgesamt 379000 Mark verzichten. Dieses Geld hätte ihr aus der Kasse ihrer Feuerversicherung zugestanden. Die Summe kam durch Brandschäden in Hamburger Schulen zustande. Die Versicherung wäre voll ersatzpflichtig gewesen.

Dahinter steckt offensichtlich ein System von Schlamperei. Denn aufmerksam geworden ist der Rechnungshof auf diese Angelegenheit, nachdem ihm bei der Prüfung der Unterlagen aus dem Jahr 1992 aufgefallen war, daß die Stadt erst drei Jahre nach einem Schulbrand die Entschädigungssumme von 250000 Mark angemeldet hat. Demnach hat die Stadt die Reparaturkosten ungewöhnlich lange vorfinanziert – bei einem Zinssatz von sechs Prozent entstand dabei ein Verlust von 45000 Mark.

Erst einmal sensibilisiert, forschte der Rechnungshof natürlich nach weiteren Versäumnissen dieser Art und wurde, wie zuvor beschrieben, tatsächlich fündig. Jetzt sind die Ämter der Stadt aufgefordert, alle Versicherungsfälle der letzten drei Jahre zu überprüfen.

Schleswig-Holstein

Millionen vergiftet

Daß das Landwirtschaftsministerium von Schleswig-Holstein die Bevölkerung vor dioxinverseuchten Nahrungsmitteln schützen will, ist sehr lobenswert. Es gibt inzwischen ja Methoden, welche die Belastung von Luft und Boden durch das Gift sehr exakt festzustellen erlauben. Private Labors verdienen sich damit eine schöne Stange Geld. Handelt es sich um Unternehmen vereidigter Sachverständiger, möchte niemand an deren Kompetenz zweifeln.

Außer offensichtlich die »Landwirtschaftliche Untersuchungs- und Forschungsanstalt – Institut für Tiergesundheit und Lebensmittelqualität« in Kiel. Die errichtete, wie sie die Investition unter anderem gegenüber dem Rechnungshof begründet, eben aufgrund qualitativ mangelhafter Leistungen der privaten Labors ein eigenes Dioxinlabor. Und gab dafür zwei Millionen Mark aus.

Allerdings: Eine Kostenrechnung legte die Untersuchungsanstalt nicht vor. Dafür machte sich der Rechnungshof ans Rechnen und kam zu der Auffassung, daß in den nächsten Jahren Fehlbeträge »in Millionenhöhe« zu erwarten seien.

Das Landwirtschaftsministerium kann dieser Interpretation nicht folgen – und plant für die nächsten Jahre ein zweites Dioxinlabor.

Sachsen-Anhalt

Weggeschluckt

65 Millionen Liter Wasser verbrauchen die Bürger von Sachsen-Anhalt jährlich. Verwaltet und verteilt wird das Naß von einer »Talsperrenmeisterei« genannten Behörde. Abnehmer sind drei Versorgungsunternehmen im Land, die das Wasser aufbereiten und weiterverkaufen. Und die wollen nicht, und wenn doch, dann nur weit unter den Kosten ihres Lieferanten zahlen.

Die liegen, die Talsperrenmeisterei hat ganz genau kalkuliert, bei wenig mehr als zehn Pfennig pro Kubikmeter; der exakte Preis lautete 1991 genau 0,1173 Mark. Die Versorgungsunternehmen fanden das, wie sollte es auch anders sein, viel zu hoch. Sie waren lediglich bereit, zwischen drei und zehn Pfennig zu zahlen, was die Talsperrenmeisterei fünf Millionen Mark gekostet hätte. Jetzt müssen sich die Gerichte mit der Sache befassen. Gelder sind erst spärlich geflossen, Wasser jedoch viel.

Was zu der Überlegung verleitet: Wieso blockieren die Angestellten öffentlicher Versorgungsunternehmen die Gerichte mit sinnlosem Streit? Muß der Bürger nicht sowieso die Kosten für die Wasserversorgung schlucken, wo auch immer die höhere Wertschöpfung liegen mag? Wozu muß dann auch noch die Gerichts- und Anwaltskostenflut losgetreten werden? Können die nicht wie vernünftige Menschen miteinander reden?

Bund

Propper, die Bahner!

Das wäre doch einmal ein schöner Anblick: alle 8300 Mitarbeiter des Schalterdienstes der Bundesbahn in Habachtstellung nebeneinandergereiht. Da wäre dann eine knapp fünf Kilometer lange Reihe in Dunkelblau-Weiß zu bestaunen. Und dem einen oder anderen Gesicht unter der Dienstmütze könnte man dann das eine oder andere freundlich erklären.

Ginge es nach dem Bundesrechnungshof, würde aus der strengen bald eine lustig-bunte Reihe. Die Prüfer meinen nämlich, eine Dienstuniform sei für die Beamten und Angestellten, die auf den Bahnhöfen die eine oder andere Fahrkarte verkaufen oder keine Auskunft geben, nicht mehr angebracht.

Bis es aber soweit ist, muß die Bundesbahn ihren Schalterleuten weiterhin jährlich eine Million Mark an Zuschüssen bezahlen. Die Mitarbeiter, es sind ja selbständig denkende Wesen, erstehen ihre Dienstkleidung auf eigene Faust. Wieso, fragt der unbeamtete Leser, zahlt der Staat überhaupt eine Bekleidungszulage? Gehen nicht andere Werktätige auch bekleidet zur Arbeit, ohne daß ihnen der Chef dafür ein paar Mark in die Hand drückt? Handelt es sich bei der Zulage um eine Art Schmerzensgeld? Dann wäre mit der Abschaffung der Dienstkleidung gleich ein doppeltes Übel gelöst: die Geldverschwendung und die notorisch schlechte Laune der Frauen und Männer am Schalter. Die resultiert nämlich mehr oder weniger aus dem schrecklichen Klamott, das die armen Leute Tag und Nacht tragen müssen.

Hessen

Schneckenfotos

Da denkt sich so ein verärgertes Verkehrssünderlein, den zum Beispiel ein Starenkasten beim Schnellfahren geblitzt hat, mit den Verwarnungsgeldern würden der Staat, das Land, die Stadt, der Polizeipräsident oder wer auch immer ein gutes Geschäft machen. Das wäre im Prinzip ja auch richtig, wenn vor den Strafmandaten nicht die Filmentwicklung käme. Und die kommt teuer.

Es ist nicht bekannt, ob die minutiöse Darstellung der Polizeiproduktivität in den Entwicklungslabors von einem polizeifrustrierten Rechnungsprüfer zusammengestellt wurde. Es macht aber Freude zu sehen, wie unterschiedlich effizient die Foto-Cracks in den Präsidien des Landes arbeiten. Leider stammen die Daten bereits aus dem Jahre 1991. Danach schafften pro Arbeitsstunde und Person

- das Polizeipräsidium Offenbach 51,61;
- die Polizeiaußenstelle Darmstadt 50,89;
- das Polizeipräsidium Frankfurt 37,39;
- die Polizeidirektion Korbach 29,07;
- die Polizeidirektion Eschwege 28,99;
- die Polizeiaußenstelle Bad Hersfeld 27,83;
- die Polizeidirektion Groß-Gerau 27,78;
- das Polizeipräsidium Gießen 25,03;
- die Polizeidirektion Fulda 24,20;
- die Polizeidirektion Hanau 21,41;
- das Polizeipräsidium Darmstadt 21,24;
- die Polizeidirektion Marburg 20,97;
- das Polizeipräsidium Kassel 18,72;

- das Polizeipräsidium Wiesbaden 18,70;
- die Polizeiaußenstelle Kassel 14,03 und
- die Polizeidirektion Homberg 12,33 Abzüge.

Im Durchschnitt kostet ein Abzug meist miserabler künstlerischer Ausdruckskraft mehr als eine Mark zwanzig Pfennige plus die Sachkosten. Ein privates Labor wäre da längst pleite.

Was wäre zu tun? Besinnen wir uns doch auf die schöne Tradition der Wettkämpfe: Die Armeen der Nato zum Beispiel veranstalten von Zeit zu Zeit pittoreske Wettkämpfe etwa des Inhalts, welcher Flakstaffel die genialste Zerstörung einer herandonnernden Phantom gelingt. Junglandwirte beweisen gerne und mit höchster Ausdauer (die Landwirtschaftsministerien subventionieren den Spaß) ihre Fertigkeiten in Wettpflügemeisterschaften. Die Gewinner dürfen dann im Ausland weiterpflügen – und das meist in den schönsten Furchen.

Warum also nicht ein Wettentwickeln? Das hätte auch durchaus einen touristischen Reiz. Denn der Rechnungshof bescheinigt den Polizeidienststellen, sie verfügten durch die Bank über Entwicklungsgeräte musealen Charakters. Da ließen sich doch bestimmt historisch interessierte Zeitgenossen anlocken – wenn gleichzeitig auch das fachkundige Zertrümmern von Radarfallen und Radarpistolen vorgeführt wird. Nur Mut, die Herren Polizeientwickler auf dem Weg zu neuen Einnahmequellen! Und, liebe Polizeipräsidenten, lassen Sie sich nicht von dem Vorschlag irritieren, die kleinen Entwicklungsklitschen in Ihrem Beritt einfach zu schließen und an zentraler Stelle leistungsfähige Entwicklungsautomaten aufzustellen. Das wäre doch wohl unfair gegenüber all jenen Autofahrern, die schon lange nach einer Gelegenheit suchen, den Staat ein wenig zu ärgern. Und die jetzt alle nach Homberg fahren, um dort wie rasend um die Starenkästen zu kurven!

Hamburg

Beamteter Doppelverdienst

Beamte verdienen zuwenig. Das werden zumindest die Beamten nicht müde, immer wieder zu behaupten. Manche Beamte verdienen nicht nur zuwenig, sie sind auch in ihrem Beruf nicht ausgelastet. Was ihnen natürlich schwer zu schaffen macht. Deshalb trifft es sich hin und wieder glücklich, wenn Nebenbeschäftigungen anfallen. Am besten in einer anderen Behörde, dann braucht man sich nämlich nicht dem rauheren Klima der freien Wirtschaft zu stellen.

Die Hamburger Hochschule für Bildende Künste ist solch ein Institut, das Beamten aus anderen Bereichen angenehme Möglichkeiten zur Nebenbeschäftigung eröffnet. Das ist auch deshalb so komfortabel, weil mit der nebenberuflichen Beschäftigung natürlich der Titel »Professor« verbunden ist. Damit läßt sich schon etwas anfangen.

Teilzeit-Professoren rechnen ihre Honorare nach dem zeitlichen Aufwand ab, im Gegensatz zu ihren hauptamtlichen Kollegen, die eine Pauschalvergütung beziehen.

Auch daher sind der monatlichen Arbeitsleistung eines Teilzeit-Professors Grenzen gesetzt. Würde er nämlich nebenberuflich ebenso viele Stunden arbeiten wie der Hauptberufliche, erhielte er nicht nur wesentlich mehr Geld als sein vollbeschäftigter Kollege, er hätte sich nebenbei auch noch in die Position eines vollzeitbeschäftigten Professors hineingemogelt. Ein Zustand, der arbeitsrechtliche Folgen bisher nicht ausgeloteten Charakters nach sich ziehen kann.

Exakt das ist in Hamburg in mindestens zwei Fällen passiert – nicht nur für die Dauer eines einzigen Jahres, sondern über zehn

Jahre lang. Das hatte unter anderem zur Folge, daß der Stadt inzwischen mehr als 100000 Mark vermeidbare Personalnebenkosten entstanden sind.

Dafür hat die Hochschule für Bildende Künste jedoch keineswegs die Leistungen erhalten, die sie von einem ordentlichen Professor hätte erwarten können. Das gab die Hochschule spätestens dann zu Protokoll, als sie in einem arbeitsrechtlichen Verfahren die nachträgliche Anstellung einer derart komfortabel beschäftigten Nebenprofessorin abwehrte.

Es stellte sich auch heraus, daß das kleine Hamburg sehr großzügig mit der Besoldung seiner Hilfsprofessoren umgeht, daß der Magistrat es sogar darauf ankommen läßt, die Arbeitsmotivation seiner hauptberuflichen Hochschullehrer zu unterminieren. Denn inzwischen verdient in Hamburg (immer bezogen auf den Erscheinungstermin des Rechnungshofberichts) ein nebenberuflicher Professor 160 Prozent dessen, was ein hauptamtlicher Lehrbeauftragter verdient. Neben seinem Gehalt aus dem eigentlichen Hauptberuf selbstverständlich.

Dabei wird nicht einmal sichergestellt, daß die bezahlten Leistungen auch tatsächlich erbracht werden. Denn ein funktionierendes Erfassungswesen dafür existiert nicht – obwohl der Rechnungshof ein solches bereits in seinem Bericht aus dem Jahre 1974 angemahnt hat.

Was bleibt, ist der hierzulande übliche, sarkastisch-resignierende Stoßseufzer: So sind sie eben, die Künstler!

Rheinland-Pfalz

Bestohlen

Universitäten stehen im Prinzip jedem offen. Wer es nur will, kann an jeder Vorlesung teilnehmen. Etwas schwieriger ist es, in die Institute einzudringen, speziell in die Arbeitsräume der Dozenten und Professoren. Für Findige bedeutet aber selbst das keine große Schwierigkeit. Das Sicherheitsproblem liegt auch in der großen Zahl der Studenten begründet, deren Gesichter sich kein Professor und keine Institutssekretärin gut genug einprägen kann, um bei jedem Besucher gleich dessen Legitimation feststellen zu können. Zugangskontrollen gibt es in den meisten Fällen keine. Was bedeutet: Wer ungeprüft hereinkommt, kommt auch (meist) unbehelligt wieder heraus aus den Institutsräumen.

Das haben sich wohl clevere Diebe zunutze gemacht. Der rheinland-pfälzische Rechnungshof stellte in seinem 1993er Jahresbericht fest, daß in allen drei geprüften Universitäten Computerhard- und -software gestohlen worden ist. Bei einer Universität lag der Schaden gar bei 400000 Mark.

Nun könnte der Steuerzahler eigentlich erwarten, daß die Verantwortlichen, kommt so etwas erst einmal auf, wirkungsvollere Sicherheitsvorkehrungen treffen. Weit gefehlt. Der Rechnungshof vermerkt lapidar: Die Sicherheitsvorkehrungen »wurden auch nach einem größeren Diebstahl nicht verbessert«.

Jetzt erhalten die Wissenschaftler Nachhilfestunden. Von ihrem Ministerium, das ihnen nun zeigen muß, wie Computer und Software vor Diebstahl geschützt werden können.

Bayern

In die Pleite gespart

Wer an der falschen Stelle spart, muß das später teuer büßen – diese allgemein bekannte Haushaltsregel stößt inzwischen auch den bayerischen Kommunalpolitikern auf, und wohl nicht nur diesen. Als zwischen 1970 und etwa 1975 ein wahrer Boom an öffentlichen Bauten ausbrach, da sparten viele Politiker an den Dachkonstruktionen. Sie entschieden sich für Flachdächer, und dabei meist für die preisgünstigste und anfälligste Form: das »einschalig unbelüftete« Dach.

Dabei werden alle Materialien ohne belüftetes Zwischengefach auf die oberste Geschoßdecke aufgebracht. Bereits zehn bis fünfzehn Jahre nach Einweihung zeigten sich die Folgen: Risse, Versprödungen, Verformungen, Blasenbildung sowie undichte Schweißnähte und Fugen.

Von 1985 bis 1992 war es daher notwendig geworden, öffentliche Flachdächer zu Gesamtkosten in Höhe von 270 Million Mark zu sanieren.

Dabei haben die Politiker wirklich etwas gelernt: Bei 51 Prozent der Sanierungsfälle entschieden sie sich jetzt für Dächer mit einer Neigung, damit das Regenwasser leichter ablaufen kann. Die restlichen 49 Prozent geben jedoch zu denken – hier wird weiter in die Sanierung gespart.

Brandenburg

Lukrativer Vorschuß

Die Polizeibeamten des Landes Brandenburg, die sich in den ersten Monaten nach der Wende krummgelegt haben, um nur ja mit ihrem Geld auszukommen, werden sich jetzt krummärgern. Denn ihre Kollegen, die mit den Finanzen etwas lässiger umgegangen sind und Vorschüsse kassierten, kommen möglicherweise mit einem schönen Geschenk, nämlich einem Erlaß ihrer Schulden, aus dem Schneider.

Notwendig geworden waren die Vorschüsse, weil nicht immer und überall feststand, zu welchem Dienstgrad welcher Beamte in den Dienst des Landes übernommen werden konnte.

Es gab 1992 drei Erlasse des Innenministeriums, welche die Frage der Vorschüsse eher großzügig regelten. Allein im Bereich des Polizeipräsidiums Frankfurt/Oder wurden 1992 exakt 693000 Mark vorab ausgezahlt.

Als der Rechnungshof des Landes später nachschaute, ob es dabei überall korrekt zugegangen ist, konnte er »Nachweise über die Errechnung der Vorschüsse« nicht finden. Wie das Geld zurückgezahlt werden sollte, stand auch nicht fest.

Das Problem betrifft das gesamte Land; hier stehen insgesamt knapp drei Millionen Mark im Feuer. Inzwischen hat das Finanzministerium grundsätzlich zugestimmt, auf eine Rückzahlung zu verzichten, wenn soziale Härten auftreten. Das ist aber mit höchster Wahrscheinlichkeit in der Überzahl der Fälle zu erwarten.

Der Rechnungshof will eine pauschale Entschuldung jedoch nicht dulden. Seine Anmerkung klingt drohend: »Der Landesrechnungshof wird die Abwicklung der Vorschüsse prüfend begleiten.«

Baden-Württemberg

Nix für vier Millionen Mark

Perfektionismus ist teuer. Vor allem, wenn er konfus geplant und später sang- und klanglos beerdigt wird. Kosten entstehen trotzdem – wie bei einer bereits 1981 in Planung genommenen neuen Haftvollzugsanstalt in Baden-Württemberg. Zunächst war eine Jugendstrafanstalt vorgesehen mit einem angegliederten Krankenhaus. Die groben Schätzungen ergaben ein Bauvolumen von 66,4 Millionen Mark. Die Architekten waren gerade bei der schönsten Arbeit, da kam den Beamten im Justizministerium der Einfall, die Jugendstrafanstalt doch besser in eine »multifunktionale« Anstalt umzuwandeln – da war auf einmal die Rede von 168,9 Millionen Mark Kosten.

Bei einem weiteren Perfektionierungsschritt, der eigentlich eine wesentliche Reduzierung der Kosten bringen sollte, wurde die Jugendstrafanstalt, Auslöser der Überlegungen, ersatzlos gestrichen. Neuer Ansatz: etwa 150 Millionen Mark. Damit wäre jeder Haftplatz auf 488000 Mark gekommen; ein wahrer Luxusknast. Denn ein Vergleich mit zwei ähnlichen Haftanstalten jüngeren Alters ergab Gesamtkosten von etwas über 250000 Mark pro Haftplatz.

Dem Finanzministerium gefiel die Richtung nicht, in die die Kosten liefen, und es verlangte vom Justizministerium, sich auf maximal 85 Millionen Mark zu beschränken.

Als das trotz erheblicher Mühen nicht gelang, wurde das Projekt vollständig gestrichen. Jetzt, so rechnete der Rechnungshof des Landes 1993 vor, müssen die Knackis 14 Jahre auf das neue Gefängnis warten; vielleicht erlebt es einer.

Schmerzlich für die Steuerzahler ist dabei, daß die ganze Hin- und Herplanerei insgesamt vier Millionen Mark gekostet hat. Die Architekten wird's gefreut haben.

Berlin

Rasende Forscher

Erziehungsmaßnahmen sollten stets auf Rehabilitation ausgerichtet sein. Das ist auch der Grund, warum denen, die von den Rechnungshöfen gerügt werden, fast nie etwas geschieht, selbst wenn es um eklatante Verschwendung geht. Die Beamten könnten sich ja immer noch bessern.

Vor allem, wenn der Rechnungshof ankündigt, er werde sich um die Durchführung seiner Anregungen weiter kümmern, sollte der Bürger davon ausgehen können, daß sich der angeprangerte Mißstand tatsächlich bessert.

Zum Beispiel der, daß die Technische Universität Berlin über unwirtschaftlich viele Dienstfahrzeuge verfügt. Bereits im März 1990 veröffentlichte der Berliner Rechnungshof, daß hier etliches eingespart werden könnte. Und bekam auch Antwort – auf die dem beamtischen Apparat typisch schnelle Art und Weise. Am 15. April 1992 versprach die Universitätsverwaltung,

- daß eine Mindestfahrleistung pro Jahr eingeführt würde, damit abgeschätzt werden kann, welche Fahrzeuge wirklich wirtschaftlich eingesetzt werden;
- zu prüfen, ob bei Exkursionen oder anderen weiteren Touren nicht Mietfahrzeuge günstiger kämen;
- ältere, unwirtschaftliche Fahrzeuge stillzulegen und
- bei der Wiederbeschaffung eher restriktiv vorzugehen.

Das Ergebnis sollte dem Rechnungshof »zu gegebener Zeit« vorgelegt werden. Dieser sah darin mehr eine Hinhaltetaktik als den Willen, den Fuhrpark kostengünstig zu führen, und prüfte bereits 1992, was sich so getan hat an der Technischen Universität. Und kam auf einige eklatante Veränderungen.

Danach hatte sich der Bestand an PKWs und Kombis von 77 im Prüfungsjahr 1990 auf 87 erhöht. Die Zahl der LKWs ist von 12 auf 9 zurückgegangen; ebenso die Zahl der landwirtschaftlichen Fahrzeuge beziehungsweise Arbeitsmaschinen von 12 auf 11 und die Zahl der Krafträder von 4 auf 2.

Dagegen stieg die Zahl der Anhänger von 16 auf 21. Insgesamt, so ist dem Bericht des Rechnungshofes zu entnehmen, wuchs damit der Bestand an Fahrzeugen von 121 auf 130.

Wie ist das jetzt mit der alten preußischen Erziehungsrichtlinie: »Wer nicht hören will, muß fühlen . . .«?

Bund

Immer auf dasselbe Konto

Einmal brav, immer brav. 91 Millionen Mark gab das Bundespresseamt 1993 aus, um die Berichte der Journalisten über die politische Realität in ihrem Sinne zu beeinflussen. Dafür beschäftigt das Amt über ihre internen Mitarbeiter hinaus eine Vielzahl von Journalisten und Produktionsgesellschaften, die ihm Texte, Filme und Hörfunkbeiträge liefern. Es liegt in der Natur der Dinge, daß die Nähe zur Macht auch die Nähe zu den internen Abläufen bedingt. Damit haben die einmal eingeführten Auftragnehmer einen Vorteil vor den Newcomern. Die Mitarbeiter des Presseamtes brauchen ihrerseits keine neuen Dienstleister einzuarbeiten.

Diese Bequemlichkeit kostet natürlich – indem nämlich jegliche Ausschreibung über die Herstellung von Informationsmitteln unterblieb. Die beauftragten Firmen sollten sich lediglich an die Richtlinien der Selbstkosten halten – und ob nun der Geschäftsführer einer der beauftragten Firmen 100000 Mark oder eine Million Mark pro Jahr verdiente – das fiel dann nicht mehr ins Gewicht.

Das Bundespresseamt, auf diesen Mißstand aufmerksam gemacht, zeigte sich begeistert von der Anregung, mehr Leistungs- und Preiswettbewerb einzuführen. Es will eine zentrale Stelle für Grundsatzfragen des Vergabe- und Preisrechts einrichten.

Der Bundesrechnungshof mag bei soviel Kooperation nicht zurückstehen. Er schreibt: »Der Bundesrechnungshof begrüßt die Absicht ... Der Plan ... eine zentrale Stelle des Vergabe- und Preisrechts einzurichten, ist dann zweckdienlich, wenn dies im Rahmen der Zusammenlegung mehrer Dienstleistungsbereiche in einer zentralen Vergabestelle für die Durchführung aller Auftragsvergaben des Presseamtes geschieht.«

Das wird wohl im Jahre des Herrn Sankt Nimmerlein tatsächlich passieren. In der Zwischenzeit kann das Presseamt einen Bruchteil seines Etats dafür reservieren, einen Interpreten für die verklausulierte Geschäftsanweisung des Rechnungshofes zu finden.

Bund

Der Kongreß tanzt

Wer seinen Wehrdienst abgerissen hat, ist Reservist. Er behält seinen Dienstrang bei und hat die Chance, eine ganz spezielle Reservistenlaufbahn zu absolvieren: die des Reservistenfunktionärs. Das ist eine schöne Sache, denn wer bei der Reserveoffiziers- oder Reserveunteroffiziersvereinigung die Hierarchieleiter ganz weit nach oben geklettert ist, der darf herrliche Reisen unternehmen.

Etwa zum jährlich stattfindenden Kongreß der Interalliierten Reserveoffiziersvereinigung oder dem der Europäischen Reserveunteroffiziersvereinigung, der sich alle zwei Jahre ereignet.

Auf diesen Kongressen passiert, was bei allen Kongressen von Interessenverbänden geschieht: die Ehrung der Toten und Veteranen, das Lamentieren über die schlechten Zeitläufte, erhellende Referate über neueste Methoden und technische Entwicklungen – und eben der so wichtige gesellige Teil.

Der wiederum teilt sich in unterschiedlichste Segmente: Das Zugucken bei farbenprächtigen und das Männerherz erhebenden militärischen Wettkämpfen, das anschließende Besäufnis und, wohl oder übel, der Schwoof mit den Damen. Es handelt sich also um ein, wie der Bundesrechnungshof es so treffend formuliert, rein gesellschaftliches Ereignis ohne militärischen Rang.

Daher mag der Rechnungshof auch nicht einsehen, warum zum Beispiel immer gleich 30 deutsche offizielle Reservisten auf die Pirsch geschickt werden. Und warum das alles im Rahmen einer »Wehrübung« stattfinden muß. Denn die verpflichtet den Bund, die ganze Tourage zu bezuschussen, einschließlich der Zahlung von Verdienstausfallersatz. Ginge es nicht auch im Rahmen einer »dienstlichen Veranstaltung«, wo den Großteil der Kosten die reiselustigen Reservefunktionäre selbst bezahlen müßten? Schließlich, so der Rechnungshof, ließen sich auf diese Weise jedes Jahr rund 150 000 Mark sparen.

Nordrhein-Westfalen

Freispruch

Die 45 Stadträte von Löhne hätten 1993 fast ihren Jahresurlaub absagen und statt dessen Überstunden schieben müssen. Ein paar Wochen sah es so aus, als hätten sie einem Unternehmer satte 250000 Mark Schadensersatz zahlen müssen; höchstpersönlich und nicht etwa die Stadtkasse. Mit 5555 Mark und 55 Pfennig hätten sie eine eklatante Fehlentscheidung büßen müssen – alle, die vor elf Jahren dabei waren, als sie einem Unternehmer gegen alle Vorschriften den Bau eines Supermarktes verweigert hatten.

Der Unternehmer klagte sich vom Verwaltungsgericht bis zum Bundesgerichtshof und obsiegte dort; das Landgericht Bielefeld setzte den Schaden 1992 auf 370000 Mark fest. Der Gewinner, in einer Anwandlung von Bürgersinn, erließ der Stadt 120000 Mark. Die Löhner löhnten.

Es gibt aber einen Paragraphen, der besagt, daß Stadträte, entscheiden sie falsch, für den Schaden, den sie herbeiführen, mit dem eigenen Vermögen haften. Das hat zu tun mit Fragen der Fahrlässigkeit und damit, ob die Stadträte wider besseres Wissen gehandelt haben. Und da sah es schlecht aus: Der damalige Stadtdirektor Rolf Bemmann hatte ausdrücklich vor der Ablehnung gewarnt.

Jetzt war Feuer unter 45 Dächern. Daher ließen sie zunächst einmal Stadtdirektor Karl-Heinz Gaul prüfen, ob die Räte tatsächlich haftbar zu machen wären. Das dauerte so seine Zeit, bis die erlösende gutachterliche Meldung kam: eigentlich nicht. Da setzten sich die Bürgervertreter erleichtert an ihren Ratstisch und stimmten darüber ab, ob sie für den Schaden aufkommen wollen. Die Antwort kann sich jeder denken, sei hier aber dokumentiert: Nein, wir brauchen nicht zu zahlen. Und wieder einmal mußte der kleine Steuerzahler für die Kompetenz seiner großen Volksvertreter tief in die Tasche greifen.

In Bünde/Westfalen sitzt derweil einer, der die Entscheidung mit Genugtuung gelesen hat. Er wartet nur noch auf ein Rechtsgutachten, das ihm bescheinigt, daß sein Fall, der ihn in den Ruin getrieben hat, dem des Löhner Unternehmers gleicht. Dann will er mit aller Macht gegen die Stadträte der Stadt Burscheid vorgehen. Ja, gegen die mit den astronomisch hohen Schulden.

Hamburg

Zündstoff geschaffen

Schon allein, weil die Leistungen für Asylbewerber dem Argwohn der Bevölkerung ausgesetzt sind, sollten die damit befaßten Behörden alles tun, den Eindruck zu vermeiden, hier würde das Geld zum Fenster herausgeworfen.

In Hamburg ist aber exakt das passiert. Hätte die Behörde für Arbeit, Gesundheit und Soziales die Erschließungs- und Außenarbeiten bei der Einrichtung von zehn Pavillondörfern 1991 ordnungsgemäß ausgeschrieben, wären der Stadt Ausgaben von vier Millionen Mark erspart geblieben. Das sind fast zehn Prozent der damals veranschlagten 47,8 Millionen Mark Gesamtbaukosten.

Das hatte nicht nur Folgen für die Ausgaben im Jahr 1991. 1993 mußte die Behörde eingestehen, daß die Gesamtkosten auf nun 74,8 Millionen Mark angewachsen sind – mehr als 50 Prozent Steigerung also.

Unter diesen Voraussetzungen ist es auch nicht einleuchtend, warum der Senat davon ausgeht, daß die Behörde für Arbeit, Gesundheit und Soziales bei geplanten sieben weiteren Pavillondörfern von nur 53 Millionen Mark Kosten ausgeht.

Wer die bisherigen Überschreitungen von 50 Prozent auf das neue Bauvorhaben hochrechnet, kommt dagegen auf rund 75 Millionen Mark. Es besteht wenig Hoffnung, daß es sich dabei lediglich um ein Schreckensszenario handelt. Denn der Rechnungshof hat bei der Behörde keinerlei Einsicht hinsichtlich der Art der Vergabe und des Projektmanagements feststellen können.

Bund

Reisen bildet

Deutschland und seine Bewohner muß man in freier Wildbahn erleben, um überhaupt begreifen zu können, was hier so los ist. Das meint auch das Bundespresseamt und lädt jährlich für etwa zwölf Millionen Mark hochrangige Gäste aus dem Kreis der Meinungsbildner ein. Eingeflogen werden die Großkopferten, die sich eine Reise in die Bundesrepublik sonst wahrscheinlich nie hätten leisten können, von den Botschaftern der Republik. Zumindest stellen diese die Vorschlagslisten zusammen.

Die Aktionen haben in den Augen der Bundesrechnungsprüfer nur einen gravierenden Nachteil: Es fehlt an einem stimmigen Konzept, an einer schlüssigen Zielsetzung und an einer effizienten Erfolgskontrolle. Dem Pressesprecher der Republik ist das noch gar nicht aufgefallen. Daher behauptet er auch schnell, der Rechnungshof habe nur partiell geprüft und sei dabei – leider! – auf die wenigen Fälle gestoßen, die vielleicht zur Beanstandung Anlaß gäben. Ansonsten werde man sich um eine längerfristige Erfolgskontrolle bemühen.

Da geht es offensichtlich um weite zeitliche Perspektiven. Denn eine Änderung der Praxis würde alle Ministerien tangieren, auch das Auswärtige Amt Der Minister und FDP-Chef Klaus Kinkel lud zum Beispiel Kollegen aus aller Welt zu einem außenpolitischen Kongreß der FDP ein. Er belastete dafür jedoch nicht die chronisch leeren FDP-Kassen, sondern den Bundeshaushalt.

Schleswig-Holstein

Tropischer Geldregen

Daß der tropische Regenwald geschützt werden muß, steht wohl außer Zweifel. Daß dafür aber das Land Schleswig-Holstein gleich mehrfach zuständig ist, wird nur mit Hilfe eines logischen Klimmzuges einsehbar.

Diese logische Meisterleistung haben zumindest das Umweltministerium und das Wirtschaftsministerium vollbracht. Sie förderten, das Umweltministerium mit 10000 Mark, das Wirtschaftsministerium mit einer nicht genannten Summe, die Flugkosten von vier Umweltaktivisten Richtung Brasilien.

Diese tapferen Schleswiger wollten anhand einer Expedition in den Regenwald dokumentieren, daß dieser zu schützen sei.

Der Rechnungshof hat nun herausgefunden, daß die Flugkosten zusätzlich von einer privaten Institution bezahlt worden sind. Eigentlich, so der Rechnungshof, müsse das Geld jetzt zurückgefordert werden. Das Umweltministerium ist zumindest bereit zu prüfen, ob eine Rückzahlung des Geldes noch verlangt werden kann.

Rheinland-Pfalz

Freihandschleudern

Die Verwaltung von Wissen und die Suche nach neuen Erkenntnissen sind heute ohne Computer nicht mehr denkbar. Daher zeigt sich auch das Land Rheinland-Pfalz bei der Bereitstellung entsprechender Mittel relativ großzügig. Bis 1995 werden die Universitäten allein aufgrund eines Rahmenplanes noch 40 Millionen Mark für kleinere und mittlere Rechner ausgeben dürfen. Das bedeutet angesichts des rapiden Preisverfalls am Computermarkt ein ansehnliches Investitionsprogramm.

Der Preiskampf unter den Anbietern hält schon seit einigen Jahren an; intensives Feilschen, insbesondere bei der Anschaffung mehrerer Geräte gleichzeitig, hätte sicher erhebliche Zugeständnisse der Händler erbracht.

Die Beschaffungsstellen der rheinland-pfälzischen Universitäten haben offenbar von diesen Überlegungen gar nichts gehalten. Der Rechnungshof stellte bei der Überprüfung einer der Hochschulen fest, daß nur bei sechs von 160 Beschaffungsfällen mehr als ein einziges Angebot vorlag – eigentlich ein klarer Verstoß gegen die Ausschreibungsrichtlinien.

Die Höhe der auf diese Weise unnötig ausgegebenen Gelder läßt sich nur schwer feststellen. Wer aber davon ausgeht, daß bei einer Einzelinvestition von 10000 Mark vielleicht Preisunterschiede von kleinen drei Prozent zu nutzen gewesen wären, und das auf die beanstandeten 154 Fälle hochrechnet, kommt auf immerhin rund 45000 unnötig ausgegebene Mark. Dafür gibt es heute bereits fünf Rechner von einer Leistungsstärke, von der zu Beginn des Anschaffungsprogramms 1984 noch niemand zu träumen wagte.

Es ist zu hoffen, daß wenigstens jetzt, nach der Rüge des Rechnungshofes, die inkriminierte Universität etwas professioneller mit ihren Mitteln umgeht.

Der Rechnungshof stellte weiterhin fest, daß es in der betreffenden Universität keine zentrale Beschaffungsstelle für die Computerkäufe gegeben hat – was wohl nicht nur zu den verpaßten Chancen zur Kostenminimierung geführt hat, sondern sogar auch zum Verlust der Skonti und Rabatte.

So mußten viele der Lieferanten ihre Rechnungen erst anmahnen, bevor sie bezahlt wurden. Dabei, so der Rechnungshof, lösten sich allein in drei Fällen die Skonti und Rabatte in Höhe von 7300 Mark in Luft auf.

Bremen

Gleitende Freizeit

Welch paradiesische Zustände! Die Bremer Bevölkerung traut ihren Beamten ungeprüft. Seitdem dort die Gleitzeit ausgebrochen ist, können Mitarbeiter vieler Behörden, so sie es unbedingt darauf anlegen, ihre Arbeitszeit auf theoretisch 27 Arbeitsstunden verkürzen – die Kernarbeitszeit.

Und das geht so: In den meisten der bremischen Amtsgebäude fehlen jegliche mechanischen oder elektronischen Einrichtungen, sprich Stempeluhren, mit denen die Anwesenheit zweifelsfrei dokumentiert wird. Die Behördenleiter sprechen dabei gerne von der Pflicht zur Pünktlichkeit und Treue, die den Beamten in Fleisch und Blut übergegangen sei.

Vielfach fehlt es sogar an der Verpflichtung, die geleistete Arbeitszeit auf, sagen wir einmal, einem Stück Papier aufzuschreiben.

Die sonst so wirkungsvolle Überwachung durch die Kollegen, die bei starren Arbeitszeiten schon sehr genau feststellen, ob auch alle an der Arbeit zumindest durch physische Präsenz teilnehmen – diese Kontrolle fällt flach. Die Kollegen gleiten ja auch. Dasselbe gilt für die Kontrolle durch den Amtsleiter.

Was höchstens einmal auffällt, das ist, wenn einer/eine bei der Mittagspause ein wenig überzieht. Da, so versichern die Behördenchefs, würden sie rigoros das Nacharbeiten verlangen. Der Rechnungshof glaubt es nicht so recht und fordert strikt die Einführung von Stempeluhren – Investitionskosten von einer Million Mark hin und Datenschutz her. Diese Bereitschaft, beträchtliche Kosten zu generieren, zeigt auf, wie hoch der Rechnungshof die seit 1983 entstandenen Risiken einschätzt.

Die Senatskommission für das Personalwesen teilt jetzt diese Überlegungen und hat bereits angefangen, bei einer Behörde für zweifelsfreie Zeiterfassung zu sorgen: beim Finanzamt. Siehste!

Brandenburg

Ins Kröpfchen

Wohl dem, der sich ein kleines Finanzpölsterchen für schlechte Zeiten zurücklegen kann! Beim Polizeipräsidium Frankfurt an der Oder war das Pölsterchen Ende 1992 immerhin 5,7 Millionen Mark dick. Es stammte aus Geldern, die 1991 für Rentenversicherungsbeiträge zugunsten der Arbeiter und Angestellten zuviel zur Verfügung gestellt worden waren. Hätte das Land das nicht benötigte Geld pünktlich zum Ende des Jahres 1991 zurückbekommen, wären ihm Zinsverluste von 342000 Mark erspart geblieben (Grundlage: sechs Prozent Zins).

Noch länger, achtzehn Monate, sind beim Innenministerium des Landes weitere 47,7 Millionen Mark für Rentenversicherungen liegengeblieben, von denen bis Mitte 1993 niemand wußte, was damit anzufangen sei. Der Zinsverlust hieraus errechnet sich auf immerhin 4,2 Millionen Mark.

Saarland

Schwarzfahrt

Wer sich bei den Saarländischen Verkehrsbetrieben ein paar Mark erschleicht, weil er sein Busticket nicht bezahlen will, oder wer auch nur seine Monatskarte vergißt, der wird von unbarmherzigen Kontrolleuren zur Kasse gebeten. Erschleicht er mehrfach, findet er sich sogar früher oder später im Gefängnis wieder – so hart sind die Bräuche. Jeder muß sich selbstverständlich an die Vorschriften halten.

Außer jenen Angestellten eines saarländischen Verkehrsbetriebes, die sich mit dem Kauf eines Niederflurbusses befaßten. Dafür erhielten sie bereits am 1. Dezember 1989 eine Bewilligung über 118440 Mark. Sie forderten das Geld auch sogleich an, ohne jedoch das Gefährt schon gekauft zu haben. Das hätte aber geschehen müssen. Somit handelt es sich hier um den ersten Verstoß gegen geltendes Recht in diesem Fall.

Der Rechnungshof wurde aufmerksam und fragte nach, wie das denn sei mit dem neuen Bus. Die Verkehrsbetriebe: Nix neuer Bus, der hat zu viele Macken. Haben wir überall lesen können. Rückfrage des Rechnungshofes: was mit dem Geld sei? Antwort der Verkehrsbetriebe: Das haben wir noch. Zweiter Verstoß gegen geltendes Recht. Denn Zuschüsse, die nicht verbraucht werden, müssen rücküberwiesen werden. Freiwillig.

Jetzt wäre zu erwarten gewesen, daß sowohl das Wirtschaftsministerium, das das Geld vorzeitig herausgerückt hat, als auch die Verkehrsbetriebe schnellstens dafür gesorgt hätten, daß sie ihre Sache in Ordnung bekämen. Pustekuchen! Es bedurfte erst der Intervention durch den Rechnungshof, bis das Geld plus Zinsen wieder dem öffentlichen Wohle zur Verfügung stand.

Während es nur dem Kommissar Zufall zu verdanken ist, daß diese kommunale und ministerielle Schwarzfahrt ans Tageslicht kam und der Schaden rückgängig zu machen war, scheinen sich dieselben Verkehrsbetriebe auf das Erschleichen vorzeitiger und dazu noch unberechtigter Staatsstütze spezialisiert zu haben. Aus dem Bericht des Rechnungshofes, vorgelegt im März 1993, geht hervor, daß das Ministerium dem Unternehmen sogar Geld für die Beschaffung von Zubehör gegeben hat, mindestens 74000 Mark. Und das, obwohl feststand, daß die so geförderten Investitionen erst bis zu einem Jahr nach dem Geldtransfer aktuell würden.

Hinzu kommt, daß weitere 14000 Mark Zuschuß für Gemeinkosten und Löhne in keinem Fall, weil nicht förderungsfähig, hätten ausbezahlt werden dürfen.

Aber wie das so ist mit den Schwarzfahrern – es gilt das Motto: »Versuchen können wir's ja!« Wer sich erwischen läßt, geht in ... die Kantine.

Berlin

Zu viele Helfer

Schwer haben sie es, die Minister und die Staatsekretäre in diesem unserem Land. Damit sie nicht in Arbeit ersticken und wohl auch, damit sie nach innen wie außen ihre Bedeutung dokumentieren können, haben ihnen die steuerzahlenden Bürger persönliche Hilfskräfte zugeordnet, den »Stab«. Das sind Frauen und Männer, die ganz bestimmte Aufgaben erledigen müssen, die der Minister (oder, in diesem konkreten Fall: die Senatoren) und Staatssekretäre offensichtlich dem übrigen Ministeriumspersonal nur ungern anvertrauen.

Zum »Stab« gehören die »persönlichen Referenten«, die Büroleiter, jene Personen, die den Kontakt zu den Abgeordneten halten, die Referenten für Presse- und Öffentlichkeitsarbeit, die Vorzimmerdamen und -herren und »weitere Mitarbeiter«, wie der Berliner Rechnungshof sie nennt.

Um diese »weiteren Mitarbeiter« geht es wohl. Zunächst ist es schon erstaunlich, wie schnell sich in den Berliner Senatorenstuben die Arbeit angehäuft hat. Anders ist die inflationäre Aufblähung der Senatoren- und Staatssekretärsstäbe nicht zu erklären: Gaben sich die obersten Verwaltungschefs 1969 noch mit 29 Dienstkräften zufrieden, waren es 1982 bereits 133,5 (es gibt also auch Teilzeitstäbe!) und 1992 gar 240,25.

Bei seinen Recherchen ist der Rechnungshof zudem auf ein Phänomen gestoßen, das eigentlich so nicht sein darf, aber spätestens 1982 aufgetreten ist: In den Verwaltungsburgen sitzen Menschen, deren Arbeitsbereiche so diffus definiert sind, daß nicht einmal der gestrenge Rechnungshof weiß, wie sie einzuordnen sind.

Behelfen wir uns mit der Definition der Prüfer: »Ferner wurden zusätzlich Arbeitsgebiete mit speziellen Aufgabenstellungen vorgefunden, deren Zuordnung zum Stab unterschiedlich beurteilt werden kann. Nach Auffassung des Rechnungshofes waren sie wegen ihrer organisatorischen, sachlichen oder räumlichen Verbindung zu den Leitungsbereichen in die Betrachtungen einzubeziehen; sie sind deshalb... gesondert ausgewiesen.« Unter diesem Betrachtungswinkel ist die Zahl der Stabsmitarbeiter von 29 über 143,5 auf 240,25 Dienstkräfte gestiegen.

Da steckt viel Geld drin. Nach Meinung des Rechnungshofes könnte die Verwaltung sieben Millionen Mark sparen, wenn die Senatoren und deren Staatssekretäre endlich dazu übergingen, die Zahl der Stabstmitglieder auf ein erträgliches Maß zu reduzieren. So verfügte zum Beispiel der Senator für Bauen und Wohnen über 39,5 Stabsmitarbeiter; das entsprechende Personal beim Regierenden Bürgermeister bemaß sich auf 26; der Senator für Stadtumwandlung kann wohl ohne seine 29 Stäbler nicht richtig arbeiten, und selbst der Senator für Forschung und Wissenschaft braucht noch 9,25 ganz enge Mitarbeiter. Die Bürgermeister, das sind die Bezirksoberhäupter, es gibt deren 23 in Berlin, kommen hingegen mit insgesamt drei Stäblern aus.

Da ist auch viel Doppelarbeit drin. Der Rechnungshof stellte fest, daß im Stabspersonal auch Spezialisten für Grundsatz-, Rechts- und Planungsfragen sitzen, Spezialisten für Bereiche also, die in jeder Senatsbehörde sowieso von speziellen Referaten betreut werden.

Insofern scheint diese Frage schon angebracht: Trauen die Senatoren den Stammitarbeitern ihrer Verwaltungen nicht so recht über den Weg?

Brandenburg

Steuerhinterziehung bei der Polizei

Diesen Trick haben sie schnell gelernt, die neuen Beamten im neuen Bundesland Brandenburg: mit Hilfe eines unübersichtlichen Stapels Rechnungen die Zollbehörden zu verwirren. Auf diese Weise hat sich das Ministerium immerhin 198000 Mark an Steuervorteilen verschafft, die es nach der Wartung seiner Hubschrauber in Polen eigentlich hätte entrichten müssen.

Da nämlich Polizeihubschrauber zivile Flieger sind, unterliegt auch deren Wartung im EU-Ausland dem Zoll. Im Prinzip hat sich das Innenministerium auch an diese Regelung gehalten, nur eben nicht so ganz korrekt. Es hat nämlich statt einer globalen Abrechnung viele kleine Rechnungen vorgelegt, die, Wunder der Finanzadministration, plötzlich weniger an Zollbelastung ausmachten als die Globalrechnung.

Wir brauchen das nicht zu verstehen, es ist halt so. Nun hebt sich dieser Fall von Steuerhinterziehung auch gleich wieder auf. Denn das Ministerium hat mit der anderen Hand das eingesparte Geld gleich wieder ausgegeben und mehr als dieselbe Summe noch einmal dazu. Es hat nämlich die Abgaben, die im Prinzip auf jeden Tropfen Flugbenzin anfallen, anstandslos an die Mineralölfirma, die den Sprit lieferte, bezahlt. Obwohl für polizeiliche Zwecke verwendeter Flugsprit von der Steuer befreit ist. Und so fehlen jetzt 391000 Mark an Zoll, Mineralöl- und Einfuhrumsatzsteuer.

Die Affäre beinhaltet zudem einen kleinen Aberwitz: Im Verlauf seiner Recherchen ist der Rechnungshof auf den Umstand gestoßen, daß auf Hubschrauber, die komplett aus Polen eingeführt werden, keinerlei Zoll erhoben wird. Jetzt fragen sich die Prüfer verzweifelt, was das denn soll: auf nagelneue Flieger keinen, auf deren Reparatur hingegen Zoll zu erheben.

Den Schwarzen Peter hat jetzt das Bundesfinanzministerium. Das läßt das Problem sicher noch ein wenig im Hause kreisen.

Baden-Württemberg

Sisyphos

Kosten sind stets in der Relation zu den Projekten zu sehen, die diese Kosten verursachen. Insofern sind 55 Millionen Mark Aufwand bei einem Projektvolumen von 1400 Millionen Mark im Prinzip ein Klacks – gerade einmal vier Prozent.

Wenn es bei diesen 55 Millionen Mark aber um vermeidbare Kosten geht, die nur entstanden, weil der Verwaltungsaufwand so immens war, dann muß der Steuerzahler plötzlich sehr wach und sehr kritisch werden. Das Geld wurde nämlich gebraucht, um allein im baden-württembergischen Ministerium für Ländlichen Raum, Ernährung, Landwirtschaft und Forsten 1,4 Milliarden Mark Subventionen abzuwickeln, die nicht weniger als 81 Förderrichtlinien unterworfen sind.

Ein unhaltbarer Zustand, der Irrtümer, Falsch- oder gar Doppelförderungen geradezu provoziert. Und vor allem auch jene Landwirte mit strafrechtlichen Sanktionen bedroht, die, in Unkenntnis irgendeines Verbotes von inkompetenten Beratern gedrängt und eigentlich guten Willens, sich ganz ungewollt, aber auch ungerechtfertigt bereichern.

Unhaltbar ist der Zustand zudem, weil nicht abzusehen ist, daß die Flut der Einzelanträge und damit des Arbeitsaufwandes und letzten Endes der Kosten eingedämmt würde. Zwar sank die Zahl der landwirtschaftlichen Betriebe in Baden-Württemberg von 1972 bis jetzt von einer halben auf rund eine viertel Million, die Zahl der Anträge auf irgendeine Förderung hingegen stieg von 1987 bis 1993 von 253000 auf etwa 450000. Das läuft ab wie bei einer Lawine: Je länger die Massen rutschen, um so mehr Material nehmen sie auf – allein für das Jahr 1993 erwartete das Landwirtschaftsministerium eine Zunahme der Anträge gegenüber dem Vorjahr um 60000 bis 80000.

Da sind Absurditäten bereits an der Tagesordnung. Es ist zum Beispiel nicht einzusehen, daß sich ganze Hierarchiekaskaden mit Förderanträgen herumschlagen müssen, bei denen es um gerade einmal hundert Mark geht. Es ist auch nicht verständlich, warum ausgerechnet der Besitz ein und derselben landwirtschaftlichen Fläche gleich viermal zum Empfang einer Förderung legitimiert. Der Rechnungshof des Landes berichtet von Fällen, bei denen derselbe Acker nach der EU-Extensivierungsrichtlinie, nach der Schutzgebiets- und Ausgleichsverordnung des Landes Baden-Württemberg sowie nach dem Grünlandprogramm subventioniert wird.

Die Antragsverfahren sind zu kompliziert, als daß selbst ein geübter Landwirt sie fehlerfrei ausfüllen könnte. Selbst geringfügige Veränderungen katapultieren den Arbeitsaufwand in die Höhe. Als 1992 zum Beispiel die seit 1951 eingeführte, in der Zwischenzeit gut eingespielte Durchführung der Gasölbeihilfe geändert wurde, nach der jetzt nicht mehr der Dieselverbrauch im Privat-PKW subventioniert wird, sondern nur noch der von landwirtschaftlichen Maschinen – da ergab sich bei den entsprechenden Anträgen eine Fehlerquote von 70 Prozent.

Der Rechnungshof berichtet, daß allein in einem einzigen Landwirtschaftsamt 190 Telefonate geführt und 220 Briefe geschrieben werden mußten, um diese Fehler auszumerzen.

Selbst Versuche, die Verfahren zu vereinfachen, bringen nicht den gewünschten Effekt. So zog das Ministerium 1992 acht Fördermaßnahmen so zusammen, daß sie mittels eines »Gemeinsamen Antrages« abgerufen werden konnten. Der negative Effekt war enorm. Der Rechnungshof schreibt in seinem Bericht aus dem Jahr 1993: »Obwohl die Landwirtschaftsämter Informationsabende für die Betriebsinhaber veranstalteten und vor Ort bei den Bürgermeisterämtern Sprechstunden einrichteten, mußten 1992 teilweise bis über 30 Prozent der Gemeinsamen Anträge ... korrigiert werden, weil Antragsdaten fehlten oder fehlerhaft waren.«

Die Verfahren sind offensichtlich so kompliziert, daß das Ministerium immer mehr hochbezahlte Topbeamte einsetzen muß, damit der Landwirt zu exakt der Summe kommt, die ihm zusteht. Der Rechnungshof hat herausgefunden, daß die Förderanträge zu 22 Prozent von Beamten des höheren Dienstes (höher geht es nicht) und zu 33 Prozent von Beamten der darunterliegenden Stufe bearbeitet werden.

Änderung ist nicht in Sicht. Vor allem wird es nicht gelingen, ohne noch einmal immens viel Geld einzusetzen, ein wirksames Kontrollverfahren zu integrieren. Zudem argwöhnt der Rechnungshof, daß, wenn sich erst einmal das von der EU-Bürokratie favorisierte und höchst aufwendige »Integrierte Verwaltungs- und Kontrollsystem Invekos« durchgesetzt haben wird, der Bürokratenhengst nicht mehr Gold, sondern nur noch Platin und Diamanten frißt.

Brandenburg

Einträgliche Inkompetenz

Daß das bundesdeutsche Verwaltungsrecht kompliziert ist und daß besonders bei der Berechnung von Investitionskosten Fehler an der Tagesordnung sind, das weiß der Steuerzahler längst zur Genüge. Die Inkompetenz stellt sich regelmäßig als eine hanebüchene Überschreitung der geschätzten Bausumme dar. Jammern und Drohen helfen längst nicht mehr.

Daher wohl haben sich die Beamten eines brandenburgischen Ortes auch gedacht, sie gehen lieber auf Nummer Sicher und geben zu, daß sie sich wahrscheinlich verrechnet haben. Daß sie dabei auch noch die Fördermittel für ihr Vorhaben beträchtlich aufblähen konnten, wird ihnen als wohlverdienter Lohn der Grundanständigkeit vorgekommen sein.

Passiert ist folgendes: Da wollte die Gemeinde im Rahmen des Programms »Verbesserung der regionalen Wirtschaftsstruktur« ein Gewerbegebiet einrichten; 108 Millionen Mark sollte das kosten.

In dieser Summe waren allerdings 41 Millionen Mark für den Bau einer Umgehungsstraße und 34 Millionen Mark für den Erwerb der notwendigen Grundstücke enthalten. Dafür war im Rahmen des Programms aber kein Geld vorgesehen. Blieben nur noch 33 Millionen förderfähige Mark übrig.

»Zuwenig«, dachten sich wohl die kommunalen Beamten und erinnerten sich an die Zufälle des Bauherrenlebens. Daher setzten sie in ihrem Zuschußantrag eine Pauschale für »Unvorhergesehenes« ein, die sie mit 6,4 Millionen Mark sehr komfortabel dotierten. Hinzu kam eine Pauschale für den Ausgleich der Inflation in der

Höhe von fünf Millionen Mark, was insgesamt über elf Millionen Mark ausmachte. Der Rechnungshof rechnete nach und kam darauf, daß diese elf Millionen rund 42 Prozent der förderfähigen Ausgaben ausgemacht haben. So wird Unfähigkeit, gibt man sie nur frühzeitig zu, recht lukrativ.

Daß sich hier tatsächlich einiges an Unfähigkeit angesammelt hat, dafür mag Indiz sein, daß die Beamten nicht einmal fähig waren, Rabatte, die ihnen eine Baufirma eingeräumt hatte, auch wahrzunehmen. Sie zahlten einfach 97000 Mark zuviel. Und daß die Beamten Rechnungen in der Höhe von 110000 Mark für die Erstellung eines Bebauungsplans akzeptierten, die ihnen ein privates Planungsbüro ausgestellt hatte, das gibt der Rechnungshof lapidar und ohne Kommentar zur Kenntnis.

Bund

Rentengeld für Bankenreichtum

Die Banken, Deutschlands moderne Raubritterburgen, haben inzwischen einen Trick gefunden, wie sie sich am Vermögen der Rentenanstalten bereichern können. Dieser Trick ist ganz einfach zu bewerkstelligen: Lebt ein Rentner im Ausland und will er dort auch sein Geld ausbezahlt bekommen, dann beauftragt der Rentendienst der Post Banken, über diese Beträge Schecks auszustellen und zu versenden. Die notwendigen Summen erhalten die Banken von der Rentenversicherung überwiesen.

Es kommt aber vor, daß Schecks nicht eingelöst werden; die Gründe dafür sind hier nicht interessant. Sobald der Scheck verfallen ist, müßte die Bank die Rente, die jetzt zuviel auf ihren Konten ruht, unverzüglich rücküberweisen. Tut sie aber meist nicht, sie sieht das Geld als zinsloses Darlehen an, mit dem sich gut neues Geld verdienen läßt.

Inzwischen ist der Bundesrechnungshof diesem Trick auf die Spur gekommen, worauf das Arbeitsministerium dafür gesorgt hat, daß die aufgelaufenen Gelder zurückgeführt und Zinsen verlangt werden.

Es geht um beträchtliche Summen: Bei einem der feinen deutschen Kreditinstitute waren bis 1992 zehn Millionen Mark aufgelaufen, die es jetzt zurückgezahlt hat. Über die Verzinsung des unkorrekt einbehaltenen Vermögens möchte es aber nicht mit sich reden lassen. Eine zweite Bank mag gar weder Geld noch Zinsen zahlen.

Der Vorgang bestätigt einmal mehr die weitverbreiteten Ansichten über die Moral im Geldgewerbe. Er bestätigt aber auch, daß bei den Rentenanstalten offensichtlich Menschen sitzen, denen es eher wurscht ist, wo die vielen Lecks zu finden sind, die mit die Ursache dafür sind, daß die Gebührenanpassungen inzwischen immer schneller aufeinanderfolgen.

Rheinland-Pfalz

Beamtenbauch

Gut mit Beamten versorgt ist das Landesversorgungsamt Rheinland-Pfalz. Der Rechnungshof stellt fest, daß eigentlich sieben Dezernate überflüssig sind. 18 Stellen ließen sich dabei einsparen, wodurch jährlich 1,1 Millionen Mark sinnvolleren Zwecken zugeführt werden könnten.

Daß der Chef des Versorgungsamtes sich einen komfortablen Speckgürtel an Mitarbeitern zugelegt hat, belegt allein die Tatsache, daß elf seiner 118 Planstellen gar nicht besetzt sind, deren Fehlen andererseits aber nicht zum Zusammenbruch des Amtes geführt hat.

Es stellte sich im Laufe der Prüfung heraus, daß zu viele Beamte an ein und demselben Vorgang parallel arbeiten, daß bestimmte Aufgaben zweckmäßiger von nachgeordneten Dienststellen hätten erledigt werden können, daß Listen, Verzeichnisse und Statistiken zu perfektionistisch und damit zu aufwendig geführt werden, daß die Fahrbereitschaft unwirtschaftlich organisiert ist und daß in vielen Bereichen allgemein mit zu hohem Aufwand verwaltet wird.

Ein wenig einsichtig ist die Leitung des Amtes schon: Sie hat wenigstens die Streichung von vier Dezernaten zugesagt.

Brandenburg

Versenkt

Was, bitte, nutzt die Sanierung eines verdreckten Sees, wenn die Quelle der Verschmutzung nicht beseitigt wird, wenn also die Bäche, die den See speisen, nicht von Abwässern befreit werden? Diese Sanierung nutzt höchstens den mit den Bauarbeiten befaßten Unternehmen – das aber um so nachhaltiger, je überhöhter die Rechnungen ausfallen.

Eine brandenburgische Gemeinde wollte endlich wieder an einem sauberen Seegewässer gelegen sein. Schließlich bedeutet das ja auch einen gewissen Grundstock für den Nahtourismus.

Auf 70 Millionen Mark beliefen sich die Schätzungen, aufzubringen in den Jahren 1991 bis 1996. Nur: Die Gemeinde hatte kein Geld. Sie konnte daher eigentlich nicht einmal hoffen, an die 20 Millionen Mark Fördergelder zu kommen. Die hätten ihr zugestanden, wenn sie dem Ministerium für Umwelt, Naturschutz und Raumordnung ein standfestes Sanierungskonzept vorgelegt hätte.

Wie das aber so geht: In den Köpfen der Politiker und auch in denen der (das sei einmal unterstellt) gutwilligen Beamten im Ministerium wacht seit jeher das Gesetz von der normativen Kraft des Faktischen. Das besagt: Ein Projekt, und sei es auch noch so widersinnig, wird in jedem Fall zu Ende geführt, wenn erst einmal ein paar Millionen in den Sand gesetzt worden sind; hier: in die Uferbefestigungen.

So geschah es denn auch. Das Ministerium bereicherte die Gemeinde 1991 zunächst einmal (»Anschubfinanzierung«) um fünf Millionen Mark; im Jahr darauf sollten weitere drei Millionen folgen. Nicht etwa, um damit eine Ringkanalisation auf den Weg zu bringen (was ja noch verständlich wäre), sondern um mit Arbeiten an den Ufern der verdreckten Lacke zu beginnen.

Das passierte prompt: Ohne auch nur eine Andeutung von Ausschreibung vergab die Gemeinde den Auftrag, eine Spundwand in einen Uferbereich zu rammen, an ein Unternehmen aus Westberlin. Damit verstießen die Gemeindepolitiker gleich gegen zwei Grundsätze: Erstens sieht das Konzept des Wiederaufbaus Ost vor, möglichst Unternehmen aus den neuen Bundesländern mit öffentlichen Aufträgen zu beglücken. Selbst dann, wenn sie im Ausschreibungsverfahren bis zu 20 Prozent teurer sind als westdeutsche Mitbieter. Und vor allem dann, wenn sie, zweiter Verstoß gegen die Richtlinien, preiswerter sind. Das läßt sich in diesem Fall leicht nachweisen. Denn erst, nachdem die Verträge mit der Westfirma abgeschlossen waren, wurde das Alternativangebot eines renommierten ostdeutschen Unternehmens eingeholt. Das fiel dann um 450000 Mark billiger aus. Die Westfirma hingegen durfte sich über ein Auftragsvolumen von rund 1,8 Millionen Mark freuen.

Das hätte so mit der scheibchenweisen Finanzierung bis zum Sankt-Nimmerleins-Tag weitergehen können. Nachdem dann aber auch noch für eine halbe Million Mark Zuschüsse zweckentfremdet wurden und die Gesamtfinanzierung weiterhin ungesichert blieb, stoppte das Ministerium nicht zuletzt aufgrund der Intervention des Rechnungshofes die weitere Förderung. Es verlangt zudem die zuviel gezahlten Zuschüsse zurück.

Was bleibt, ist eine jetzt völlig sinnlose Spundwand zur späteren Mahnung an die Bürger, wie ihr Geld im Rahmen des Aufbaus Ost in den Schlick versenkt wurde.

Baden-Württemberg

Lahme Krankenhäuser

Nicht nur das Pflegepersonal in den baden-württembergischen Krankenhäusern scheint überlastet, auch die Buchhaltung hat so ihre Probleme. Verspätete Rechnungsstellung führt dazu, daß die Krankenhäuser täglich über 200000 Mark Zinsen verlieren, weil die Rechnungen zu spät hinausgehen; das ergibt immerhin fast siebeneinhalb Millionen Mark im Jahr.

Könnten sich Krankenhäuser und Krankenkassen zusätzlich auf Abschlagszahlungen zum Beispiel in der Höhe von 90 Prozent des Vorjahresvolumens an bezahlter Leistung einigen, würden sich die Zinseinsparungen gar noch einmal um rund zwei Millionen Mark erhöhen.

Allerdings: Ob das für die Mitglieder der Kassen eine besondere Freude würde, bleibt dahingestellt. Denn was die Krankenhäuser sparen, müssen die Kassen finanzieren – mit dem Ergebnis, daß wohl die Mitgliedsbeiträge steigen würden. Zumindest hätten die Politiker wieder einmal ein Argument für sogenannte Anpassungen.

Mecklenburg-Vorpommern

Computerkäufe – nach oben offen

So schnell, wie beim mecklenburg-vorpommerschen Innenministerium Computer gekauft wurden, können die Mitarbeiter eigentlich unmöglich den Umgang damit gelernt haben: Allein 1991 fanden 412 Stück ihren Platz auf den Schreibtischen der Ministerialen. Dazu kamen 317 Drucker.

So schön das ist, wenn eine Behörde neu aufgebaut wird und sich die Bediensteten schnell in modernste Technik einfinden, so bedenklich ist es doch, wenn die voluminösen Käufe nicht nach den Regeln des Haushaltsrechts abgewickelt werden.

Denn erstens gab es 1991 im Innenministerium noch keinerlei Konzept für die Datenverarbeitung, speziell nicht für eine Integration der vielen Einzelplatzrechner. Zum zweiten sah der Einkaufsplan auch nicht die Anschaffung von 412 PCs vor, sondern nur deren 170; auch nicht den Kauf von 317 Druckern, sondern nur von 120. Und drittens gab es keinerlei öffentliche Ausschreibung – woraus sich ableiten läßt, daß das Innenministerium doch einige hunderttausend Mark zuviel bezahlt haben dürfte.

Besserung: Inzwischen gibt es zumindest ein Konzept für den Einsatz der Datenverarbeitungstechniken. Und über die Haushaltsgesetze will der Innenminister sich jetzt auch nicht mehr hinwegsetzen.

Berlin

Doppelbetten

Da gibt es doch die Sage vom Prokrustes, einem altgriechischen Hotelier. Der hatte die Angewohnheit, Gäste grundsätzlich schlecht zu betten: die langen in die kurzen, und die kurzen in die langen Betten. Nach der ersten Nacht paßten die Gäste dann wieder in die ihnen zugewiesenen Kojen; Prokrustes schnitt nämlich den langen das überflüssige Gebein ab, und die kurzen zerrte er sich passend zurecht.

Eine späte Anverwandte dieses Herrn scheint in Berlin ansässig zu sein. Sie hatte sich jedoch eine perfidere Technik ausgedacht, die Ruhe hochrangiger Gäste zu stören: Sie buchte für jeden Wissenschaftler, der an der Dahlem-Konferenz 1991 teilnehmen wollte, zwei Betten in unterschiedlichen Hotels. So konnte jeder der Honoratioren auf ausgedehnten Pendelfahrten von Hotel zu Hotel die Schönheiten der Stadt kennenlernen.

Spott beiseite – so war es natürlich, abgesehen von der Doppelreservierung, nicht. Geschehen ist dies: Eine Mitarbeiterin der Freien Universität hatte, ohne dazu berechtigt zu sein, Hotelzimmer im Wert von 80000 Mark gebucht. Gebraucht wurden die Räume für die Teilnehmer der Dahlem-Konferenz, eine von der Freien Universität ausgerichtete Veranstaltung zum interdisziplinären wissenschaftlichen Austausch.

Was die Dame nicht wußte: Kollegen hatten preiswertere Übernachtungsmöglichkeiten aufgetan und diese sofort blockiert. Jetzt gab es für jeden Professor zwei Zimmer in unterschiedlichen Hotels. Die Sache blieb so lange unentdeckt, bis jener Tag verstrichen war, an dem die Stornierung der teureren Räume noch kostenlos möglich gewesen wäre.

Das Hotel wollte selbstverständlich die erwarteten Logiereinnahmen nicht in den Kamin schreiben und forderte 80000 Mark »Ausfallkosten« an. Die Rechtsstelle der Universität wehrte sich vehement – mit wenig Erfolg: Im Rahmen eines Vergleichs zeigte sich die Hotelleitung schließlich mit 55000 Mark Entschädigung einverstanden.

Glimpflich davongekommen ist die Mitarbeiterin der Freien Universität, welche die Reservierung verbockt hat. Die Universität will die Dame, trotz unwilligen Murrens seitens des Rechnungshofes, nicht in Regreß nehmen. Der Steuerzahler zahlt auch das (mitsamt den Gerichtskosten und den Rechtsanwaltsgebühren) freudig und selbstverständlich ohne Regreßmöglichkeiten.

Bund

No-News

Wer, sagen wir einmal, in Ghana wissen will, was der Bundeskanzler in, sagen wir einmal, Dinkelsbühl über die Qualität der dortigen Saumägen geäußert hat – der muß sich mit der dpa (Deutsche Presse-Agentur GmbH) in Verbindung setzen. Die erhält jährlich rund elf Millionen Mark dafür, daß Interna aus dem Lande in die weite Welt verteilt werden. Vordringlich an Zeitungen und Zeitschriften, die dafür Honorar bezahlen müssen.

Nun kostet Qualität Geld. Besonders das »Made in Germany« auf deutschen Nachrichten kommt die Abonnenten teuer. Zu teuer für viele. Der Rechnungshof bemängelt ganz besonders die niedrige Zahl jener, die bereit sind, die Informationen abzunehmen: »Die Akten des Presseamtes enthalten mehrfach Hinweise, daß am Bezug der Nachrichtendienste interessierte ausländische Medien nicht in der Lage waren, die von der Agentur geforderten Preise aufzubringen.«

Dabei gibt das Presseamt die elf Millionen Mark doch extra dafür aus, daß die Nachrichten preiswert unters Weltbürgertum kommen. Der Rechnungshof hat sich denn auch die Mühe gemacht, einmal nach dem Verbleib der Gelder zu forschen. Und kam zu dem Ergebnis, daß die vielen Millionen Steuermärker vorwiegend zum Unterhalt des Korrespondentennetzes im Ausland gebraucht werden. Wieso das, fragt sich der verblüffte Bürger, geht es nicht um Meldungen aus Deutschland für die Ausländer, und nicht umgekehrt?

Wer das begreifen will, muß wissen, daß die Agentur nicht nur einen Dienst betreibt, der deutsche Nachrichten im Ausland verbreitet, sondern auch ausländische Nachrichten im Inland. Exakt dafür werden die Korrespondenten gebraucht, und nicht etwa, um die Ziele des Presseamtes zu unterstützen.

Jetzt erhalten deutsche Verlage, die zudem auch Gesellschafter der Presseagentur sind, vom Presseamt subventionierte Informationen aus dem Ausland.

Spannend. Aber noch spannender ist der Umgang der vom Staat alimentierten Presseagentur mit den deutschen Botschaften im Ausland. Deren Mitarbeiter wüßten natürlich gerne sehr früh, was am nächsten Tag über ihr Gastgeberland in der Zeitung steht. Manchmal werden dann ja auch beschwichtigende Interventionen nötig. Wenn die Botschafter aber höflich um eine Zweitschrift der Nachrichten bitten, werden sie abgebügelt. Sie müßten, heißt es dann, Abonnenten eines »Selektdienstes« werden, der selbstverständlich eine schöne Stange Geld koste. Sie gehen schon verschlungene Wege, die deutschen Subventionen.

Hamburg

Gerade noch gerettet

410000 Mark mehr als vertraglich vereinbart hat ein Bauunternehmer in Hamburg verrechnet, der von 1989 bis 1992 mit Arbeiten zum Ausbau der Hochwasserschutzanlagen beauftragt war. Die Summe kam zustande, indem der Unternehmer zu hohe Forderungen aus einer Preisgleitklausel berechnet hatte. Diese Klausel sah vor, daß er Lohnsteigerungen abzüglich eines Selbstbehaltes von einem halben Prozent an die Baubehörde weiterverrechnen durfte. Allerdings betraf das nur solche Lohnsteigerungen, die im Rahmen von Tarifverhandlungen für die Zeit nach Ablauf der Angebotsfrist vereinbart wurden.

In der Schlußabrechnung stellte der Bauunternehmer jedoch auch Lohnerhöhungen in Rechnung, die bereits vor der Auftragsvergabe bekannt waren. 1988 waren nämlich in einem mehrjährigen Tarifvertrag bereits die Lohnsteigerungen für die Jahre 1989 und 1990 festgeschrieben worden. Das übersah der Bauunternehmer – ob bewußt mit dem mangelnden Durchblick der Baubehörde spielend oder nicht, kann hier nicht erhellt werden.

Auf jeden Fall stellte er Lohnmehrkosten in Höhe von 933000 Mark in Rechnung, von denen die Baubehörde zunächst 840000 Mark anerkannte. Berechtigt, so der Rechnungshof, wären aber nur 430000 Mark gewesen. Erst nach Intervention der Prüfer kamen die Beamten der Baubehörde auf den Fehler und hielten gerade noch die beinahe zuviel ausbezahlten Gelder zurück.

Brandenburg

Weggespült

Den (pardon!) Sch..., den sich so mancher Lokalpolitiker leistet, den möchte er natürlich so nachdrücklich wie möglich hinter sich lassen. Und je anrüchiger das Gemenge aus Inkompetenz und Großmannssucht und wohl auch Profitgier – zumindest von dritter Seite – ist, um so leistungsfähiger müssen auch die Entsorgungsanlagen ausfallen.

Im Land Brandenburg stinkt es aber trotzdem himmelhoch; zumindest so hoch wie jener Berg ausfallen würde, den 200 Millionen Mark zuviel verplanter Deutscher Mark in Pfennigen gewechselt ausmachen. Mindestens – denn diese 200 Millionen Mark sind jene Steuergelder, die der Rechnungshof gerade noch dem Zugriff der Bauunternehmer hat entreißen können.

Es geht um 200 Millionen Mark, um die fünfzehn Kläranlagen im Land Brandenburg zu teuer (und damit überdimensioniert) ausgefallen wären, hätte der Rechnungshof nicht frühzeitig Einblick in die Planung genommen.

Es geht auch um die Folgekosten: So mancher Bürger hätte sich nach der sicher prunkvollen Einweihung gefragt, wieso er denn 20 (!) Mark pro Kubikmeter Abwasser zahlen muß, wenn Vergleichsgemeinden in den alten Bundesländern mit zwei Mark auskommen?

Verantwortlich für das finanzielle Desaster zeichnet das Ministerium für Umwelt, Naturschutz und Raumordnung, das zum Zeitpunkt der Prüfung die Errichtung von 80 neuen Kläranlagen bezuschußte. Dafür stellte das Ministerium von 1991 bis 1993 rund 680 Millionen Mark bereit. Bauträger sind stets die Gemeinden oder, falls sie die Kosten nicht allein tragen können, Abwasserzweckverbände. Zu diesen schließen sich die finanzschwachen Gemeinden zusammen, um miteinander eine Kläranlage sowie das dazugehörende Kanalisationsnetz und später den Betrieb der Anlage zu finanzieren. Bis zum Jahr 2005 sollen weitere 180 Anlagen errichtet sein.

Geprüft hat der Rechnungshof 41 laufende Bauvorhaben und kam bei 15 – mehr als einem Drittel – auf Bauvolumina, die nur noch als großkotzig zu bezeichnen sind.

Die Gründe dafür sind vielfältig:

- So hatte das Ministerium in den Jahren 1991 und 1992 Förderrichtlinien erlassen, die zwar die Aspekte des Gewässerschutzes, aber nicht die Aspekte der Kosten, der Wirtschaftlichkeit und der Finanzierbarkeit berücksichtigten. Effekt: Ein finanzielles Limit für bau- und wassertechnische Träume war nicht erkennbar.
- Die Bürgermeister und Gemeinderäte hatten die Ist-Zahlen der Bevölkerung und Industrie statt um realistische um schlankweg erträumte Zuwachsraten nach oben geschönt. So entstanden in den kleinsten Orten gigantische Projekte, die allenfalls bei der Vollindustrialisierung des Gemeindegebietes mitsamt der Übersiedelung Tausender neuer Einwohner berechtigt gewesen wären.
- Die technischen Beratungsfirmen, meist aus dem Westen stammend, hatten sich oftmals die Unerfahrenheit der Kommunalpolitiker zunutze gemacht und ihnen überdimensionierte Bauwerke vorgeschlagen und -gerechnet.
- Kamen die Politiker im Laufe der Zeit darauf, daß sie über den Tisch gezogen worden waren, so fielen teure Umplanungen an – an denen die Beraterfirmen (alt oder neu) wiederum gutes Steuergeld verdienten. Das kostete bei einer der geprüften Anlagen 5,1 Millionen Mark, womit die Kosten von ursprünglich geplanten 3,9 auf 9 Millionen Mark stiegen.
- Die Vorschriften für die Ausschreibungen der Arbeiten wurden nicht immer so besonders ernst genommen. Der Rechnungshof bemängelt, daß zu viele Gemeinden von der Möglichkeit der beschränkten Ausschreibung Gebrauch gemacht hätten. Darunter ist jenes Verfahren zu verstehen, bei dem die Bauämter nur eine

ausgesuchte Gruppe von Baufirmen um die Abgabe eines Angebotes bitten. Bei einer unbeschränkten öffentlichen Ausschreibung hingegen kann sich jeder beteiligen, der seine Leistungsfähigkeit und Seriosität unter Beweis stellt.
Beschränkte Ausschreibungen legen stets den Verdacht nahe, daß bestimmte Interessengruppen in einer Gemeinde bevorzugt behandelt werden.
Der Rechnungshof hat festgestellt, daß 21 Prozent (93 Millionen Mark) der im Feuer stehenden Investitionssumme in der Höhe von 440 Millionen Mark über eine beschränkte Ausschreibung vergeben wurden.
- In einigen Orten wurden Rohrleitungen auf Verdacht verlegt, ohne daß sichergestellt war, daß überhaupt in absehbarer Zeit eine Kläranlage gebaut würde. Die Kosten dafür überstiegen regelmäßig die Millionengrenze.
- Das Ministerium war nicht immer in der Lage, die Entwürfe, die ihm da vorgelegt wurden, auch baufachlich zu prüfen. So manche Bewilligung lief da nach dem »Wird-schon-stimmen«-Prinzip ab.
- Schließlich hatten die Beamten in den Ministerien oftmals übersehen, daß es auch möglich ist, eine Kläranlage so anzulegen, daß sie stufenweise ausgebaut werden kann. Statt dessen wurden Projekte abgesegnet, deren Kapazität bis weit in das nächste Jahrtausend reicht.

Jetzt stinkt es auch den Politikern im Landtag.

Berlin

Versoffen

Bei Richtfesten und Einweihungsfeiern wird gesoffen. Schließlich stehen eine Menge Bauarbeiter herum, und die Offiziellen kommen auch herbeigefahren. Für das staatliche Besäufnis gibt es sogar Richtlinien. Die sahen zum Beispiel beim Richtfest der Graf-Spee-Brücke in Berlin 1460 Mark und bei der Einweihung der Moltke-Brücke 4100 Mark vor.

Aber was ist das schon für ein Trinkgeld – so etwas gibt ein gestandener Politiker manchmal in einer Nacht ganz allein im Rotlichtmilieu aus. Mit 4100 Mark ist wirklich nichts Öffentlichkeitswirksames zu bewegen, geschweige denn mit 1460 Mark!

Also griff die Senatsverwaltung ein wenig in den prall gefüllten Geldbeutel, mit dem die Bauarbeiten bezahlt werden, und streute über die Graf-Spee-Brücke für 13000 und über die Moltke-Brücke für 36000 Mark Öffentlichkeitsarbeit.

Der Rechnungshof nährt mit diesen und anderen aufgedeckten Fällen den Verdacht, daß Öffentlichkeitsarbeit in Berlin nicht ausschließlich aus den dafür vorgesehenen Etatmitteln, sondern häufig aus den Mitteln der Baufinanzierung bezahlt wird.

Bund

Einreise im Angebot

Jeder Stempel kostet – auch der auf einem Visum. Daher existieren seit geraumer Zeit eine »Gebührenordnung zum Ausländergesetz« und ein »Ausländerkostengesetz«. Danach sollen Visa zum Selbstkostenpreis erteilt werden. Die Mitarbeiter der Auslandsvertretungen, Botschaften sowie Konsulate halten sich aber nicht daran. Etwa 2,5 Millionen Visaanträge pro Jahr zu bearbeiten, kostet allein an Personalaufwand 40 Millionen Mark. Etwa gleich viel wird über die Gebühren eingenommen. Die Sachkosten sowie die Kosten, die bei anderen Behörden, zum Beispiel dem Bundesverwaltungsamt, anfallen, bleiben jedoch bei der Gebührenfestsetzung unberücksichtigt. So kommt es, daß die Visagebühren für eine Einreise in die Bundesrepublik etwa ein Drittel der entsprechenden Gebühren Frankreichs oder der Niederlande ausmachen.

Im Zusammenhang mit seiner Recherche ist der Rechnungshof auf eine bedenkliche Nachlässigkeit der Botschaften und Konsulate gestoßen. Dort wird der Antragsteller nicht gründlich genug auf etwaige Vorstrafen oder Einreiseverbote überprüft, wie das eigentlich vom Gesetz so vorgeschrieben ist. 1990 zum Beispiel checkten die Botschaftsmitarbeiter in London nur bei 63 Prozent der Antragsteller, ob Hinderungsgründe für die Einreise in die Bundesrepublik vorlägen, in Delhi nur bei 36, in Teheran bei 35 und in Ankara gar nur bei 18 Prozent der Besuchswilligen. Der Rechnungshof: »Ausgewiesene Ausländer, abgelehnte Asylbewerber oder gesuchte Straftäter können so gegebenenfalls legal einreisen.« Ebenfalls wird auf diese Weise das graue Einschleusen von Asylbewerbern durch Familienmitglieder erleichtert.

Das Auswärtige Amt nimmt das alles nicht so schwer. Der Minister verweist darauf, daß die Regierung auf das Ansehen der Bundesrepublik zu achten habe, und das sei doch durch lange Warteschlangen vor den Konsulaten und Botschaften schwer beeinträchtigt.

Bund

Spielzeugautos

Postler, wollen sie etwas lernen, tun das am liebsten spielerisch, in den teuersten Hotels und in Erwartung einer rauschenden Orgie. Die Deutsche Telekom läßt zum Beispiel Seminare zur Fortbildung ihrer Mitarbeiter durchführen. Sehr gut!

Sie engagiert dafür Trainer und Berater auf dem freien Markt. Gut!

Sie führt diese Seminare gerne an Tagungsorten durch, die mit öffentlichen Verkehrsmitteln nur schwer zu erreichen sind. Na ja!

Sie läßt es zu, daß die Seminare in Hotels stattfinden, deren Zimmerpreise oft weit über 200 Mark pro Nacht liegen. Räusper!

Sie toleriert, daß vor allem bei Seminaren mit Führungskräften schon einmal Tischdekoration für 15 000 Mark anfällt. Schnaub!

Sie hat nichts dagegen, daß die Führungskräfte mit Tischkalendern und Miniaturautos bei Laune gehalten werden, die pro Stück so um die 60 Mark kosten und die nicht etwa der externe Trainer bezahlt, sondern der Postkunde. Brüll!

Sie moniert nicht, daß die Topbeamten auf Kosten der Steuerzahler die Minibar im Hotel leersaufen und sich über Pay-TV Pornos reinziehen. Keuch!

Sie findet es in Ordnung, daß ein arbeitsreicher Tag mit einer Kabarettgala ausklingt, die unter Brüdern nicht unter 10 000 Mark zu haben ist.

Verdammte Sch . . . e!

Berlin

Verrissen

Die Männer von der Feuerwache Lichtenrade in Berlin störte es nicht, daß an der neuen Decke ihrer Fahrzeughalle plötzlich Risse auftauchten. Dadurch wurden allerdings Reparaturkosten in Höhe von 5000 Mark fällig, die den Rechnungshof mißtrauisch machten.

Das Mißtrauen wuchs sich zu Argwohn aus, als der Senator für Bau- und Wohnungswesen sich beharrlich weigerte, die ausführende Firma in Regreß zu nehmen. Es bedurfte einiger massiver Schriftwechsel, bis sich die Beamten dazu bequemten, Gutachter herbeizuziehen.

Und dann kam's heraus: Die gesamte Wärmedämmung war falsch angebracht. Nicht weil der Unternehmer kriminell gehandelt habe – nein, die städtische Bauleitung hat die Pläne eigenmächtig verändert. Damit hatte sie zwar zunächst eine Menge Geld gespart, das sie jetzt aber, wegen einer möglicherweise notwendigen Sanierung, wieder ausgeben muß.

Ansonsten zeigt sich die Verwaltung weiterhin bemerkenswert halsstarrig.

Saarland

Schönes Theater

Oskar Lafontaine, der SPD-Mann mit der besonderen Nähe zu einer besonderen Art von Kultur und Geldbeschaffung, hat einen Weg gefunden, den Kulturbeflisseneren unter den Saarländern zur Juliwahl seine, Lafontaines, und der SPD Meriten ins Gehör zu blasen. Er ließ zu, daß die Saar-SPD mit 50000 Mark ein Musical mit dem kryptischen Titel »Kiosk Fanal« sponserte, das rechtzeitig vor den Kommunalwahlen im Juni auf Tournee geht. Das SPD-nahe Musical soll wachrütteln und nachdenklich stimmen.

Beim Bund der Steuerzahler und bei prominenten Politikkritikern wie Hans Herbert von Arnim (er hat die Diskussion unter anderem über Lafontaines Ministerpräsidentengehalt losgetreten) hat das Musikstückchen tatsächlich Nachdenklichkeit ausgelöst. Zum Beispiel darüber, wieso die SPD Gelder, die der Landtagsfraktion der SPD als Zuschüsse für ihre parlamentarische Arbeit bezahlt wurden, direkt in die Finanzierung des Wahlkampfes leitet.

Überhaupt steht die SPD des Saarlandes inzwischen in dem Verdacht, mit öffentlichen Geldern etwas großzügig umzugehen. So hat sie zum Beispiel aus ihrer Kasse erheblich zum Gelingen der Geburtstagsfeier des Ministerpräsidenten beigetragen. Dabei ist wichtig zu wissen, daß die SPD wie alle anderen Parteien in beträchtlichem Maße am Tropf der Steuerzahler hängt. Aber das war schon immer so: feierte der Potentat Geburtstag, stiegen hinterher die Steuern.

Schleswig-Holstein

Blitzsaubere Vermietverluste

Der betriebswirtschaftlichen Kreativität selbst der hochdotierten Forscher sind keine Grenzen gesetzt. Da gründete das Land Schleswig-Holstein im Jahre 1986 ein Forschungsinstitut, das sich mit Lasertechnik befaßt. Dazu war zunächst einmal die Etablierung einer GmbH vorgesehen. Das hatte den Vorteil der etwas flexibleren Investitionspolitik. Ein im Prinzip richtiger Ansatz – denn es geht nicht an, daß wissenschaftliche Kompetenz sich im Gerangel um Mittel und Manpower verliert.

Delikater wird die Angelegenheit allerdings, wenn für den wissenschaftlichen Betrieb erst einmal ein 10 Millionen Mark teurer Neubau errichtet werden soll und wenn Studenten und wissenschaftliche Hilfskräfte so mir nichts, dir nichts und per Telefon zum Beispiel fast 100000 Mark teure Geräte anschaffen.

Ein Privatmann, der Jahre auf die Baugenehmigung für sein Häuschen wartet und seiner Bank den Kauf jedes Nagels nachweisen muß, der wird auch bedenklich mit dem Kopf schütteln, wenn die erforderliche Baugenehmigung erst nachträglich eingeholt und wenn über die Verwendung der Gelder erst zwei Jahre nach Fertigstellung Rechenschaft geleistet wird.

Ganz besonders abstrus wird das alles aber, wenn der Wissenschafts-GmbH ein Gästehaus mit 18 Zimmern hinzugebaut wird, um Ärzte und Wissenschaftler, die an dem Projekt interessiert sind, unterbringen zu können.

Und die Grenze zur Farce wird spätestens dann überschritten, wenn der federführende Wissenschaftler, den das Land mit diesem

Spielzeug eigentlich hat halten wollen, dann doch das Land verläßt. Inzwischen dient das Gästehaus der preisgünstigen Unterbringung der eigenen Mitarbeiter – was der GmbH, die das Gästehaus noch immer betreibt, einige Verluste einbringt.

Sage keiner, Wissenschaftler wüßten nicht, wie sie der Wohnungsnot begegnen könnten.

Brandenburg

Fahrgeld für die Treuhand

Die Treuhandanstalt hat sich mit einigen Millionen aus dem Subventionstopf »Öffentlicher Personennahverkehr« bedient. Der Trick war so einfach wie wirkungsvoll:

Bevor die vormals der DDR gehörenden Busse an die Kommunen übergeben wurden, hatte die Treuhand den Personennahverkehr abgewickelt, aufgeteilt auf insgesamt 26 Unternehmen. Um dieser Aufgabe gerecht zu werden, hat das Ministerium für Stadtentwicklung, Wohnen und Verkehr allein bis Ende 1991 rund 227 Millionen Mark zur Verfügung gestellt. Etwas abbekommen aus dem Fördertopf hatten auch drei kommunale und acht private Verkehrsunternehmen.

Es war im Jahr 1990 wohl unvermeidlich, daß zunächst einmal mehr Geld als notwendig ausgeschüttet wurde, um die Busse und Bahnen am Laufen zu halten. Dafür hat auch der Rechnungshof volles Verständnis. Die Prüfer mußten aber ergrimmt feststellen, daß Ende 1990 die zuviel gezahlten Summen nicht etwa zurückgegeben, sondern einbehalten wurden. Das mag ja bei den privaten Busunternehmen noch einigermaßen nachvollziehbar – allerdings nicht entschuldbar – sein, denn im Chaos und in der Goldgräberstimmung der ersten Jahre ist wohl beim Wirtschaften nicht immer so genau aufs Geld geschaut worden.

Die kommunalen Verkehrsbetriebe und vor allem die Treuhandunternehmen hätten sich jedoch auf jeden Fall an die Spielregel der kommunalen Geldverwaltung halten müssen, die da lautet: Was am Ende eines Jahres nicht ausgegeben ist, fließt zurück.

Das ist zumindest nicht in vollem Umfang passiert. Hinzu kommt bei der Treuhand, daß diese ein wenig mit den Abschreibungen gespielt hat. Und zwar in der Form, daß sie statt für 40 Millionen Mark, die ihr aus den Abschreibungen zur Verfügung gestanden haben, nur 22 Millionen Mark investiert hat – die Differenz, zu dieser Überzeugung ist zumindest der Rechnungshof gekommen, hat sie in die eigenen leeren Kassen gesteckt.

Zudem sieht es so aus, als ob Überschüsse, die bei den Verkehrsunternehmen der Treuhand erwirtschaftet wurden (so etwas gibt es!), bei der Kommunalisierung nicht den danach selbständigen Firmen übertragen wurden. Etwas einfacher ausgedrückt: Die Treuhand hat diese Überschüsse, eigentlich ein Vermögen der Verkehrsbetriebe, in die eigene Tasche gesteckt.

Diese Mittel fehlten den Unternehmen spätestens dann, als sie in den Besitz der Städte übergegangen sind, und minderten die Investitionskraft der jungen Betriebe.

Damit nicht genug. Nach der Privatisierung (oder Kommunalisierung) wollen die Firmen sich nur ungern von den zuviel gezahlten Geldern trennen. Manchen war es sogar gelungen, den Geldstrom direkt auf Festgeldkonten zu lenken. Bei einem der geprüften Unternehmen fand sich ein Festgeldguthaben von 1,1 Millionen Mark. Selbstredend sahen sich die Manager dort noch immer als bedürftig genug, weiterhin Subventionen zu verlangen.

Ein anderes Unternehmen kaufte aus Mitteln, die für den öffentlichen Nahverkehr bereitgestellt waren, Reisebusse – eine deutliche Zweckentfremdung von Steuergeldern.

Dann subventionierte das Ministerium gleich zweimal: Erstens die Mietzahlungen für Busse, die für einen späteren Zeitpunkt laut Gesetz den Kommunen unentgeltlich übertragen worden wären, und zweitens eben durch diese Schenkung. Ganz besonders dreist stellte es jener Unternehmer an, der mit Subventionsgeldern unter anderem LKWs gekauft hat.

Dem Ministerium sei eine einzige Entschuldigung zugebilligt: Es hat alle Augen zudrücken müssen, weil einige der Busunternehmer drohten, bei einem Stop des Geldflusses den Nahverkehr aufzugeben. Das aber wollte kein Politiker auf sich nehmen. Sollte die Treuhand zu denen gehört haben, die auf diese Weise Geld erpreßten, macht das die Sache sicherlich nicht appetitlicher.

Der Schaden, der dem Land Brandenburg entstanden ist, liegt zunächst einmal bei 44 Millionen Mark. Diese Summe nennt der Rechnungshof als Betrag, den das Ministerium gefälligst zurückzufordern habe.

Sachsen

Sachsentag – Bürokratentag

Die Einheit der Sachsen wiederherzustellen – welch heiterer Gedanke! Um so etwas wie eine intellektuelle und landsmannschaftliche Waffenbrüderschaft herbeizuführen, hat sich Ministerpräsident Dr. Kurt Biedenkopf einen »Tag der Sachsen« ausgedacht. Und er hat auch gleich all jenen, die sich mit der Ausrichtung dieses Tages befassen wollten, 825000 Mark bereitgestellt; 744000 Mark davon wurden ausbezahlt.

Die Begeisterung war riesig: 1090 Anträge auf Fördermittel gingen ein; 300 wurden bewilligt, 240 ausgezahlt. Die Beträge schwankten zwischen 63 (in Worten: dreiundsechzig) und 24244 Mark; im Mittel lagen sie bei 3100 Mark.

Den größten Einzelbatzen Geld vereinnahmten, wie könnte es anders sein, die Beamten und jene Politiker, die in einem »Kuratorium Tag der Sachsen« (25 bis 35 Mitglieder) zusammengefaßt sind, dem selbstverständlich ein Präsidium vorsteht und das über eine Geschäftsstelle verfügt. 17 Prozent der zur Verfügung gestellten Gelder flossen in deren Verwaltung – exakt 125000 Mark und 17 Pfennig. Damit kostete jede Bewilligung durchschnittlich 520 Mark.

Damit den Beteiligten die Arbeit so recht Spaß macht, hat das Staatsministerium die Bewilligung der Fördergelder nach dem Muster kindlicher Spiele wie »Hüpfekästchen« ausgerichtet: Mal hierhin, mal dorthin springen, am besten auf einem Bein, nie die Balance verlieren und aufpassen, nicht auf den Strich zu kommen – hier auf den Verweigerungsstrich des Bewilligers mit seinem dicken roten Filzstift.

Das Spiel geht so: Wer meint, etwas Substantielles zum »Tag der Sachsen« beitragen zu können, schreibt erst einmal formlos an die Geschäftsstelle. Die erfaßt die Anträge und legt sie dem Präsidium vor. Das entscheidet bei einer seiner Tagungen, ob der Antrag gleich abgelehnt wird oder ob er am weiteren Auswahlverfahren teilnehmen darf. Die, deren Antrag abgelehnt wird, erhalten einen entsprechenden Bescheid, gegen den sie theoretisch vor dem Verwaltungsgericht klagen könnten. Die, deren Antrag im Präsidium des »Tages der Sachsen« gutgeheißen wird, erhalten eine Vorabzusage. Damit ist noch nichts entschieden. Wer sich drauf verläßt und schon einmal mit den Vorbereitungen beginnt, könnte später immer noch von einer Absage überrascht werden.

Während die Ab- oder Zusagen noch auf dem Postweg sind, beginnen die Mitarbeiter der Geschäftsstelle mit einer sehr verantwortungsvollen Arbeit: Sie formulieren das Protokoll über das, was auf der Präsidiumssitzung bekakelt wurde. Auszüge davon gehen an das Haushaltsreferat der Staatskanzlei.

Dort vergammeln sie selbstverständlich nicht, sondern werden gesichtet. Meinen die Mitarbeiter im Haushaltsreferat, es handle sich um eine gute Sache, was der Antragsteller da plant, erfolgt hier und nirgendwo anders die Bewilligung. Treten aber Zweifel auf, fordert das Haushaltsreferat die Antragsunterlagen an, um darüber noch ein wenig zu brüten. Wenn nötig, rufen die Beamten des Haushaltsreferats auch bei ihren Kollegen von der Geschäftsstelle »Tag der Sachsen« an und sächseln ein wenig über die Sache.

Die Geschäftsstelle erhält die Unterlagen dann auf jeden Fall zurück mit der Auflage, den Antrag noch einmal zu überprüfen. Ist das geschehen, geht der überarbeitete Antrag erneut an das Haushaltsreferat zur weiteren Begutachtung. Erweist sich der Antrag jedoch als wenig sinnvoll, geht er von der Geschäftsstelle und ohne weitere Bearbeitung erst zur Poststelle und dann an den Antragsteller zurück.

Über die Bewilligungen schreibt dann ein Mitarbeiter des Haushaltsreferats einen Bewilligungsbescheid. Dafür benötigt er:

- 1 Formblatt Erklärung/Empfangsbescheinigung;
- 1 Formblatt Verwendungsnachweis (mit dem spielen die Beamten

des Haushaltsreferats und der Geschäftsstelle sowie möglicherweise auch des Rechnungshofes etwas später noch viele schöne Spiele) und

– 1 Ausgabe »Allgemeine Nebenbestimmungen für Zuwendungen zur Projektförderung«.

In dieser Phase kooperieren die Mitarbeiter des Haushaltsreferats vertrauensvoll mit der Druckerei der Staatskanzlei, obgleich die Zusammenstellung der Unterlagen nicht etwa den geringer dotierten Mitarbeitern der Druckerei obliegt, sondern den Topkräften des Haushaltsreferates.

Sind die Briefe mit den Bewilligungen fertig, bekommt der ganze Staatsakt noch einen Hauch interministerieller Weihe: Die Briefbündel gehen jetzt an die Poststelle des sächsischen Innenministeriums. Warum dorthin, ist nicht so recht einsehbar; vielleicht steht da eine leistungsfähigere Frankiermaschine.

Jetzt erst können die festlich gestimmten Sachsen sich an die Arbeit machen, ihren speziellen Beitrag zum »Tag der Sachsen« vorzubereiten. Sie müssen aber aufpassen, daß sie den Kauf jeder Reißzwecke und jeder Musikkassette, jeder Girlande mit den sächsischen Landesfarben und jeder Bratwurst nicht nur richtig quittieren lassen, sondern auch, daß er exakt nach den Vorschriften der »Allgemeinen Nebenbestimmungen für Zuwendungen zur Projektförderung« erfolgt.

Denn nicht umsonst gibt es ja das Formblatt »Verwendungsnachweis«, das die Mitarbeiter im Haushaltsreferat zurückbekommen möchten, um es später genau zu prüfen. Denn erst danach darf der Förderbetrag bereitgestellt, jedoch noch nicht ausgezahlt werden. Denn die entsprechende Auszahlungsanordnung geht zunächst an die Landesoberkasse, die überhaupt erst berechtigt ist, mit der guten deutschen Steuermark zu hantieren. Die Oberkasse fertigt dann die entsprechenden Überweisungen aus und schickt das Geld, erst nach Anforderung der örtlichen Festkomitees übrigens, auf die hoffentlich richtigen Konten.

Alles ganz einfach, oder? Vielleicht doch nicht, denn von den 1992 rund 300 bewilligten Fördersummen wurden am Schluß nur 240 auch wirklich ausbezahlt.

Sachsen-Anhalt

Luftbauten

Im Landeskrankenhaus zu Haldensleben in Sachsen-Anhalt werden wohl auch Gespenster und sonstige Unsichtbare hervorragend betreut. Für sie sind sogar unsichtbare Bäder und Toiletten eingebaut worden, für die das Ministerium für Arbeit und Soziales jedoch sehr sichtbare 1,067 Millionen Mark an Abschlag bezahlt hat. Die Mitarbeiter des Rechnungshofes, die sich die vorgeblich zwölf Sanitäranlagen einmal anschauen wollten, weil diese ihnen ein wenig teuer vorkamen, fanden jedenfalls nichts, was den in der Rechnung beschriebenen Objekten entsprechen könnte.

Was die Prüfer hingegen fanden, das waren zwölf Sanitäranlagen, für die die Firma bereits in voller Höhe, ebenfalls 1,067 Millionen Mark, bezahlt worden ist. Somit liegt zumindest die Vermutung nahe, daß hier zweimal dieselbe Summe für dieselbe Leistung berechnet und ausgegeben wurde.

Es kommt noch mysteriöser: Die beteiligte Firma hat die Arbeiten für die realen Sanitärobjekte einem anderen Unternehmen überlassen. Der Subunternehmer hat dafür vom Generalunternehmer (dem mit den zwei Rechnungen) 841 000 Mark erhalten, abzüglich, wie der Subunternehmer berichtete, zehn Prozent »Vermittlungsprovision«.

Auf diese 841 000 Mark wiederum hat der Generalunternehmer seinerseits 387 000 Mark Aufschlag berechnet – demnach rund ein Drittel der Endsumme. Wohlgemerkt: Für keine weitere Leistung als das Umschreiben von Rechnungen.

Jetzt ist das Ministerium am Zug. Zitat aus dem Bericht des Rechnungshofes: »Der Landesrechnungshof hat auf mögliche Straftatbestände hingewiesen.« Bewirkt hat das bislang wenig.

Bund

Ungespitzt in den Boden

Der Leser wird verstehen, wenn er den Skandal um das Landesystem Setac der Luftwaffe hier nur in der schlichten Größe seiner Umrisse kennenlernt. Geht es doch darum, 300 Millionen abzüglich 15315 Mark nachzutrauern. Da braucht es nur weniger Worte.

1. Zwischen 1968 und 1988 bemühte sich das Bundesministerium für Verteidigung, zusammen mit dem Bundesamt für Wehrtechnik und Beschaffung, ein eigenes Landesystem für ihre Düsenjäger auf die Beine zu stellen.
2. Das ging trotz nahezu 300 Millionen Mark investierter Forschungsgelder unwiderruflich schief.
3. Der Bundestag beschloß im März 1988, das Katastrophenprojekt zu begraben, und forderte das Ministerium auf, möglicherweise noch verwertbare Gerätschaften zu verscherbeln.
4. Am 13. Juni 1988 erhielt ein Unternehmensberater den Auftrag, die Vermarktungschancen zu erkunden. Dafür erhielt er 300000 Mark.
5. Am 16. Oktober 1990 kam heraus, daß das Geraffel namens Setac in einem bundeseigenen Lager der Herstellerfirma zusammengekehrt worden sei. Lagerkosten: eine Million Mark pro Jahr, von Januar 1989 bis Oktober 1992.
6. Oktober 1992: Verramsch der Setac-Trümmer. Erlös aus dem Notverkauf: 15315 Mark.

Wer jetzt vor Wut platzt, bekommt den Friedensnobelpreis.

Schleswig-Holstein

Baden gelernt

Reisen bildet – dieser Grundsatz des Tourismusgewerbes wird jetzt auch vorbehaltlos vom Sozialministerium des Landes Schleswig-Holstein anerkannt. Die Beamten dort sind unter anderem dafür zuständig, Bildungsreiseangebote daraufhin zu prüfen, ob es sich dabei um förderungswürdige Weiterbildungsprogramme handelt.

Das hat für die Arbeitnehmer erfreuliche Folgen: Ist diese Anerkennung erst einmal erteilt, muß der Chef den dafür benötigten Urlaub genehmigen – und voll bezahlen. Natürlich auch der Staat als Arbeitgeber.

Grund genug für den Rechnungshof, sich einmal mit den Inhalten derartiger Reisen zu befassen. Vor allem der Reisen in den sonnigen Süden, wo der Verdacht zumindest naheliegt, daß der eine oder andere Teilnehmer lieber schwimmen lernt als etwa die Feinheiten der griechischen Sprache oder über die Probleme des Busnetzes in Athen büffelt.

So pickten sich die Beamten des Rechnungshofes eine 14tägige Studienreise nach Griechenland aus dem umfangreichen, offiziell anerkannten Bildungsangebot eines professionellen Tourismusunternehmens und kamen auf eine merkwürdige Diskrepanz zwischen den dem Sozialministerium vorgelegten Inhalten und dem tatsächlichen Ablauf.

Statt des differenzierten und sehr kompakten Lernstoffes fand in der ersten Woche des Bildungsurlaubs eine Rundreise durch das wahrlich besuchenswerte Griechenland statt. Die zweite Woche gestaltete sich sehr angenehm als Badeurlaub.

Der Rechnungshof schließt daraus, daß das Sozialministerium es nicht nur als seine Pflicht ansehen müßte, die potemkinschen Bildungsdörfer nicht allein bei ihrer Präsentation in Augenschein zu nehmen, sondern auch die tatsächliche Durchführung zu begutachten. Darüber hinaus sei es angebracht, bei der Anerkennung von Bildungsreisen kritisch und restriktiv vorzugehen.

Mecklenburg-Vorpommern

Kurze Amtszeit, langes Wohnen

Minister leben gefährlich. Das beweist die manchmal nur kurze Dauer ihrer Amtszeit. Dafür sollen sie aber auch sicher und besonders komfortabel wohnen. Und es scheint, als gäbe es eine besondere Regelung, nach der der Wohnkomfort um so beträchtlicher ausfallen muß, je kürzer die Amtszeit dauert.

Der ehemalige Minister für Justiz, Bundes- und Europaangelegenheiten von Mecklenburg-Vorpommern, Dr. Ulrich Born, wohnt besonders komfortabel in einem Haus direkt am Ufer eines der vielen idyllischen Seen Schwerins. Die Wohnung wurde ihm seinerzeit zugewiesen, als er noch in Amt und Würden war. Das ging so einfach nicht, war doch das Anwesen nach Meinung des Landeskriminalamtes Hamburg so ungünstig gelegen, daß dem Würdenträger keine ausreichende persönliche Sicherheit garantiert werden konnte.

Trotzdem versteifte sich Dr. Born darauf, gerade hier einzuziehen, und die Bauherrengemeinschaft, der die Villa gehörte, wollte auch an keinen anderen Ministerialen vermieten als an den Minister höchstpersönlich. Finanzministerin Bärbel Kleedehn, welche die Einweisung des Ministers in die Wohnung als einzige verfügen konnte, war gar nicht so einverstanden mit dem Gesuch, beugte sich aber schließlich doch dem Ruhe- und Komfortbedürfnis ihres Kollegen.

Dafür mußte sie aber einiges bezahlen. Zum Beispiel umfangreiche zusätzliche Einbauten von Sicherheitseinrichtungen, die zunächst einmal, in der Planungsphase, das Nonplusultra der sicherheitstechnischen Entwicklung darstellten. Denn auch das muß berücksichtigt werden in der Psyche eines Ministers: Je mehr Geld die Bürger auszugeben gezwungen werden, seinen kostbaren Körper vor Beschädigung zu schützen, um so wert- und bedeutungsvoller fühlt er sich.

Allerdings mußte Dr. Born es hinnehmen, daß das Sicherheitskonzept dann doch auf eine Höhe heruntergefahren wurde, die nur mehr Kosten von fast einer viertel Million Mark generierte – immerhin.

Nun gibt es eine Verordnung, daß Minister, so sie geschaßt werden, noch drei Monate in ihrer Amtswohnung bleiben dürfen. Es ist eben für einen hochrangigen Politiker nicht so leicht, eine neue Bleibe zu finden; vor allem nicht in der subventionierten Preisklasse, wie das bei den Amtswohnungen der Fall ist.

Daher war es auch nur ein Akt der sozialen Fürsorge, der das Justizministerium bewog, einen Vertrag zu unterzeichnen, nach dem die Wohnung nicht nur für drei Jahre bis zum 31. März 1995 als Amtswohnung durch das Land angemietet wurde, sondern daß das Land zugleich eine Option auf weitere drei und die Möglichkeit auf Anmietung für noch einmal drei Jahre erhielt. Der Vertrag war so geschickt formuliert, daß die Option nicht vom Land ausgesprochen werden mußte, sondern von dem Privatmann Born, seinerzeit noch Minister. Das hatte zur Folge, daß der Politiker, sollte er einmal nicht mehr Minister sein, noch lange in der komfortablen und höchst gesicherten Wohnung am Seeufer würde leben können.

Daß es dort auch behaglich zugehen würde, dafür hatte das Land Mecklenburg-Vorpommern zu sorgen. Zwischen dem 9. und 13. März erteilte das Landesbauamt Schwerin insgesamt sechs Aufträge: Maurerarbeiten, Sicherheitsverglasung, Malerarbeiten, Elektroinstallationen, Telefonanlage und Maßnahmen zum Sichtschutz – zunächst einmal für insgesamt 160000 Mark. Der Architekt, der das alles plante und beaufsichtigte, durfte auf ein Honorar von 27903 Mark hoffen. Dieses wurde in einem Vertragsentwurf des Landesbauamts fixiert, den der Architekt am 1. Juni 1992 unterzeichnete.

Davor ereignete sich aber Seltsames: Am 13. März, also noch bevor er in die Amtswohnung einziehen konnte, wurde Minister Dr. Born entlassen. Trotzdem standen am 1. April die Möbelwagen vor der Villa – Privatmann Dr. Born begehrte, mit dem Hinweis auf die Option, Einlaß. Niemand konnte ihn daran hindern, die Amtswohnung des Ministers für Justiz, Bundes- und Europaangelegenheiten zu beziehen. Und es geschah noch etwas Merkwürdiges: Zwei Tage, nachdem Privatmann Dr. Born in die Ministerwohnung eingezogen war, teilte das Ministerium für Justiz, Bundes- und Europaangelegenheiten der Finanzministerin mit, die so teuer eingerichtete Wohnung würde jetzt nicht mehr als Amtswohnung benötigt.

Dem Landesbauamt gelang es daraufhin gerade noch, drei Ausbauaufträge zu stornieren; jene für Maurerarbeiten, Sicherheitsverglasung und Elektroinstallation mußten jedoch bezahlt werden – 33 320 Mark und 37 Pfennig.

Was macht jetzt wohl Privatmann Dr. Born in seiner sicherheitsmäßig heimeligen Wohnung am See? Er privatisiert.

Niedersachsen

Queens Ruhe

Manchmal braucht die Queen Erholung von den ewigen Querelen mit ihren Söhnen, Schwiegertöchtern und der ganzen restlichen Bande. Dann setzt sie sich in ihren königlichen Flieger und macht rüber nach Deutschland. Dort stehen ihre strammen Jungs: die Soldaten der Rheinarmee.

Die deutschen Gastgeber wissen um das Bedürfnis der Queen nach Idylle; und sie wissen, daß es immer wieder Menschen gibt, die der Dame gerne einige unruhige Minuten bereiten würden – Lurer oder Terroristen.

Daher gilt bei Queenbesuchen stets die höchste Sicherheitsstufe; und die Deutschen, die für ihren Gast verantwortlich sind, haben die Scherereien. Nicht, daß vielleicht die britischen Kommandeure einmal überlegten, ihre oberste Chefin nicht doch lieber Truppenparaden dort abnehmen zu lassen, wo der Aufwand für die Sicherheitsvorkehrungen den Gastgebern nicht allzutief in den Geldbeutel schneidet.

Nein, sie mußten ihre martialische Fete am 3. November 1993 im Hof einer Kaserne in Hameln abhalten. Der aber ist von einem Altenheim her sehr gut einsehbar. Was also tun, wenn man vermeiden will, daß jeder alten Dame ein Scharfschütze ins Zimmer geschickt wird? Man strahlt das Heim während der Nacht, wenn die Königin zuerst die Gutnachtparade abnimmt und dann ihr Haupt auf die Federn bettet, mit den stärksten nur möglichen Scheinwerfern an. Die Kosten hat selbstverständlich der deutsche Gastgeber zu tragen. Die Heiminsassen hatten doppelten Ärger: Von den Scheinwerfern weitgehend geblendet, konnten sie nicht einmal die aktuelle königliche Hutmode genauer in Augenschein nehmen. Schlafen hingegen ging auch nicht; dazu schienen die Flaklichter viel zu hell in die Kämmerlein.

Hamburg

Selbstbedienung im Tresor

Beim Abschluß der Sanierung ihrer asbestverseuchten öffentlichen Gebäude wird die Stadt Hamburg, nach jetziger Schätzung, rund eine halbe Milliarde Mark dafür ausgegeben haben. Wer jedoch den Kostengalopp bei öffentlichen Bauvorhaben kennt, der wird sich später nicht wundern, wenn aus der halben eine oder gar zwei Milliarden Mark geworden sind.

Bereits 199[illegible] merkte der Rechnungshof in einem Bericht an, daß die Hamburger sich bei der Sanierung offensichtlich besonders luxuriöser Maßnahmen bedienen. Der Rechnungshof: »Wenn Hamburg nur solche Maßnahmen durchführen würde, die nach den bundesweit gültigen Vorschriften notwendig sind, ließen sich zumindest vorerst Ausgaben von rund 35 Millionen Mark vermeiden.«

Was ist die Ursache für die Geldverschleuderei? Zunächst sei zur Entlastung der Behörden betont, daß es sich bei der Sanierung um eine völlig neuartige Aufgabe handelt. Es sind umfangreiche Schutzmaßnahmen notwendig, die erst noch entwickelt und erprobt werden müssen.

Des weiteren drängen Firmen in den Markt, deren Seriosität und Kompetenz nicht immer garantiert ist. Hier und da mag eine Ausschreibung daher auch zugunsten eines unternehmerischen Windeies entschieden werden. Die Unsicherheit mit dem Teufelszeug zeitigt aber groteske Entscheidungen, bei denen selbst der toleranteste Kritiker ins Grübeln kommen muß.

Wieso eigentlich wird mit der Sanierungsplanung des Polizeipräsidiums ausgerechnet die Landespolizeiverwaltung beauftragt, die davon noch weniger Ahnung hat als die eigentlich zuständige Bauverwaltung?

Wieso geht der Generalauftrag an ein Consultingunternehmen, das mit so großen Vollmachten ausgestattet ist, daß es sich nahezu um eine direkte Aufforderung zum unbeschränkten Griff auf die Stadtfinanzen handelt? Unter anderem ist die Consultingfirma befugt, die üblichen Ausschreibungsrichtlinien außer acht zu lassen. Der Rechnungshof bemängelt daher, daß das Verfahren »den Grundsätzen der Wirtschaftlichkeit und Sparsamkeit« nicht entspricht.

Erste Auswirkung: Die zunächst von der Verwaltung kalkulierte Kostenschätzung in Höhe von 8,4 Millionen Mark ist inzwischen, nach ersten Schätzungen der Consultingfirma, auf satte 100 Millionen angewachsen.

Da stellt sich die Frage, ob nicht ein Neubau des verseuchten Präsidiumbaues (es handelt sich um den dritten Bauabschnitt des Gebäudes) preiswerter gekommen wäre.

Andere Behörden sehen in der zwingend notwendigen Sanierung asbestverseuchter Bauten ebenfalls die Aufforderung zur ungenierten Selbstbedienung. Wer will schon verantworten, so das Kalkül, daß Kinder länger als unbedingt notwendig in kontaminierten Gebäuden ausharren müssen? Und wer wird sich getrauen, unter dem Druck der Öffentlichkeit schnelle und ad hoc entschiedene Maßnahmen mit der spitzen Feder nachzurechnen?

So hat der Rechnungshof auch den Verdacht, daß aus dem zwangsläufig gut gefüllten Sanierungstopf auch andere Baumaßnahmen finanziert werden. Solche zum Beispiel, die unter normalen Bedingungen keinerlei Chance zur Realisierung hätten.

Beim Gymnasium Willhöden ist der Rechnungshof einer solchen Trickserei offenkundig auf die Spur gekommen. Dort mußten ursprünglich sechs Pavillons abgerissen werden. Um die in der Schule verfügbaren Ersatzräume herrichten zu können, wurden der Behörde für Schule, Jugend und Berufsbildung 800000 Mark zur Verfügung gestellt.

Die Sanierungsmaßnahmen fielen aber in eine Zeit, in der es aufgrund veränderter Schülerzahlen notwendig wurde, das ursprünglich vierzügige Gymnasium in ein dreizügiges umzuwandeln. Es ergab sich zudem, daß dabei einige Um- und Neubauwünsche anfielen. Diese kosteten insgesamt 2,85 Millionen Mark, die eigentlich die zuständigen Parlamentarier hätten bewilligen müssen. Da das aber nicht zu erwarten gewesen wäre, bediente sich die Behörde praktischerweise aus dem Asbesttopf.

Berlin

Jugend und Sport schnorrt

Nicht die Jugendlichen, die das Jugendgruppenhaus im Bezirk Berlin-Charlottenburg nutzen, sind mit der unfreundlichen Überschrift angesprochen, sondern die Abteilung Jugend und Sport der Bezirksverwaltung, die sich Geld aus Töpfen geholt hat, in die sie in dieser Form keinen legalen Zugriff hatte.

Es geht um ein unterbelegtes Kinderheim, das in ebendieses Jugendgruppenheim mit 60 Übernachtungsmöglichkeiten umgewidmet werden sollte, ohne daß zusätzliche Kosten entstünden. In dem Haus an der Glockenturmstraße übernachten jetzt Mitglieder von Sportvereinen, unter anderem auch solche aus den Partnerstädten. Die kostenneutrale Umwidmung für den neuen Zweck wäre bei einem Kinderheim sicher leichtgefallen. Die Architektur ist hier ja ebenfalls auf Übernachtungen in kleinen Gruppen ausgelegt. Versprachen zumindest die Beamten des Bezirksamtes und die involvierten Politiker.

Aber irgendwas mußten die Bezirksplaner falsch bedacht haben, denn plötzlich standen Rechnungen über 278000 Mark an. Um die bezahlen zu können, stachen die Beamten fremde Portemonnaies an. Zum Beispiel das für den Unterhalt von Bauten, für die die Bezirksverwaltung verantwortlich ist. Ein bißchen was herausrücken mußte auch der Etat für Jugendpflegestätten. Im Haushaltsplan jedenfalls war für das Gruppenheim kein Geld vorgesehen.

Was die Bezirkspolitiker und -beamten wohl weiterhin nicht voraussehen konnten: Ein Jugendgruppenheim, wenn es von Gästen belegt wird, kostet ja auch die Bewirtschaftung. Die Gäste wollen verpflegt werden, die Heizung muß funktionieren, Wasser muß fließen, und Licht soll auch brennen. Mit zwischen 80000 und 100000 Mark beziffert der Rechnungshof die Folgekosten aus der Umwidmung.

Auch hierfür war kein Geld vorhanden – aber Bezirkspolitiker sind kreativ. Sie gründeten einen »Verein zur Förderung des Jugendgruppenhauses Glockenstraße e. V.«, dem Mitarbeiter des Bezirksamtes (!), Bezirksverordnete (das sind die Politiker) und Mitglieder der Sportarbeitsgemeinschaft des Bezirkes (Nachtigall, ick hör' dir trapsen!) angehören.

Die Bezirksverwaltung und der Verein wiederum schlossen einen Kooperationsvertrag, nach dem der Verein die Bewirtschaftung des Heimes übernehmen sollte, aber nur, was das Kassieren der Nächtigungsentgelte sowie den Kauf von Lebensmitteln, Verbrauchsgütern und Inventar anbelangte. Die übrigen Kosten übernahm, großzügig wie sie nun einmal ist, die Bezirksverwaltung. Und zwar auf sehr verschleiernde Weise. Wenn Anmelde- und Belegungsformulare geschrieben werden müssen, wenn das Frühstück ausgeteilt wird, wenn die Zimmer gereinigt und die Schlüssel verteilt werden – dann sind stets Mitarbeiter des Sport- und Bäderamtes oder des Amtes für Familien- und Heimpflege vor Ort. Sie verrichten diese Arbeiten in ihrer Dienstzeit und anstelle ihrer originären Aufgaben.

Kosten, die nicht vom Verein aufgebracht werden können, zum Beispiel die für Strom, Müllabfuhr oder ungedeckte Verpflegungsaufwendungen, laufen über vielerlei Konten des Senators für Jugend und Sport. Damit handelt es sich bei dem Jugendgruppenheim um eine Art haushaltstechnisches Phantom. Daß es als solches von vornherein geplant war, das belegen, so der Rechnungshof, in den Akten gefundene Vermerke und der interne Schriftwechsel.

Sie sind wirklich kreativ, die Bezirkssportler, -beamten und -politiker in Berlin-Charlottenburg. Ob sie auch dem rächenden Schwert des Regreßengels entgehen werden, das ist noch nicht entschieden. Denn, so der Rechnungshof, »der Vorgang ist noch nicht abgeschlossen«.

Baden-Württemberg

ADAC beschenkt

Der Neid ist eine der größten Triebfedern im menschlichen Leben. Und da Manager auch Menschen sind, vor allem die Vereinsmeiermanager, ist der Neid auch eine der größten Triebfedern in der Wirtschaft. Speziell wenn einer etwas geschenkt bekommt, will der Konkurrent selbstverständlich dasselbe möglichst in der besseren Ausführung ebenfalls haben. Dabei spielt unterschiedliche Bedürftigkeit nicht die geringste Rolle mehr, auch nicht der Gedanke an den Gemeinnutz.

Der ADAC ist so eine Unternehmung, die es eigentlich nicht nötig hat, sich von der öffentlichen Hand beschenken zu lassen. Es begab sich aber, daß das baden-württembergische Verkehrsministerium im Jahre des Autos 1991 der Landesverkehrswacht einen Fahrsimulator überließ. Das ist ein Gerät, das zur Verkehrserziehung eingesetzt wird und in dem sich Fahrschüler wie in einem Auto vorkommen können: Auf einem Bildschirm erscheinen virtuelle Verkehrssituationen, auf die sie dann, wie im richtigen Fahrzeug, reagieren müssen.

Solch ein Gerät kostete 1991 das Verkehrsministerium exakt 140260 Mark. Die Verkehrswacht, eine Institution, die von der öffentlichen Hand getragen wird, brauchte nur die Betriebskosten zu übernehmen.

Der baden-württembergische ADAC kam hinter diese großherzige Gabe und wurde richtig ein bißchen gelb vor Neid. Und weil das beim ADAC immer sehr gefährlich wird, erfüllte ihm, dem privaten Verein mit dem riesigen Vermögen, das Verkehrsministerium auch schnell den Wunsch, ebenfalls mit einem Fahrsimulator aufwarten zu können. Am 1. Dezember 1992 war dann für den ADAC Tag der Bescherung – der Simulator, Kostenpunkt jetzt 153000 Mark (einschließlich Mehrwertsteuer), stand auf dem Hof.

Wie das so ist bei teuren Geschenken – der Schenker muß manchmal schwer dafür sparen. So auch das Verkehrsministerium. Exakt ein Drittel des 1992 für die Verkehrserziehung bereitgestellten Etats sparte sich das Ministerium vom Munde ab, um dem Gelben Riesen den großen Kinderwunsch erfüllen zu können. Sei's drum – statt Kindergartenkinder auf die Gefährdungen des Straßenverkehrs vorzubereiten, dürfen jetzt Möchtegernrennfahrer zum Beispiel auf Messen und Ausstellungen ihre Reaktionsgeschwindigkeit testen.

Die Reaktionsgeschwindigkeit von Politikern auf die Wünsche mächtiger Interessengruppen hingegen braucht jetzt nicht mehr weiter untersucht zu werden.

Niedersachsen

Dauerhänger

Wenn die Politiker mit den Industriellen Absprachen treffen – dann hat der Steuerzahler hinterher oft genug das Nachsehen. In Niedersachsen, damals unter CDU-Regierung, lief 1989 ein Geschäft an, von dem bisher nur sicher ist, daß es weit mehr gekostet hat als die veranschlagten 66 Millionen Mark, und seinen primären Zweck, nämlich den Hafen Emden aufzuwerten, nicht erfüllt. Den sekundären Zweck, das Gebiet um Emden für die Volkswagen AG attraktiv genug zu machen, daß sie dort 400 Arbeitsplätze schafft, hat die Landesregierung allerdings erreicht. Das sei ihr konzediert.

Es geht um den Emdener Containerhafen. Als die Volkswagen AG seinerzeit einen hafennahen Standort suchte, kam auch Emden in die Diskussion. Für den Ministerpräsidenten wird es nicht schwergefallen sein, bei der Unternehmensleitung mit seinem Ansinnen auf offene Ohren zu stoßen; immerhin hält das Land Niedersachsen an der VW AG knapp zwanzig Prozent Anteile.

Trotzdem muß sich das Management unerwartet halsstarrig gezeigt haben, denn es luchste der Landesregierung das Versprechen ab, den Hafen so auszubauen, daß er sich für den Containerverkehr eignete. Was hieß: Flächenbefestigung, Hallentiefgründung, Verkehrserschließung und was es sonst noch so braucht an logistischen Einrichtungen.

So weit könnte dieser Vorgang noch als überaus übliche Spielart verdeckter Subventionierung eingestuft werden. Bis sich dann herausstellte, daß der nagelneu hergerichtete Containerhafen in Emden in den Augen der VW-Bosse für deren Zwecke doch nicht geeignet ist. Und daß es keinerlei vertragliche Vereinbarungen zwischen Regierung und Unternehmen gibt, die letztere dazu verpflichtet, das teure Logistikgeschenk auch zu nutzen.

Die Folge: Das Emdener Logistik-Zentrum, das im Auftrag der Volkswagen AG Autoteile in aller Herren Länder verschickt, tut das nicht etwa von der Emdener Rampe aus, sondern ex Bremerhaven.

Das war natürlich ein Schlag ins Kontor – Schadensbegrenzung schien angesagt. Daher ließ Ministerpräsident Schröder, jetzt treuhänderischer Fünftel-Inhaber der VW AG, erstmals im Haushaltsplan 1993 des Landes Niedersachsen Zuschüsse für die Nutzung des Containerterminals in Emden ausweisen. Eine Entscheidung offensichtlich so ganz nach der Philosophie des VW-Chefeinkäufers Lopez. Nur: Wenn jetzt die Volkswagenteile tatsächlich über Emden expediert werden, dann zahlt der Steuerzahler bereits hier an der Sanierung des maroden Unternehmens mit. Es fängt halt immer alles ganz klein an ...

Rheinland-Pfalz

Verstrahlt

Die Art, wie in Rheinland-Pfalz mit radioaktivem schwach strahlenden Abfall umgegangen wird, ist nicht gerade geeignet, Bedenken über den Umgang auch mit stark strahlendem Material auszuräumen.

Da gibt es im Land zwei Institutionen, die besonders viel schwach strahlenden Abfall produzieren: die Universität Mainz, in der radioaktive Medikamente zum Beispiel für die Behandlung und Diagnose von Krebserkrankungen eingesetzt werden, und ein pharmazeutisches Unternehmen, das die notwendigen Medikamente herstellt.

Es gibt auch zwei Deponien, wo die Abfälle bis zum Abklingen der Strahlung untergebracht werden können: die hauseigene Deponie der Universität Mainz und die Landessammelstelle in Ellweiler. Die Zwischenlagerung ist insofern zeitlich relativ unproblematisch, als die eingesetzten Stoffe einer sehr kurzen Halbwertzeit unterliegen, das heißt, die Radioaktivität klingt sehr rasch zu einer als unbedenklich angenommenen Intensität ab.

Infolgedessen wäre es auch ohne weiteres möglich, die Abfälle der Universitätsklinik Mainz nach einer gewissen Wartezeit in der Verbrennungsanlage der Universität zu entsorgen.

Das ist aber nicht geschehen. Statt dessen wurden die Reststoffe in die 260 Kilometer entfernte Landessammelstelle transportiert, was nicht nur jährlich 10000 Mark kostet, sondern darüber hinaus die Zahl der schwer gesicherten Gefahrguttransporte auf den rheinland-pfälzischen Straßen erhöht.

Zudem hat der Rechnungshof herausgefunden, daß die Deponie in Ellweiler längere Zeit heillos überlastet war. Das hatte nichts mit ungewöhnlichen und nicht erwarteten Zuliefermengen zu tun, sondern lag simpel an einer organisatorischen Fehlleistung: Die Kontrollstelle, in der die eingelieferten Fässer mit strahlendem Material auf mögliche Undichtigkeiten geprüft werden, wurde ausgebaut und war daher zwei Jahre, zwischen Oktober 1987 und November 1989, außer Betrieb.

Es stapelten sich also die eingelieferten Behälter in einem Eingangslager, was an sich schon eine ungute Sache ist. Außerdem sind Kapazitätsengpässe in der Verbrennungsanlage aufgetreten.

Warum nun haben die universitären Atomverwalter nicht in ihrer ausreichend dimensionierten Verbrennungsanlage dafür gesorgt, daß die Belastung der Landessammelstelle nicht weiter überhand nahm?

Weil es eine Vorschrift gibt, daß ehemals radioaktiver Abfall nur dann verbrannt werden darf, wenn eine Unbedenklichkeitserklärung der Landessammelstelle in Ellweiler vorliegt. Die Prüfgeräte der Universität reichten nicht aus, eine genaue Messung durchzuführen.

Das muß man sich einmal vorstellen: Da hantieren Leute mit strahlendem Material, und es stehen nicht einmal Geräte zur Verfügung, mit denen die potentielle Gefahr exakt gemessen werden kann! Und aus ebendiesem Grund wird das Gefahrenpotential an einer anderen Stelle, eben in Ellweiler und auf den Straßen, erhöht – ob zulässig oder nicht, sei einmal dahingestellt ...

Diesen Aberwitz mag nun auch das Ministerium für Umwelt nicht mehr akzeptieren. Es prüft, so der Bericht des Landesrechnungshofes 1993, »inwieweit eine rationellere Entsorgung dieser Abfälle möglich ist«. Das ist wohl das Mindeste, das es tun kann.

Nordrhein-Westfalen

Geschenk vom Finanzamt II

Wer seine Steuern nicht oder auch nur unpünktlich zahlt, den besucht der Vollstrecker. Da wird bis hin zum letzten Hemd gepfändet, was nur zu greifen ist. Das trifft vor allem Selbständige und Freiberufler; die haben nicht einmal die Chance, das bißchen Geld zu retten, das sie zum Leben brauchen. Denn wer auf eigenes Risiko arbeitet, dem steht nicht einmal ein pfändungsfreier Betrag zu – so sozial geht der Staat mit seinen Leistungsträgern um.

Nicht immer, aber immer öfter gelingt es jedoch Firmen, Geld, das eigentlich dem Finanzminister gehört, selbst dann am Fiskus vorbeizuschleusen (und den Gewinn endgültig zu behalten), wenn sachkundige Prüfer das Finanzamt auf offensichtlich unkorrekte Angaben hingewiesen haben.

So stellte der Landesrechnungshof von Nordrhein-Westfalen einen besonders dreisten Fall von verdeckten Gewinnausschüttungen fest und bekam von der zuständigen Obersten Finanzdirektion nichts weiter als eine patzige Antwort.

Zur Erklärung: Verdeckte Gewinnausschüttungen entstehen zum Beispiel, wenn eine Muttergesellschaft einem Tochterunternehmen für Leistungen oder Waren mehr bezahlt, als das im normalen Geschäftsverkehr üblich ist. Liefert zum Beispiel (es handelt sich um Phantasienamen) eine Kaffeerosta GmbH ihrer Muttergesellschaft Kaffeeholding AG einen Sack Kaffee für 10000 Mark und beläuft sich der übliche Marktpreis auf nur 1000 Mark, dann ist die Differenz von 9000 Mark eine verdeckte Gewinnausschüttung.

Diese Tricks funktionieren am besten bei deutschen Firmen, deren

Mutter im Ausland sitzt. Und sie funktionieren auch, wenn ganze Firmen oder Teile davon verkauft werden. Sie funktionieren sogar dann, wenn die verkaufte Firma in Deutschland sitzt und von einem deutschen Unternehmen übernommen wurde. Es kommt allein darauf an, eine ausländische Muttergesellschaft ins Spiel zu bringen.

Solch einen Fall deckte der Rechnungshof in seinem 1993 erschienenen Bericht auf. Da gab es eine deutsche Holding, der bereits mehrere andere deutsche Firmen gehörten, und es gab eine Muttergesellschaft im Ausland, die das Sagen hatte über die deutsche Holding. Ihr gehörte aber auch eine andere deutsche Firma, die mit der deutschen Holding noch nicht verbandelt war.

Das wollten die Manager ändern. Daher vereinbarten sie, daß die ausländische Muttergesellschaft diese externe Firma an die deutsche Holding verkaufte. Der Preis dafür sollte sich an dem Gutachten eines Wirtschaftsprüfers orientieren.

Im Prinzip eine korrekte, wenn auch sehr kostspielige Sache – schon allein wegen der immensen Notargebühren. Aber die Ratschlüsse der Manager sind eben verschlungen und für Außenstehende nie so exakt nachzuvollziehen.

Was dann kam, erboste den Rechnungshof jedoch erheblich. Der stellte nämlich fest, daß der Kaufpreis um rund 4,7 Millionen Mark höher lag, als er bei einem korrekten Wertgutachten hätte ausfallen dürfen. Die zuviel geforderten Millionen, so die Prüfer, seien demnach eine verdeckte Gewinnausschüttung. Daraus ergab sich eine Steuerschuld von mindestens 750000 Mark.

Üblicherweise hätten die Betriebsprüfer diesen Trick durchschauen müssen. Wenn die Finanzexperten der Firmengruppe nicht noch eins draufgesetzt hätten: Sie sorgten dafür, daß das Geld nicht sofort gezahlt werden mußte. Sie wandelten die gesamte Kaufsumme nämlich in einen Kredit um, den die ausländische Muttergesellschaft der Käuferin, nämlich der deutschen Holding, gewährte. Der Grund: Die Holding war, als der Kaufpreis fällig geworden ist, gerade finanziell etwas klamm.

Die Finanzbeamten schlossen daraus messerscharf: Wer nicht einmal seine Schulden gegenüber der Familie bezahlen kann, der ist so arm, daß an eine verdeckte Gewinnausschüttung nicht zu denken ist. Nun läßt sich eine momentane finanzielle Schieflage leicht mutwillig herbeiführen. Man braucht nur ein paar Guthaben auf andere Gesellschaften zu übertragen oder anderswie auslagern, und schon kreist der virtuelle Pleitegeier sehr nah und häßlich über der Firma.

Das hat wohl auch der Rechnungshof so gesehen. Er verwies die Finanzbeamten gleich zweimal auf die nicht sehr saubere Interpretation der Dinge und forderte sie auf, noch vor der Verjährung einen Haftungsbescheid zu erlassen. Der wäre dann vor Gericht immer noch anfechtbar gewesen, aber wenigstens wäre die Verjährung, die am 31. 12. 1992 dann tatsächlich eingetreten ist, unterbrochen worden.

Das zuständige Finanzamt weigerte sich schlicht, dieser Anregung zu entsprechen – und macht sich jetzt an die Arbeit, die verlorenen Gelder anderswo mit unnachsichtiger Härte einzutreiben.

Brandenburg

Rückforderung abgelehnt

Fast fünfeinhalb Millionen Mark Zuschuß für den Erwerb und für die Erweiterung einer Betriebsstätte – das ist schon ein ambitioniertes Projekt. 2,7 Millionen wurden für die Erweiterung zugeschossen, 2,8 für den Erwerb der Treuhandfirma. Gezahlt hat diese Summen das brandenburgische Ministerium für Wirtschaft, Mittelstand und Technologie an ein Unternehmen, das dafür neue Arbeitsplätze schaffen wollte. Bravo, kann der Beobachter nur sagen. Wenn Großes geschaffen werden soll, sind auch immer große Summen im Spiel.

Nur ist da ein Schönheitsfehler aufgetaucht: Noch bevor Minister Walter Hirche die Bewilligung für den Zuschuß hat unterschreiben können, ist der Betrieb, um den es hier geht, urplötzlich preiswerter geworden. Statt 12,4 Millionen Mark kam er jetzt nur noch auf 5,7 Millionen.

Damit hätte der Zuschuß für den Erwerb eigentlich auf 1,3 Millionen Mark reduziert werden müssen. Aber das Ministerium, offenbar mit arg großen Spendierhosen ausgestattet, sah über die läppischen eineinhalb Millionen zuviel ausgezahlte Steuermark großzügig hinweg.

Dem Landesrechnungshof wollte das nicht so recht einleuchten, und er forderte den Minister auf, das zuviel Gezahlte mitsamt Zinsen zurückzufordern.

Statt dessen haben die Ministerialen »vor allem im Hinblick auf eigene Versäumnisse«, wie der Rechnungshof in seinem 93er Bericht schreibt, die Förderansätze in den verschiedenen Positionen ein wenig hin und hergeschoben und es bei der Auszahlung belassen. Bis auf eine winzige Ausnahme: Das Unternehmen mußte 94000 Mark an Zinsen zahlen. Wieso die fällig geworden sind, wenn alles eigentlich rechtens ablief – das weiß wahrscheinlich nur der Minister.

Baden-Württemberg

Vorsteuer verschwiegen

Es ist durchaus verständlich, wenn jemand seinem Gläubiger das eine oder andere verschweigt; vor allem dann, wenn plötzlich Geld zur Verfügung steht, das er eigentlich sofort dem Gläubiger auszuzahlen hätte, das er aber an anderer Stelle sehr gut gebrauchen könnte.

So verhielt sich eine Gemeinde in Baden-Württemberg, die eine Mehrzweckhalle bauen wollte, in der auch Veranstaltungen stattfinden sollten, die den Touristen im Ort zugedacht waren. Daher beantragte die Gemeinde beim Wirtschaftsministerium entsprechende Zuschüsse und erhielt diese auch.

Als es ans Bauen ging, war noch nicht ganz sicher, wie die Sache mit der Mehrwertsteuer lag – mußte das Finanzamt diese zurückerstatten oder nicht? Zu dieser Frage gab es damals noch einige rechtliche Unsicherheiten. Die wurden im Laufe der Zeit dann geklärt: Das Finanzamt hatte zu zahlen. Das hatte jedoch zur Folge, daß die Endkosten des Projektes um eben die zurückerstattete Mehrwertsteuer niedriger lagen und damit auch der förderfähige Betrag. Die Kommunalbeamten wären demnach verpflichtet gewesen, das zuviel erhaltene Geld, 82300 Mark, sofort der staatlichen Schuldenverwaltung zu überweisen. Das war 1992.

Geschehen ist in dieser Hinsicht jedoch nichts. Möglicherweise hat sich der Kämmerer auf die Vergeßlichkeit der Schuldenverwalter verlassen.

Beinahe wären diese Überlegungen – gab es diese denn? – auch zutreffend gewesen, wenn nicht der Rechnungshof besser hingeschaut hätte als die Schuldenverwaltung. Jetzt hat sich die Gemeinde bequemt, ihren finanziellen Verpflichtungen nachzukommen; allerdings nur brutto für netto. Auf eine Verzinsung des Quasikredits hat die baden-württembergische Schuldenverwaltung jedoch großzügig verzichtet.

Sachsen

Zu viele Bosse

Sankt Bürokratius, der fruchtbarste aller Heiligen, verfällt, weilt er in Sachsen, in Dauereuphorie. Hier geht ihm nichts ab von dem, was die Träume eines Beamten ausmacht: leergeräumte Verwaltungsstrukturen, die dringend mit frischen Anhängern besetzt werden müssen; Politiker, denen die Aufgaben über den Kopf wachsen und die ihre Bedeutung daher lieber an der Zahl ihrer Helfershelfer messen als an den gelösten Aufgaben; und große, leerstehende Gebäude, die nur so darauf warten, wieder mit der Sturheit kleinlicher Vorschriften aufgefüllt zu werden. Das braucht natürlich Bosse, hochbezahlte zumal.

Es gibt die Bosse Ministerpräsident, Minister, Staatssekretäre, Abteilungsleiter (die Zahl nimmt in dieser Reihenfolge selbstverständlich zu) und die Unterbosse, die im Gebetbuch des heiligen Bürokratius »Referatsleiter« heißen.

Nun sind Referatsleiter aber nicht nur Beamte, sondern auch Menschen; meist solche, die einer politischen Partei angehören – wenn nicht, haben sie wenig Chancen, in einem deutschen Ministerium Referatsleiter zu werden.

Oft geschieht es auch, daß die Referatsleiter lieber Politiker sind als Verwaltungsbeamte. Dann streben sie nach mehr Anerkennung, mehr Mitarbeitern und, neben der höheren Einstufung, auch nach mehr Einfluß. Es entwickelt sich etwas, was der steuerzahlende Bürger als »Profilneurose« fürchten gelernt hat: die Sucht, den Einflußbereich auszuweiten und gleichzeitig abzusichern. Treffen zwei neurotisierte Referatsleiter in einem Ministerium zusammen, bekommt

Sankt Bürokratius einen Orgasmus: Nichts geht mehr außer den Grabenkämpfen dieser beiden.

Das Gefahrenpotential, daß Profilneurosen aufbrechen, ist um so größer, je näher die Aufgaben der Referate beieinanderliegen. Es potenziert sich, je weniger Mitarbeiter ein Referat umfaßt. Der arme Chef stößt zu schnell an seine internen Grenzen, ist sozusagen gezwungen, sich außerhalb Felder zu suchen, wo er sich austoben kann.

Wenn es zum Beispiel im sächsischen Ministerium für Landwirtschaft, Ernährung und Forsten je ein Referat für Tierzucht und eines für Tierhaltung gibt, die insgesamt nicht mehr als acht Mitarbeiter umfassen, dann ist der künftige Kriegsschauplatz hinreichend beschrieben.

Derartige Strukturen gibt es im Ministerium mehrere: zum Beispiel je ein Referat für die Vermarktung pflanzlicher sowie tierischer Produkte – insgesamt neun Mitarbeiter. Die Abteilung »Recht«, die insgesamt sogar nur sechs Mitarbeiter umfaßt, ist ebenfalls in zwei Referate aufgeteilt. Insgesamt, meint der sächsische Rechnungshof, seien 27 Referate in einem Ministerium mit 160 Mitarbeitern (Ende 1992) zuviel, 20 die oberste Grenze.

Die Überorganisation kostet ja nicht nur direkt Geld, indem zu viele Leitungspositionen mit hochdotierten Chefs besetzt werden müssen. Sie bringt auch Unübersichtlichkeit, dadurch Unkontrollierbarkeit mit sich. Immerhin verwaltete das Ministerium im Haushaltsjahr 1992 rund 1,3 Milliarden Mark Steuergelder. Da wäre es schon sinnvoll, darauf zu achten, mit Hilfe einer schlanken Organisation effiziente Strukturen auch außerhalb des Ministeriums aufzubauen. Die Verordnungen, die den Referaten entstammen, müssen ja auch durchgeführt werden. Dazu bedarf es zum Beispiel funktionsfähiger Landwirtschafts- und Forstämter oder leistungsfähiger Landwirtschaftsschulen.

Das alles wurde beim Aufbau des Bürokratennests »Ministerium« offensichtlich übersehen. Der Rechnungshof monierte zum Beispiel, daß »systematisierte Instrumente der Planung, Kontrolle und Informationsversorgung, die das Verwaltungshandeln bei den nachgeordneten Behörden steuern ... zur Zeit nur in Ansätzen erkennbar (sind). Dadurch war es dem Rechnungshof zum Teil nicht möglich, für diese Prüfung schlüssige und zeitnahe Informationen zu erlangen.« Das Urteil ist vernichtend, etwa über den Nachweis, wie die 800 Millionen Mark für die Förderung der Agrarstruktur, der Landwirtschafts- und Forstbetriebe sowie für die Dorferneuerung eingesetzt wurden: »Zum Zeitpunkt der Prüfung lag eine aktuelle Gesamtübersicht über Art, Anzahl und Realisierungsstand der Fördermaßnahmen nicht vor. Diese Informationen mußten ... von insgesamt neun Referaten eingeholt werden.« Wenn schon der Rechnungshof – um wie vieles mehr muß dem Minister der Durchblick fehlen, was seine Referatsgötterlein in Dresden so alles anrichten!?

Sie ziehen zum Beispiel, meint der Rechnungshof, viel zu viele Aufgaben an sich heran, die andere Institutionen vor Ort viel zeitnaher und problemorientierter lösen könnten. So will es den Kritikern nicht in den Kopf, wieso ein Ministerium die unmittelbare Fachaufsicht über Tierzuchtanstalten und Gestüte ausübt.

Andererseits sind die Referatsleiter sehr freigebig, lukrative Aufgaben an Private zu übertragen. So wurde das Agrarmarketing gänzlich von außerstehenden Institutionen übernommen. Hingegen ließ das Ministerium, was die Vergabe entsprechender Aufgaben an die zuständigen Behörden anbetrifft, diese buchstäblich verhungern.

Da wundert es wohl niemanden, daß auch noch die sächsische Haushaltsordnung mißachtet wurde: Aufträge in Höhe von 5,3 Millionen Mark wurden nicht etwa ausgeschrieben, sondern freihändig vergeben.

Das über die 27 Referate verteilte Chaos wird wohl noch weit in die Zukunft wirken. Denn laut Rechnungshof waren wichtige Aufgaben, die dem Ministerium zufallen, nicht einmal angedacht. Der Rechnungshof: »Ein ›Beratungskonzept mit Grundlagen der Beratungsstrategie‹ – insbesondere für die Offizialberatung in den Ämtern für Landwirtschaft – lag zum Zeitpunkt der Prüfung nicht vor. Auch für die Aus- und Weiterbildung bei den Landwirtschaftsschulen fehlte ein am Bedarf orientiertes Konzept. Forstpolitische Leitlinien, unter anderem mit dem Ziel, betriebswirtschaftliches Handeln in den Forstdirektionen und Forstämtern zu verbessern, waren noch nicht erkennbar. Ebenso fehlen zentrale Vorgaben zur Eigentumspolitik im Zusammenhang mit der Rückführung des Waldes in Privatbesitz.«

Aber sich um Deckstationen kümmern!

Rheinland-Pfalz

Finanzpeilung über den Daumen

An der Verpflichtung, gerade Aus- und Übersiedlern bei ihrer Integration zu helfen, besteht kein Zweifel. Wie hoch die Leistungen sein müssen, diese Frage gerät immer wieder in die Diskussion. Da würde es eigentlich Sinn machen, all jene zur besonderen Sparsamkeit mit den bereitgestellten Geldern zu veranlassen, die mit deren Verwaltung und Verteilung befaßt sind.

In Rheinland-Pfalz gilt diese Regel offensichtlich nicht immer. So entsteht so manche Vorauskalkulation über dem Daumen – und kostet den Steuerzahler unnötig Geld.

So reichte eine der verantwortlichen Bezirksregierungen eine Vorkalkulaton ein, nach der eine Vorabzahlung geleistet wurde, die 3,1 Millionen Mark zu hoch angesetzt war. Als der Rechnungshof dieser Schlamperei nachforschte, stellte sich heraus, daß keinerlei nachvollziehbare Berechnungsgrundlagen vorhanden waren. Die Beamten hatten sozusagen blind geschätzt und sich dabei gewaltig vertan. Damit verlor das Land Zinsen in Höhe von 234000 Mark, hätte es das Geld zum Beispiel zu sechs Prozent fest angelegt. Insgesamt 4,9 Millionen Mark sind so in Rheinland-Pfalz falsch festgelegt worden.

Es dauert auch durchwegs zu lange, bis die Betreuer der Ein- und Aussiedler die verbrauchten Gelder abrechnen und zuviel gezahlte Abschlaggelder zurückfließen. In einem Fall dauerte es bis zur Abrechnung 16, in einem anderen Fall sogar 19 Monate. Die übriggebliebenen Gelder lagen derweil wohl ungenutzt und minimal verzinst auf irgendwelchen Bankkonten.

Häufig stimmt es auch mit der Buchhaltung nicht so recht. Das kann zur Folge haben, daß Vorschüsse, die zum Beispiel an die Vermieter von Übergangswohnungen gehen, bei der Endabrechnung einfach nicht berücksichtigt werden.

So hatte zum Beispiel ein Vermieter von der zuständigen Verwaltung 110000 Mark erhalten, mit denen er die in Aussicht genommenen Wohnungen herrichten wollte. Später kam ein weiteres Gebäude hinzu, das für 60000 Mark renoviert wurde; insgesamt fielen also 170000 Mark an, die der Vermieter in Rechnung stellte.

Die Bezirksregierung zahlte auch prompt – und, wohl zum ungläubigen Erstaunen des Vermieters, ohne die Vorauszahlung von der Rechnung abzuziehen. Aufgefallen ist das eher durch Zufall; jetzt versucht die Regierung an das zuviel gezahlte Geld plus 14000 Mark Zinsen heranzukommen.

Schleswig-Holstein

Verlegt wegen Bildung

Beim Lernen sollte man niemanden stören. Daher gibt es seit Jahren auch die Möglichkeit, Bildungsurlaub zu nehmen. Auch den Beamten der Landesregierung Schleswig-Holstein ist diese Möglichkeit gegeben, sogar geregelt durch das »Bildungsfreistellungs- und Qualifizierungsgesetz«.

Im Jahresbericht 1993 des zuständigen Rechnungshofes läßt sich jetzt herausfinden, in welchen Ministerien die Beamten mit dem höchsten Bildungseifer zu finden sind. Die Erhebungen der Prüfer erstrecken sich auf den Zeitraum zwischen Oktober 1990 und März 1992.

Danach sind in der Staatskanzlei des Ministerpräsidenten (hier sitzen auch der Bürgerbeauftragte und die Frauenministerin) in dieser Zeit rund 624 Arbeitsstunden wegen Bildungsurlaubes ausgefallen.

Das sieht eher nach sparsamem Wirtschaften aus, vor allem im Vergleich zum Innenministerium, wo über 13000, und zum Ministerium für Bildung, Wissenschaft, Kultur und Sport, wo fast 15500 Arbeitsstunden ausgefallen sind.

Allerdings verfügt die Staatskanzlei gerade einmal über 160 Mitarbeiter (Stand 1992), so daß, rechnerisch gesehen, über zehn Prozent der dort Beschäftigten sich im Laufe des Untersuchungszeitraums haben weiterbilden lassen.

Beim Innenministerium hingegen haben nur 3,22 Prozent der Belegschaft einen Bildungsurlaub gebucht, beim Bildungsministerium nur 1,17 Prozent – dieses ist damit übrigens Schlußlicht, abgesehen vom Ministerium für Bundes- und Europaangelegenheiten, in dem niemand so recht Lust an der Lernerei verspürt hat.

So weit so gut, möchte man meinen. Denn gut gebildete Beamte und öffentlich Angestellte sind nun einmal die Zierde eines jeden Landes.

Nur hat der Rechnungshof so seine Bedenken: »Wenn etwa vier Prozent der Mitarbeiter der Landesverwaltung die Freistellung . . . in Anspruch nehmen würden, würde ein Arbeitsausfall von 13357 Tagen oder 102849 Stunden entstehen. Bei einer Jahresarbeitszeit von 1563 Stunden entspricht dieser Ausfall rund 66 Vollkräften. Ein derartiger Ausfall könnte in vielen Bereichen von dem vorhandenen Personal nicht aufgefangen werden.«

Da aber bisher nicht bekannt ist, daß die Staatskanzlei in den Monaten Oktober 1990 bis März 1992 funktionsunfähig geworden ist (obwohl dort, wie beschrieben, über zehn Prozent der Mitarbeiter auf Bildungsurlaub waren), wird die Frage erlaubt sein, welches Polster sich in den Stellenplänen dort verbirgt. Oder anders: Wer alles muß als überflüssig angesehen werden in der Staatskanzlei des Landes Schleswig-Holstein?

Brandenburg

Zinsschinderei

Das Ministerium für Ernährung, Landwirtschaft und Forsten des Landes Brandenburg hat zu den Banken ein besonders förderungswilliges Verhältnis. Es ließ zum Beispiel zu, daß die staatliche »Investitionsbank des Landes Brandenburg« Fördergelder, das Landwirten zustand, sehr lange bei den Hausbanken der Landwirte beließ. Zwei Varianten dieses Spiels hat der Rechnungshof per Stichproben aufgedeckt:

1. Die Hausbank ruft die Mittel selbst dann schon ab, wenn zwar die Förderzusage bereits gegeben, der daran hängende Kauf aber noch nicht getätigt wurde.
   Zum Beispiel hatte ein Landwirt einen Zuschuß von 60000 Mark beantragt, der ihm helfen sollte, für 200000 Mark Maschinen einzukaufen. Die Förderung wurde anstandslos bewilligt. Anstatt abzuwarten, bis der Landwirt zum Beispiel seinen Kaufvertrag vorlegte, forderte die Hausbank den Förderbetrag sofort an. Das war am 27. November 1991. Erst am 10. Dezember 1992 jedoch legte die Bank den »Verwendungsnachweis« vor – und bescheinigte trotzdem, die Mittel seien »unverzüglich« verwendet worden.
   Was ist in der Zwischenzeit mit dem Geld passiert? Wer weiß, wie geschickt deutsche Banken dabei sind, dem Empfänger billige Fördergelder so lange wie möglich vorzuenthalten und die Investition über teurere eigene Kredite zu finanzieren, der kann sich vorstellen, daß auch in diesem Fall das Geld irgendwo so geparkt wird, daß es erst einmal zugunsten der Hausbank Geld verdiente, bevor es dem investitionswilligen Landwirt zugute kam.

2. In einem anderen Fall zahlte die Investitionsbank der Hausbank eines Landwirtes von insgesamt 191000 Mark Fördergeld 97000 Mark vorab aus. Der Überweisungsbeleg der staatlichen Bank datiert vom 10. September 1992. Der Landwirt sah das Geld jedoch erst am 10. Dezember 1992. Wieder die Frage: Wo war das Geld so lange? Und: Wie finanzierte sich der Landwirt bis zum 10. Dezember?

»Anlaufschwierigkeiten« wiegelte das Ministerium ab. Der Rechnungshof sieht das etwas differenzierter. Er fordert das Ministerium auf, von den Hausbanken Schadensersatz zu verlangen. Zugunsten des Landes selbstverständlich. Aber die Landwirte könnten sich ja dranhängen an das Verfahren!?

Schleswig-Holstein

Hans blank

Sylt wird immer kleiner. Jährlich verliert die Insel an der Westküste durchschnittlich 1,5 Meter, am südlichen Ende sogar zwischen zehn und fünfzehn Meter. Um die Erosion auszugleichen, läßt das Amt für Land- und Wasserwirtschaft wenigstens an der Westküste der Insel regelmäßig Sand aufspülen. Allerdings tut sie das bisher ohne konkrete wissenschaftliche Erkenntnisse, die es ermöglichen würden, die Strömungsverhältnisse dort besser abzuschätzen und somit die Spülungsergebnisse zu optimieren.

Das ist um so ärgerlicher, als seit 1985 bereits entsprechende Forschungsprojekte laufen und namhafte Ingenieurbüros und Wissenschaftler mit der Problematik befaßt sind.

Sogar ein Professor aus Neuseeland schaut auf Sylt ab und an nach dem Rechten. Dieser – wohl, weil Neuseeland so sehr der Nordseeinsel gleicht – wurde zum fachlich unabhängigen Koordinator des Projekts ernannt. Bis jetzt wurden für die Forschungen rund zehn Millionen Mark ausgegeben, das Doppelte der 1985 veranschlagten Summe.

Die Ergebnisse sind mager, theoretisch und bislang nicht praktisch verwertbar, lautet die Meinung des Rechnungshofes zur Effizienz der Wissenschaftler. Nennenswerte bauliche Aktivitäten sind daraus nicht erfolgt.

Inzwischen ist das Projekt in seine zweite Phase getreten, in der der Schutz des aufs äußerste bedrohten Südendes der Insel in Angriff genommen werden soll.

Wie weit die Techniker hinter dem Zeitplan herhinken, zeigt die

Auflistung der wichtigsten Zielsetzungen, wie sie im Kabinettsbeschluß aus dem Jahre 1989 festgeschrieben wurden.

Danach sollte bereits 1990 und 1991 ein bauliches Modellprojekt durchgeführt werden. Bei diesem wollte man an der Südspitze unter anderem zunächst ausprobieren, ob eine Sandvorspülung, durch eine Membran aus Textilien fixiert, Erleichterung schaffen könnte.

Zudem wurde der Bau einer Art Stolperschwelle für die Wasserströme im Riffrinnensystem ausgeschrieben. Auch hier sollten Geotextilien zum Einsatz kommen.

Passiert ist bis auf die Sandvorspülung nichts. Mit einer Einschränkung: Allein dieser Versuch, den blanken Hans zu zähmen, hat den beteiligten Ingenieurbüros und Sachverständigen eine knappe Million Mark an Gutachtenhonoraren in die Kassen gespült.

Der Rechnungshof stellt neben dem pekuniären Geldabschwemmproblem der Öffentlichkeit zusätzlich ein planerisches Unikum vor: Das zuständige Landwirtschaftsministerium verlangte bereits 1990 die Projektierung dieses so ganz und gar schiefgegangenen Vorhabens auf der Grundlage von Daten, die gemäß der Terminierung der zweiten Phase erst am 31. Dezember 1993 hätten vorliegen können.

Zum Schluß wird der Rechnungshof in seinem Bericht daher herrlich sarkastisch. Der Prüfer schreibt: »Durch die Stellungnahme des Landwirtschaftsministeriums, es habe sich herausgestellt, daß die Erkenntnisse über die komplexen Vorgänge an den Inselenden nicht ausreichen, um die Risiken eines Eingriffs in das hydromorphologische System sicher genug abschätzen zu können, wird zwar die Erfolglosigkeit der Unternehmungen bestätigt, aber nicht hinreichend aufgeklärt.«

Baden-Württemberg

Voreilig

Ohne sich um die einschlägigen Vorschriften zu kümmern, beantragte und erhielt eine Gemeinde in Baden-Württemberg, die ein Solebewegungsbad unterhält, Zuschüsse in Höhe von 185000 Mark für das Herrichten der Parkplätze und Außenanlagen. Die Stadtväter hatten sicher nicht damit gerechnet, daß die Beamten des Rechnungshofes auch einmal ein gutes Solebad nehmen und ihre Einrichtung besuchen würden. Bei dieser Gelegenheit kam heraus, daß der Förderungsantrag erst dann gestellt wurde, als die Arbeiten schon fast beendet waren. Das aber widerspricht den Fördergrundsätzen. Pech für die Stadt: Das ganze Geld plus Zinsen mußte zurückgezahlt werden.

Rheinland-Pfalz

Tippmamsell mit Gummiknüppel

Daß Polizisten nicht nur mit Handschellen und Gummiknüppeln umgehen können, sondern auch mit der Schreibmaschine, das ist allen Krimizuschauern zum liebgewordenen Klischee geworden. Daß sie das nicht gerne tun, ebenfalls.

Auch die Rechnungshöfe sehen das Gehämmere nicht so gerne. Sie sind, wie etwa der des Landes Rheinland-Pfalz, der Meinung, daß die teuer ausgebildeten Spezialisten woanders gebraucht werden als im Innendienst.

Der Rechnungshof prüfte den Arbeitsablauf zweier Polizeipräsidien und kam zu der Erkenntnis, daß dort 28,75 Stellen für Vollzugsbeamte ausbildungsfremd, nämlich mit der Abwicklung von Verwaltungsaufgaben, verwendet wurden. 9,75 Stellen seien gar unnötig. Der Polizist sei nicht nur »artfremd« beschäftigt, sondern auch noch überflüssig gewesen. Das sei, so der Rechnungshof, nicht nur unwirtschaftlich, sondern auch ineffizient.

Denn die Polizeipräsidien hatten sich in den letzten Jahren bei den Verwaltungsaufgaben einen Winterpelz angefuttert: 21,5 Stellen seien im Prinzip überflüssig gewesen. So wäre es, Lieschen Müller rechnet so, doch sinnvoll, die Vollzugsbeamten wieder auf die freie Wildbahn zu schicken und die Verwaltungsdamen und -herren den frei gewordenen Schreibtischen zuzuordnen.

Das Ministerium des Inneren und für Sport, so gerügt, versprach Besserung, wenn die haushaltsrechtlichen Bedingungen geprüft seien. Der Rechnungshof besteht hingegen auf sofortige Umsetzung seiner Anregungen.

Brandenburg

Provisionsreiterei I

Das sind die besten Geschäfte: sich zwischen zwei Leute zu stellen, von denen der eine dem anderen etwas zukommen lassen will, und für das Durchreichen Geld zu verlangen. Zoll heißt das im Sprachgebrauch der Finanzminister. »Provision« heißt das in der Sprache der Banker. Und am lukrativsten ist das Geschäft, wenn für wenig Leistung viel Geld verlangt werden darf.

Die Westdeutsche Landesbank mit ihrem Ableger »Investitionsbank NW« war bis 1. April 1992 in dieser beneidenswerten Lage. Eigentlich war ihr die Aufgabe zuteil geworden, bis zur Einrichtung der Investitionsbank Brandenburg am 31. März 1992 bei der ordnungsgemäßen Vergabe von Fördermitteln im Verantwortungsbereich des Ministeriums für Umwelt, Naturschutz und Raumordnung mitzuhelfen.

Dazu hätten gehört:

- die Entscheidungen über Bewilligungen aus finanztechnischer und wirtschaftlicher Sicht vorzubereiten;
- den optimalen Abfluß der bereitgestellten Mittel sicherzustellen und anschließend
- die Verwendung der Haushaltsmittel zu prüfen.

So stand es im Vertrag, und dafür waren der WestLB ein Prozent der auszuzahlenden Gelder als Provision zugestanden.

Damit nun nicht die Juristen der Westdeutschen Landesbank in die Lage versetzt werden, an der Wortwahl des folgenden ein Härchen zu finden, an dem sie den Autor aufhängen könnten, sei dem Leser jetzt jene Sprache zugemutet, in der der brandenburgische

Rechnungshof seine Berichte verfaßt. Dort, in der Ausgabe 1993, steht auf Seite 65 zu lesen:

»Nach den Feststellungen des Landesrechnungshofes wurde die Durchführung der vorgesehenen Leistungen der Investitionsbank nicht übertragen. Die Mitwirkung der Investitionsbank beschränkte sich auf ein ›Durchreichen‹ der Fördermittel vom Ministerium für Umwelt, Naturschutz und Raumordnung an die Zuwendungsempfänger. Dessenungeachtet sind der Investitionsbank NW im zweiten Halbjahr 1991 aus Haushaltsmitteln des Landes Gebühren in Höhe von 1,8 Mio. DM zugeflossen. Die erhobenen Gebühren stehen in einem groben Mißverhältnis zur Leistung der Bank.«

Und was sagt das Ministerium dazu? Es bleibt kühl und lapidar. Der Rechnungshof faßt zusammen: Das Ministerum sehe »aus Rechtsgründen keine Möglichkeit, die für 1991 gezahlten Gebühren mit Aussicht auf Erfolg zurückzufordern«.

Wie schön für die WestLB und für das Land Nordrhein-Westfalen, das an der WestLB sehr erheblich beteiligt ist. So profitiert auch Ministerpräsident Rau in ganzstaatlicher Brüderlichkeit vom Aufschwung Ost.

Brandenburg

Geld in der Kralle

Was man hat, das hat man und braucht es erst sehr spät zurückzugeben. Zwischenzeitlich legt man zuviel gezahlte Zuschüsse rentierlich an und erfreut sich der Zinsen. Daß dabei anderen Projekten schlicht und einfach der finanzielle Boden entzogen wird, das schert die egomanischen Stadtväter vieler Gemeinden in den neuen Bundesländern offensichtlich wenig.

Eine Gemeinde hat es besonders dreist getrieben: Sie forderte vom brandenburgischen Ministerium für Wirtschaft, Mittelstand und Technologie ganz forsch 18 Millionen Mark Zuschüsse aus dem Fonds der Gemeinschaftsaufgabe »Verbesserung der regionalen Wirtschaftsstruktur«.

Die Ministerialen hatten offensichtlich nicht genau hingeguckt, sonst hätten sie das Geld wohl nicht bewilligt. Denn was ihnen an Unterlagen eingereicht wurde, das waren Rechnungskopien in Höhe von 660000 Mark. Außerdem war, so der Rechnungshof, abzusehen, daß die Gemeinde gerade mal mit »Zahlungsverpflichtungen ... in Höhe von allenfalls sechs Millionen Mark zu rechnen« hatte.

Zwei Monate nach der Bewilligung der weit überzogenen 18 Millionen Mark waren die Kosten für das Projekt zwar immerhin auf sieben Millionen Mark gestiegen und im März 1992 auf knapp 12 Millionen (oh heilige Planungskompetenz!), das wäre aber immer noch kein Grund gewesen, allein an Fördergeldern sechs Millionen Mark mehr als die ursprüngliche Projektsumme (die sich offensichtlich weiterhin nach oben entwickelte) auszuzahlen.

Das fördert doch nur den allzu leichtfertigen Umgang mit dem Geld. Denn um die Fördermittel vollständig rechtmäßig aufbrauchen zu können, müßte die Gemeinde selbst Millionen Mark aufbringen. Wird hier sozusagen zwangsweise ein Luxusgewerbegebiet errichtet?

Selbstverständlich pochte der Rechnungshof auf die Rückzahlung der Überförderung. Und fast ebenso selbstverständlich weigerte sich das Ministerium, dem nachzukommen.

Wozu das Ministerium sich aber »auf beharrliches Drängen des Rechnungshofes« (Bericht 1993) dann doch kneten ließ, war die Forderung, mindestens 256000 Mark von der Gemeinde zurückzuverlangen. Das nämlich sind die bis Ende 1992 aufgelaufenen Zinsen aus einem Festgeldkonto, das mit den überzähligen Fördermitteln gefüttert worden ist. Wie gesagt: nur auf »beharrliches Drängen«!

Baden-Württemberg

Abstaubermeisterschaft

Der Glanz sportlicher Großereignisse lockt stets eine besondere Gruppe von Industriefirmen an: jene, die meinen, daß sie selbst ein besonderes Flair von großer Welt abstrahlen. Und solche, die ein wenig am Ruhm der Erfolgreichen teilnehmen wollen. Und wenn sich zum sportlichen auch noch politisch-gesellschaftliches Interesse fügt, etwa indem die Landesregierung im Innenhof des Stuttgarter Schlosses einen Kommunikations- und Repräsentationstreffpunkt einrichtet – dann vereinigen sich die Interessen aller Beteiligten im glücklichsten Fall zu einem schier unentwirrbaren Knoten.

So war das auch mit der Porsche AG, Zuffenhausen, der Regierung des Landes Baden-Württemberg und dem Deutschen Leichtathletik-Verband, dem Veranstalter der Leichtathletik-Weltmeisterschaften 1993 in Stuttgart.

Der Rechnungshof findet die Geschehnisse um die Weltmeisterschaften hingegen etwas merkwürdig, gelinde gesagt. Vor allem richten sich seine kritischen Amerkungen gegen die Art, wie 3,7 Millionen Mark an der Haushaltshoheit des Landes vorbei bewilligt wurden, mit ministerialem Federstrich am 6. Mai 1993, was der Rechnungshof als fragwürdige Praxis bezeichnet.

Nicht besonders erwähnenswert erschien dem Rechnungshof hingegen die Tatsache, daß aus ursprünglich geplanten 2 Millionen Mark dann doch wieder 3,7 Millionen Mark geworden sind – immerhin fast 50 Prozent mehr.

Es lohnt sich, mal ein wenig in den Hintergründen zu stochern. Und es muß auch die Frage gestellt werden, ob das Land Baden-

Württemberg es tatsächlich nötig hat, sich mit großkotzigen Veranstaltungen in Szene zu setzen, mittels derer dem Steuerzahler das schwer verdiente Geld zugunsten der stilvollen Bewirtung alt- oder neureicher Auchdabeis aus der Tasche gezogen wird.

Das ist der chronologische Ablauf der Vernichtung von 3,7 Millionen Mark, wie ihn der Rechnungshof in seinem 1993er Bericht darlegt:

Oktober 1992: Erste Überlegungen in der Pressestelle des Staatsministeriums, anläßlich der Leichtathletik-Weltmeisterschaften in Stuttgart im August 1993 eine Präsentation des Landes durchzuführen.

2. November 1992: Der Ministerpräsident stimmt dem Plan zu. Wenig später Aufforderungen an zwei Werbeagenturen, ein Konzept zu erarbeiten. Vorgegebener Kostenrahmen: 2 Millionen Mark.

26. Januar 1993: Präsentation der Konzepte.

29. Januar 1993: Entscheidung der Arbeitsgruppe im Staatsministerium, »eine der beiden Werbeagenturen mit dem Projekt zu beauftragen« (Rechnungshof). Ein Vertrag wurde noch nicht geschlossen. Über die Entscheidung gibt es auch nur einen Vermerk, auf den der Rechnungshof gestoßen ist.

Hier müssen wir einen Moment innehalten und uns in der Zeit orientieren. Wir haben Ende Januar. Die Entscheidung für die Leinfelder Werbeagentur Wikom GmbH ist offenbar getroffen. Im Laufe des Januar wurde auch bekannt, daß die Porsche AG im Hof des Stuttgarter Schlosses eine spektakuläre Aktion plante. Wann das genau war, ist heute nicht mehr festzustellen; die Pressestelle wies lediglich in ihrer Stellungnahme gegenüber dem Rechnungshof darauf hin, daß »erst im Januar ... die Eckdaten über eine wichtige Parallelveranstaltung eines Sponsors auf dem Schloßplatz bekannt geworden (seien), auf die die jetzt entwickelte Konzeption des Landes habe Rücksicht nehmen müssen« (Zitat aus dem Bericht des Rechnungshofes).

Man muß in diesem Zusammenhang auch wissen, daß die Wikom und die Pressestellen der baden-württembergischen Ministerien einander recht gut kennen. Die Wikom war zum Beispiel auch verantwortlich für die Durchführung des ebenfalls vom Rechnungshof bemängelten »Daimler-Benz-Baden-Württemberg-Clubs« in Barcelona.

28. Januar 1993: Beratung des Staatshaushaltsplanes 1993/94 im Finanzausschuß des Parlaments. Von den Aktivitäten anläßlich der Weltmeisterschaft: kein Wort.

17. Februar 1993: Beratung des Staatshaushaltsplanes im Plenum des Parlaments. Von den Aktivitäten anläßlich der Weltmeisterschaft: kein Wort.

26. April 1993: Vorlage des Konzeptes »Baden-Württemberg-Club« (die Idee der favorisierten Werbeagentur) im Ministerrat. Endlich auch die Nennung der endgültigen Kostenschätzung: 3,7 Millionen Mark.

29. April 1993: Antrag des Staatsministeriums beim Finanzministerium, die benötigten 3,7 Millionen Mark zu genehmigen.

6. Mai 1993: Einwilligung des Finanzministeriums in die Kosten und die Bereitstellung des Geldes.

14. Mai 1993: Vertrag mit der Leinfelder Werbeagentur Wikom GmbH.

19. Mai 1993: Anforderung einer Abschlagszahlung in Höhe von 443 333 Mark durch die Werbeagentur. Der Rechnungshof fand dazu einen Vermerk der Pressestelle (24. Mai 1993), diese sei der Auffassung, die Agentur habe »bis jetzt rund 40 Prozent der Arbeitsleistung erbracht« (Zitat nach dem Bericht des Rechnungshofes). So schnell?

Was die Prüfer besonders hervorheben, ist die Tatsache, daß mit der Abschlagszahlung auch die Leistung eines Subunternehmers bezahlt wurde, die dieser bereits im Februar 1993 erbracht hatte – also lange vor der Einwilligung des Finanzministeriums in die Übernahme der Kosten.

Das riecht doch ganz so, als seien die Pressestelle des Staatsministeriums und die Werbeagentur sich bereits im Februar 1993 darüber einig gewesen, daß diese das Rennen um den Etat machen würde. Denn welche Werbeagentur vergibt heute schon Aufträge an Subunternehmen, ohne zu wissen, daß sie ihr Geld auch vom Auftraggeber zurückbekommen wird?

Spätestens dann muß aber auch den Beamten klargewesen sein, daß der ursprüngliche Kostenrahmen erheblich überschritten werden würde.

Warum aber wurde so lange mit den Verträgen gewartet? Bis zur endgültigen Klärung der Sachlage sind wir auf Vermutungen angewiesen: Sollte die Verabschiedung des Haushaltsplanes abgewartet werden? Befürchteten die Beamten, ihr schöner VIP-Treffpunkt könnte der Sparsamkeit der Abgeordenten zum Opfer fallen? Und wenn nicht: Hätten sie in Kauf nehmen müssen, daß man von ihnen verlangt hätte, die 3,7 Millionen anderswo einzusparen? Oder waren sie einfach zu faul, die Haushaltsvorlage noch schnell zu ändern? Haben sie dafür lieber in Kauf genommen, auf das Instrument der »außerplanmäßigen Ausgabe« zurückgreifen zu müssen, das eigentlich erst dann zu Hilfe genommen werden darf, wenn außergewöhnliche Ereignisse, zum Beispiel eine Naturkatastrophe, außergewöhnliche finanzielle Anstrengungen erfordern? Handelte es sich bei den Leichtathletik-Weltmeisterschaften um eine Katastrophe?

Oder ist nur die Auffassung des baden-württembergischen Staatsministeriums und speziell dessen Pressestelle eine Katastrophe, daß es erlaubt ist, eindeutige gesetzliche und verfassungsmäßige Vorschriften einfach so übergehen zu können?

Sachsen

Über den Acker gezogen

Gemeinden, die ein Gewerbegebiet einrichten wollen, bekommen dafür Fördergelder. Das ist vor allem in den neuen Bundesländern eine wichtige Finanzierungshilfe. Die sächsischen Richtlinien sehen dabei vor, daß nur Gemeinden und nicht etwa private Investoren in den Genuß der Förderung kommen. Das hat einen guten Grund: Der Wert der Grundstücke steigt mit der Erschließung um ein Vielfaches – und da darf der Staat nicht auch noch den Geldgeber spielen.

Im Regierungsbezirk Dresden haben sich die Beamten jedoch nicht an diese Verordnung gehalten. Da gab es ein für den privaten Unternehmer sehr lukratives Zusammenspiel zwischen ihm und der Gemeinde – letztere beschaffte das Geld, er baute damit und steckte den Erschließungsgewinn in die eigene Tasche.

Insgesamt flossen am 12. Dezember 1991 zweieinhalb und am 15. Januar 1992 noch einmal 1,1 Millionen Mark. Natürlich hat die Gemeinde etwas von dem Geld gesehen – bei der Durchreiche. Die nun sehr wertvollen Grundstücke aber gehören, einschließlich der Straßen, noch immer dem Erschließungsunternehmen. Der Chef und seine Mannschaft dürfen auch bei der Vergabe nach Lust und Laune auswählen.

Das zuständige Ministerium für Wirtschaft und Arbeit bedauert und spricht von anfänglichen Problemen bei der Umsetzung der Verordnungen. Ob es versucht, an das unberechtigt herausgegebene Geld heranzukommen – darüber hat es sich nicht geäußert.

Mecklenburg-Vorpommern

Fuhrpark ohne Genehmigung

Es kostet Geld, eine völlig neu strukturierte Polizeitruppe mit Kleidung, Waffen und Dienstfahrzeugen auszurüsten. Um so sorgfältiger hätten die Verantwortlichen mit den knappen Mitteln umgehen müssen. Etwa, indem sie Anschaffungen über Ausschreibungen ein wenig preiswerter hinbekommen hätten. Das aber ist nur in wenigen Fällen so geschehen. Und gerade bei großen Beträgen sind die Politiker seltsam sorglos mit den Steuergeldern umgegangen.

So auch der Innenminister des Landes Mecklenburg-Vorpommern, der mit einer Automobilfirma einen Großabnahmevertrag über 1000 Dienstfahrzeuge abgeschlossen hatte, der bis zum 30. November 1993 abgewickelt wurde.

Das Volumen ist schwindelerregend: 1000 Autos im Beschaffungswert von, geschätzt, 35000 Mark, ergeben einen Auftrag in Höhe von 35 Millionen Mark. Wer weiß, daß bei Ausschreibungen leicht Unterschiede von 10 bis 40 Prozent auftreten können, kommt auf ein Einsparpotential von dreieinhalb bis 14 Millionen Mark.

Der mögliche Verlust ist um so schmerzlicher, als der Rechnungshof so seine Zweifel an der haushaltsrechtlichen Unbedenklichkeit des Autokaufes hat.

Sachsen-Anhalt

Unvollständige Angaben – vollständige Förderung

Versuchen Sie einmal, Ihre Steuererklärung zu schönen, indem sie auf bestimmte Fragen im Formular einfach keine Antwort geben! Oder besser: Versuchen Sie es nicht, sondern stellen Sie sich die rüden Briefe, Telefonanrufe, Einbestellungen und Strafverfahren nur vor. Selbst das wird Sie schlaflose Nächte kosten.

Bei einem Finanzamt in Sachsen-Anhalt störte es überhaupt nicht, daß ein Antragsteller falsche oder auch nur unvollständige Angaben machte – einer erhielt trotzdem satte 567000 Mark Investitionszulage zugeteilt. Mehr als eine halbe Million Mark, die der kleine, brave Arbeitnehmer wieder hereinschuften muß, wenn, was zweifelhaft ist, das Geld nicht zurückgefordert werden kann.

Der Rechnungshof stellte, neben der Tatsache, daß die Finanzbeamten unvollständig ausgefüllte Formulare akzeptierten, fest: Zuschüsse wurden zu früh ausgezahlt, wenn das Wirtschaftsjahr des Unternehmens nicht mit dem Kalenderjahr übereinstimmte. Die hochbezahlten Prüfer in den Ämtern übersahen es schon einmal, wenn die beigefügten Rechnungen nicht auf die antragstellende Firma ausgestellt wurden; bezuschußten, obwohl ausdrücklich ausgeschlossen, der Kauf geringwertiger oder gebrauchter Güter; gaben Geld an Einrichtungen, die gemeinnützigen Zwecken dienten, und, auch das ist nicht erlaubt, für unbewegliche und immaterielle Wirtschaftsgüter.

Die Entschuldigung des Ministeriums klingt altvertraut: zu wenige, schlecht ausgebildete Beamte zu Zeiten des Wandels. Versuchen Sie aber, sich mit dem Argument aus Ihrer Steuerpflicht zu schmuggeln, Sie hätten die Steuergesetze nicht verstanden und müßten, neben der Abfassung Ihrer Steuererklärung, auch noch Geld verdienen und einen Haushalt versorgen . . .

Sachsen-Anhalt

Große, große Architektenhände

»Hände auf zum Geldempfang« hieß es im März für den Architekten C., als er dem Ministerium für Arbeit und Soziales seine Rechnung präsentierte: knapp 40 Millionen Mark. Das viele Geld plus Reise- und Vervielfältigungskosten, so der Architekt, habe er sich redlich verdient mit der Erarbeitung der »Zielplanung 2000«, die das Bauvolumen für ein Bezirkskrankenhaus festschreibt.

Dabei kam der gute Architekt auf knapp 160 Millionen Mark, auf die das Land nun noch 25 Prozent an Honorarrechnung satteln muß.

Der Rechnungshof ist fast sprachlos. Er verweist darauf, daß in Ländern wie Bayern oder Niedersachsen nicht mehr als 15 Prozent der Baukosten als Architektenhonorar ausgegeben werden, und bittet die Regierung, »daß das Ministerium für Arbeit und Soziales die Honorarrechnung nur bis zu einem vertretbaren Aufwand anerkennt«. Das Ministerium hat Schwierigkeiten, dem zu folgen. Denn offensichtlich sind die Vertragsklauseln so vertrackt ausgefallen, daß »wegen der baufachlichen und auch rechtlichen Problematik ... eine Arbeitsgruppe, bestehend aus Vertretern des Ministeriums für Arbeit und Soziales, des Bezirkskrankenhauses, der Hochbauabteilung des Ministeriums für Finanzen, des Staatshochbauamtes und des Landesamtes für Versorgung und Soziales« (so die Antwort des Arbeitsministeriums) eingesetzt werden muß.

Mecklenburg-Vorpommern

Kosten gelupft

Wenn Baustellen stillstehen, vor allem an öffentlichen Gebäuden, ärgert das den Bürger allein schon wegen der schleppend ablaufenden Arbeiten. Was er nicht weiß: Während des Stillstandes laufen die Kosten munter weiter. Da kommen ein paar zehntausend Mark schnell zusammen. Oft ist die mangelnde Fähigkeit der Beamten zur Terminkoordination die Ursache der Verluste.

Zum Beispiel bei der Renovierung eines ehemaligen Arsenals in Schwerin, das der Innenminister mit seinen Untergebenen beziehen wollte. Ein Jahr lang sollten die wichtigsten Arbeiten dauern, von Januar 1991 bis Januar 1992, für die es auch nötig war, auf der Baustelle einen Kran aufzurichten.

Das kostete monatlich 7150 Mark Grundgebühr plus 65 Mark Vergütung pro Betriebsstunde – soweit ist an dem Vorgang nichts zu kritisieren. Auch nicht, daß das zuständige Landesbauamt die Firma, die den Kran vermietete, bat, das Gerät noch ein paar Monate länger vorzuhalten; auch hierüber gab es fehlerfreie Verträge und Absprachen.

Was aber ganz und gar nicht in Ordnung war, ist die Tatsache, daß sich der Beginn der weiteren Bauarbeiten verzögerte. Nicht, weil die Handwerker auf einmal keine Lust mehr gehabt hätten, sondern weil sich irgendwo im bürokratischen Getriebe Sand angesammelt hatte. Der Rechnungshof umschreibt das in seiner Sprache mit: »Der Beginn der Arbeiten zog sich aber – insbesondere infolge Verzögerungen bei der Bearbeitung der haushaltsrechtlichen Unterlagen – noch länger hin.«

Ergebnis: Der Kran stand rum, einfach so und ohne sich zu bewegen. Sechs Monate genoß der Kran seine Ruhepause, und die Firma freute sich über einen stetigen Geldzufluß. Das um so mehr, als dieselbe Firma unter denselben Bedingungen am selben Gebäude ein Gerüst errichtet hatte, das jetzt ebenso still vor sich hinträumte.

Insgesamt kostete die Ruhe am Bau den Steuerzahler 100000 Mark. Passiert ist also das Übliche: Unnötige Kosten sind entstanden, weil die Koordination einzelner Baumaßnahmen nicht geklappt hat. Sich darüber nicht zu ärgern, sondern nur zu amüsieren, hat inzwischen jedes Schulkind gelernt, das an einer Straße wohnt, unter deren Decke Versorgungsleitungen der Stadt, der Stadtwerke, der Post und der Elektrizitätswerke verlaufen.

Baden-Württemberg

Geld zu Geld

Wer viel Geld hat, der bekommt auch schnell noch mehr davon – und wenn der Steuerzahler dafür zur Ader gelassen werden muß. In einer baden-württembergischen Stadt gelang den dortigen Verkehrsbetrieben und einer Versicherung ein ganz wunderbarer Coup: Die Verkehrsgesellschaft, eine Aktiengesellschaft im kommunalen Besitz, erwarb ein Grundstück, um darauf betriebliche Einrichtungen unterzubringen.

Nur war das Gelände dann doch etwas überdimensioniert und der Kaufpreis von gut 1,5 Millionen Mark daher auch etwas zu hoch, um sie betriebswirtschaftlich zu begründen. Daher behielt die Verkehrsgesellschaft nur 22 Prozent der Fläche, und bei dem Antrag auf staatliche Investitionshilfe machte sie ebenfalls nur 22 Prozent des Kaufpreises als Grundlage für die Zuschußberechnung geltend. Die restlichen 78 Prozent des Grundstückes verkauften die Verkehrsbetriebe an eine Versicherungsgesellschaft – eine bis dahin nachvollziehbare Transaktion.

Nun galt es aber, weitere, im Bericht des Rechnungshofes nicht näher spezifizierte »Entschädigungsansprüche« abzudecken und, möglichst, auch hierfür Zuschüsse zu erlangen. Es ging immerhin um eine Gesamtsumme von 564 203 Mark.

Und da passierte das Wunder der Kostenübernahme: Statt auch diese Kosten nach dem Schlüssel von 22 Prozent auf den Geländeanteil der Verkehrsbetriebe und 78 Prozent auf den Anteil der Versicherungsgesellschaft zu verteilen, legte die Stadt plötzlich die gesamte Summe für die Berechnung der staatlichen Zuschüsse vor.

Das ergab eine ganze Menge mehr Stütze, als der Stadt eigentlich zustand – der Rechnungshof spricht von 375481 Mark.

Jetzt gibt es zwei Möglichkeiten, wer der Nutznießer dieses Deals schlußendlich war: entweder die Stadt, die die anteiligen Entschädigungskosten in der Berechnung des Preises, den die Versicherung zu zahlen hatte einbezogen hat. Dann hätte die Versicherung einen korrekten Preis bezahlt, der zumindest in diesem Punkt nicht zu beanstanden ist. Dann hätte sich aber die Stadt am Förderungstopf des Landes Baden-Württemberg bereichert. Oder aber die Stadt hat die Entschädigungskosten nicht in den Kaufpreis einberechnet, weil sie hoffte, die entsprechende Summe später durch Zuschüsse des Landes sowieso erstattet zu bekommen. Dann hätte die Stadt eine Versicherungsgesellschaft massiv subventioniert. Völlig ohne Rechtsgrundlage und zu Lasten der Steuerzahler.

Der Rechnungshof prüft weiter.

Sachsen

Verspeist

Die Landesfeuerwehrschule Sachsen unterrichtet nicht wenige junge Leute, die später einmal ihren Mitbürgern die Kastanien aus dem Feuer holen müssen. Das macht hungrig, und deshalb sollen Schüler wie Feuerwehrlehrkräfte auch kräftig was zu beißen bekommen. Der sächsische Landesrechnungshof hat daran nur zu knacken gehabt, daß, um täglich 120 Portionen Frühstück, 200 Mittag- und 120 Abendessen herzurichten, insgesamt 13 Leute beschäftigt werden müssen. Die Regel seien für denselben Arbeitsanfall nur sechseinhalb Mitarbeiter. Berücksichtigt man die baulichen Mängel der Schulküche, wären allenfalls acht Personen notwendig, um den Feuerwehrleuten den Hunger auszutreiben. Sagt der Rechnungshof.

Jetzt die Rechnung der Steuerzahler: Bei durchschnittlich 30000 Mark Personalkosten im Jahr pro Mitarbeiter ließen sich also 150000 Mark einsparen.

Niedersachsen

Null Leistung, riesige Honorare

Das Land Niedersachsen, eine Bank aus dem öffentlich-rechtlichen Bereich (an der das Land beteiligt ist) und eine Stadt taten sich zusammen, um internationale, forschungsaktive Unternehmen in ihren Beritt zu holen. Dafür gründeten die drei Akquisitionsmusketiere eine GmbH, in die jeder 50000 Mark einzahlte. Das Projekt, von 1987 bis 1996 terminiert, hatte, das wußte man schon damals, einen Finanzierungsbedarf von 15 Millionen Mark.

Der Rechnungshof fand später im Gesellschaftervertrag einige wunderschöne Schmankerln wieder. So verpflichteten sich das Land und die Stadt, Fehlbeträge aus ihrer Kasse auszugleichen. Die Stadt aber erst, wenn aus den Verkäufen oder Verpachtungen der für die Ansiedlung vorgesehenen Flächen Gelder geflossen waren. Was bedeutete: Die Bank war auf jeden Fall aus dem Schneider und die Stadt so lange, wie aus den Ansiedlungen nichts geworden war. Nur die Landesregierung hatte demnach zu zahlen.

Und zwar nicht schlecht. Denn das Gesellschaftskapital war bereits 1988 nahezu vollständig aufgebraucht. Zum Beispiel durch den Kauf einer EDV-Anlage zum Preis von 105000 Mark; das übrigens, obwohl der Wirtschaftsplan vorgesehen hatte, eine solche Anlage lieber zu mieten oder zu leasen.

Extrem auch der Aufwand für die Büromöbel. Der Beobachter fragt sich verwundert, warum drei Besucherstühle ausgerechnet 12009 Mark kosten müssen, warum ein Schreibtischstuhl in Sonderanfertigung beschafft werden muß, der über 4000 Mark gekostet hat, und wozu zwei Phonotürme gut sein sollen, die mit fast 4500 Mark zu

Buche schlagen. »Für die Aufbewahrung von Schriftgut«, erklärten die Verantwortlichen bei der Ansiedlungsgesellschaft. Für die Aufbewahrung von Schriftgut?? Das wäre doch in der 2,70 Meter breiten Schrankwand für 6830 Mark auch ganz gut untergebracht. – Die Forschungsakquisiteure werden sich wohl gedacht haben, daß so ein Aussiedlungsinteressent, sitzt er erst einmal weich, noch ein wenig durch zur Schau gestellten Luxus beeindruckt werden möchte.

Soweit die teure Fassade. Dahinter klimpern die Goldstücke munter weiter. Denn eine GmbH muß ja beaufsichtigt werden; und das kostet Geld. In der Industrie ist es üblich, den Aufsichts- oder Beiräten mit ein paar Tausendern im Jahr das Weggucken leicht zu machen. Selten handelt es sich dabei aber um mehrstellige Tausendersummen.

Bei der Akquisitions-GmbH war das ganz anders: Jeder der Gesellschafter bekam – und bekommt wohl noch – jährlich 20000 Mark Pauschalhonorar. Wohlgemerkt: zusätzlich zur Aufwandsentschädigung für die Beiräte, die den Geschäftsverlauf zu überwachen hatten.

Als Gegenwert für die 20000 Mark Honorar wurde nichts weiter verlangt, als, so ein Vertrag, Kontakte mit Meinungsbildnern und Entscheidern herzustellen. Also dafür, daß die Gesellschafter der Geschäftsleitung die Arbeit abnehmen, und zudem für etwas, was eigentlich selbstverständlich ist.

Der Rechnungshof wird da in seiner vorsichtigen Art besonders pampig. Ihm »konnten keine Schätzungen für die Angemessenheit des Pauschalhonorars vorgelegt werden. Es war nicht einmal festzustellen, welche Leistungen die Gesellschafter im Prüfungszeitraum erbracht haben.«

Wer den Fall aus der Sicht eines Bankers betrachtet, der bekommt glänzende Augen. Wo gibt es denn sonst noch eine jährliche Verzinsung von 40 Prozent über einen Zeitraum von neun Jahren? 1996 wird allein die beteiligte öffentlich-rechtliche Bank den Bürgern locker eine viertel Million Mark abgeknöpft haben. Und es kommt jeweils derselbe Betrag für die Stadt und das Land hinzu.

Wenn sich das alles wenigstens rentiert hätte! Aber Fehlanzeige. Der Rechnungshof spricht von »nahezu erfolglosen Akquisitionsbemühungen«.

Bayern

Bläser, untauglich für den Knüppel

Daß den Missetätern im Land der Zugspitze gehörig der Marsch geblasen wird, das war schon immer bayerische Lebensart und wird es nach Max Streibl wohl auch unter dem neuen Ministerpräsidenten Stoiber so bleiben. Daher gibt es auch schon seit den 50er Jahren ein Musikkorps der bayerischen Polizei, das sich vormals ausschließlich aus Polizeivollzugsbeamten rekrutierte. Also aus solchen, die schon mal mit dem Knüppel spielen und die Handschellen kreisen lassen.

Nun hat es sich aber in den aktuellen Zeitläuften ergeben, daß immer weniger Vollzugsbeamte Lust hatten, die Pistole mit der Klarinette, dem Tambourin oder der Posaune zu vertauschen. Vielleicht liegt das daran, daß den jungen Leuten im Staatsgrün mehr nach Rap als nach Bläsergruppe, Oberkrainer Polka, Combo oder Turmbläserei zumute ist. Vielleicht schreckt die jungen Polizisten aber auch der Müßiggang: 1992 kam die dudelnde Truppe auf gerade einmal 137 Einsätze. Tendenz fallend. 1988 waren es noch 173 und 1990 noch 145 Engagements.

Wie dem auch sei: Das junge Volk, gerade einmal dem Status der Bereitschaftspolizei entwachsen, will nicht mehr tönend strammstehen und verweigert den Dienst. Mit spaßigen Folgen: Jetzt kommen auch Quereinsteiger zum Zuge, also solche, die mit der mühseligen dreijährigen Ausbildung überhaupt nichts zu tun hatten. Sie können nur eines: blasen, tuten oder trommeln.

Sie haben nämlich auch eine besondere Ausbildung hinter sich: 75 Stunden mußten sie polizeirechtliche Kenntnisse büffeln, dann waren sie eben »Polizeivollzugsbeamte im musikalischen Dienst« – 24

Beamte des mittleren und ein Beamter des gehobenen Dienstes, alle mit den Zulagenprivilegien der Vollzugsbeamten ausgestattet. Diese sind zwar kümmerlich genug – aber immerhin.

Das mag der Bayerische Oberste Rechnungshof nun gar nicht leiden. Und er beruft sich auf eine Stellungnahme des Präsidiums der Bereitschaftspolizei aus dem Jahre 1988, das diesen Zustand auch nicht mag.

Also will man die Bläsertruppe in den mittleren Polizeiverwaltungsdienst umschichten. Bis es soweit ist, werden sich noch einige Oberministerialräte den Mund fusselig diktieren und wird es wohl auch eine Sonderkommission geben – aber immerhin, die Angemessenheit wird früher oder später eintreten.

Wenn es dann nicht zu spät ist. Denn niemand erwartet, daß die Polizeimusiker deshalb in Zukunft häufiger auftreten werden. Eher wird sich die Tendenz zu noch geringerem Interesse fortsetzen. Dann trifft das zu, was der Bayerische Oberste Rechnungshof am Schluß seines Berichtes feststellt: dann stellt sich für das Musikkorps die Existenzfrage. Vielleicht hat der Rechnungshof das mit seiner verklausulierten Rüge auch so gemeint.

Baden-Württemberg

Einfluß vertan, Geld verschenkt

Ob man es gutheißen mag oder nicht – die Regierung jedes deutschen Bundeslandes und auch der Bund selber sind finanziell an einer Vielzahl privater Unternehmen beteiligt. Menschen dieser Firmen geht es immer noch recht gut. Anlaß genug, sich den Einfluß auf diese nachhaltig zu sichern, etwa durch hohe Stimmrechte.

Das Land Baden-Württemberg hat bereits 1983 seine Beteiligungen in der »Staatsholding Landesbeteiligungen Baden-Württemberg GmbH« zusammengefaßt; was ein effizientes Management fern beamtenrechtlicher Zwänge ermöglicht. Allerdings wollten die Parlamentarier die Holdingchefs nicht ganz von der Leine lassen. Beim Verkauf von Anteilen an den eingeliederten Firmen zum Beispiel sollte der Finanzausschuß des Parlaments das letzte Wort haben. Diese Konstruktion entspricht durchaus dem Mitspracherecht von Aufsichts- oder Beiräten privater Kapitalgesellschaften.

Nun hat es sich aber 1992 zugetragen, daß die BW-Bank Baden-Württemberg AG, an der die Staatsholding damals mit 30 Prozent beteiligt war, eine Kapitalerhöhung durchführen wollte. Dabei wird zunächst einmal denen die Einzahlung angeboten, die sowieso schon an der Gesellschaft beteiligt sind.

In diesem speziellen Fall erhielt jeder Anteilseigner ein sogenanntes Bezugsrecht, das den Kauf neuer Aktien in einem genau festgelegten Verhältnis zum Bestand der alten Aktien regelt. Etwa nach diesem Muster: Wer drei Altaktien besitzt, darf dafür zu einem bestimmten fixen Preis eine neue kaufen. Auf diese Weise wird sichergestellt, daß sich die Stimmenverteilung im Gesellschafterkreis nicht verändert. Denn wenn alle Altaktionäre ihre Bezugsrechte einlösen, stellen sich am Schluß ganz von selbst die vorherigen Mehrheits- und Minderheitsverhältnisse ein.

Will ein Aktionär jedoch nicht mitmachen, wenn er zum Beispiel gerade etwas klamm ist, kann er seine Bezugsrechte auch verkaufen. Dafür gibt es an der Börse einen ganz offiziellen Markt. Bezugsrechte sind manchmal sehr begehrt; aus vielerlei Gründen. Manchmal kommt der Investor über Bezugsrechte preiswert an junge Aktien. Manchmal möchte auch jemand sein Mitspracherecht im Kreis der Anteilseigner ausweiten. Dann ist er daran interessiert, so viele neue Aktien in die Hände zu bekommen, wie er kriegen kann.

Aus welchen Gründen auch immer: Die Landesholding war an den neuen Aktien der BW Bank AG nicht interessiert, daher auch nicht an den Bezugsrechten. Demzufolge veräußerte sie das Paket zu einem guten Preis und wäre aus dem Deal auch recht gut herausgekommen, wenn nicht der Kurs der alten Aktien gleichzeitig nach unten abgesackt wäre.

Das war aber nicht der einzige negative Effekt. Dadurch, daß sie die Kapitalerhöhung nicht mitgemacht hatte, sank die Beteiligung an der BW Bank AG von vorher 30 auf jetzt rund 27 Prozent. Das heißt: Die Landesholding hat dort jetzt zu rund drei Prozentpunkte weniger zu sagen und erhält auch rund drei Prozentpunkte weniger an Ausschüttung. Also statt vorher 30 Prozent vom ausbezahlten Gewinn jetzt nur noch 27 Prozent. Allerdings sei hier nicht verschwiegen, daß das Risiko, etwaige Verluste auszugleichen, im selben Maße gesunken ist.

Stimmt das schon den Rechnungshof merklich traurig, wird er jedoch sauer, wo es um die Berechtigung für diesen Deal geht. Denn, so argumentiert der Rechnungshof, der Verkauf der Bezugsrechte kam im Endeffekt einem Verkauf von Kapitalanteilen gleich.

Und dem hätte der Finanzausschuß zustimmen müssen.

Das Finanzministerium sieht das nicht so. Es ist ja auch eine komplexe Problemstellung, die sich einzig und allein in der einen Frage zuspitzt: Wieso sind Politiker nicht in der Lage, derartige Streitpunkte vorauszusehen und Gesellschafterverträge zu formulieren, die Zweifel erst gar nicht aufkommen lassen? Bei den immer neuen Steuergesetzen stopfen sie ja auch alle Schlupflöcher zu!

Brandenburg

Provisionsreiterei II

Schlechte Beispiele machen schnell Schule – besonders bei Staatsbankern. Da ist doch bereits die Westdeutsche Landesbank aufgefallen, weil sie für das reine Durchreichen von Fördergeldern des Ministeriums für Umwelt, Naturschutz und Raumordnung an die Empfänger sage und schreibe ein volles Prozent Provision eingestrichen hat. Immerhin 1,8 Millionen Mark hat die WestLB als Vorgängerin der Investitionsbank des Landes Brandenburg dafür kassiert.

Der Rechnungshof, der diese Gebührenpaxis in seinem Bericht zum Jahr 1993 gerügt hatte, hatte seinerzeit die Hoffnung ausgesprochen, daß die Investitionsbank Brandenburg nicht derselben Versuchung unterliege. Das Umweltministerium hat ihm auch hoch und heilig versprochen, auf angemessenere Provisionen zu achten.

Das hat offensichtlich das Ministerium für Ernährung, Landwirtschaft und Forsten nicht mitbekommen. Es gewährte der Bank bei seinen Fördermaßnahmen für die reine Durchreiche von Geldern wiederum ein Prozent Provision. Da allein im Programm »Dorferneuerung« 40 Millionen Mark Fördermittel zur Disposition stehen, darf sich die Bank freuen, für die Kontoführung satte 400000 Mark einzustreichen.

Das dürfte ausreichen, um das Gehalt des Vorstandsvorsitzenden zu bezahlen. Mit Dorferneuerung hat das jedoch wenig zu tun.

Sachsen

Räuchermännchen

Was tun 1000 Räuchermännchen auf einer Burg? Sie räuchern. Sie räucherten die Gäste des Königsteiner Burgfestes im Mai 1991 dermaßen ein, daß den Prüfern des sächsischen Rechnungshofes noch jetzt die Augen tränen. Ausgerichtet wurde das Fest anläßlich der 750. Wiederkehr der ersten urkundlichen Erwähnung der Burg. Dort steht jetzt ein Museum, dessen Chef mit seinen Mithonoratioren, mehrere Tausend an der Zahl, endlich mal etwas kulturell Bedeutungsvolles feiern wollte.

Zu den Räuchermännchen bestellten sie noch 5022 Weinprobenbecher, 2842 Weinrömer, 1000 Jubiläumsmedaillen, 10270 Tragetaschen sowie 10100 Festabzeichen. 3420 Mark kostete ein eigens angefertigter Festpokal, aus dem Ehrengäste den Begrüßungstrunk schlürfen mußten.

Als das Gelage vorbei war und es an die Abrechnung ging, hatten die Verantwortlichen wohl ein wenig die Übersicht verloren – denn von Vollständigkeit der Belege konnte keine Rede mehr sein. Der Rechnungshof kam später zu der Interpretation, daß knapp 90000 Mark an Einnahmen geflossen sind – bei mindestens 103000 Mark an Kosten. Über diesen Betrag konnten wenigstens noch Belege gesichert werden. Fazit: ein Verlust von mindestens 13000 Mark.

Das ist aber nicht die einzige Verlustquelle, unter der die Burg Königstein nach der Wende zu leiden hatte. Der Museumsleiter, ein Mann der alten Garde, hatte nämlich noch im Dezember 1990 mit einem privaten Bewachungsunternehmen aus Leipzig einen Vertrag über die Bewachung der Königsteiner Kulturgüter geschlossen. Es sollten jeweils zwei Mann rund um die Uhr nach dem Rechten schauen. Ein Unding, so der Rechnungshof, schließlich sei das Museum mit vierzig unterbeschäftigten Bediensteten, die dort zum Teil auch wohnten, leicht in der Lage gewesen, selbst eine Bewachung vorzunehmen. Als dieser Vertrag endlich am 30. Juni 1992 ausgelaufen war, hatte er die Steuerzahler immerhin 481855 Mark und 41 Pfennig gekostet.

Ein wenig mit Gerätschaften gespielt haben der Museumschef und sein Bewachungspartner auch. So erwarb er zwei Handfunkgeräte, die er dem Bewachungsunternehmen zur Verfügung stellte, obwohl dieses eigentlich für die Bereitstellung von Gerätschaften selbst zuständig war. Später wurden die Walkie-talkies dann wieder verkauft – mit einem Verlust von tausend Mark, selbstredend.

Im Juli 1990 sah dann der Direktor ein, daß die eher sozialistisch angehauchten Töne des alten Festungsführers nicht mehr in die modernen Zeiten paßten – ein neuer mußte her. Der Beamte fand auch schnell jemanden, der sich damit befassen wollte – eine seiner leitenden Mitarbeiterinnen. Die erstellte, natürlich während der Dienstzeit, das Manuskript und erhielt dafür 49000 Mark. Damit das mit der Doppelarbeit nicht so auffiel, nahm die Dame nach Manuskriptabgabe sechs Wochen unbezahlten Urlaub – woraus sich ableiten läßt, daß sechs Wochen wenn auch schwerer Arbeit auf der Festung Königstein ganz schön was wert sind; jeder freie Schriftsteller würde sich gerne auf eine solche öffentliche Position einlassen.

Niemanden wird es wundern, wenn er erfährt, daß es keinerlei Ausschreibung für die Erstellung der Grafiken oder über den Druckauftrag gegeben hat. So kam es dann auch, daß sich die Herstellungskosten für den neuen Führer, das Honorar für das Manuskript nicht eingerechnet, auf rund 230000 Mark summierten – 100000 Mark mehr, als es hätten sein müssen. Das ergibt sich aus dem Kassenbericht der Festung, der am 14. Januar 1993 vorgelegt wurde.

Das alles versucht das Ministerium für Wissenschaft und Kunst mit dem Hinweis auf mangelnde Erfahrungen mit marktwirtschaftlichen Gebräuchen abzubügeln; vor allem auch die überhöhte Honorarforderung der leitenden Mitarbeiterin. Es will nicht einmal prüfen, ob das Geld zurückverlangt werden kann, obwohl der Rechnungshof darauf hinweist, daß die Erstellung des Manuskripts im »Dienstauftrag« nur 2100 Mark gekostet hätte – eben der beamtische Gegenwert für die sechs Wochen unbezahlten Urlaub. Von strafrechtlichen Folgerungen möchte das Ministerium erst recht nichts wissen.

Vielleicht zucken die Kulturbeamten aber doch aus ihrer Lethargie, wenn sie erfahren, was dann noch mit der alten Ausgabe der Broschüre passiert ist. Die wurde, obwohl vom Musumschef für ungeeignet erachtet, noch während der Arbeiten für die kapitalistische Fassung ein drittes Mal hergestellt, Gesamtauflage: 50360 Exemplare. Das ganze schöne Papier ging später in den Reißwolf. Hoffentlich der Dienstvertrag des Verantwortlichen im Kultusministerium auch.

Mecklenburg-Vorpommern

Einmal arbeiten, mehrmals kassieren

Das ist das Schöne an der Kunst der Architekten: Ihre Absonderungen, die Entwürfe für Hallen und Häuser, lassen sich gleich mehrfach verkaufen – ohne großartige Veränderungen, also ohne großen Aufwand. Wer zum Beispiel durch die bayerischen Lande fährt, der darf das Ergebnis dieses Ideenrecyclings bewundern: In Neubaugebieten gleicht eine Neubarock-Kitschhütte im sogenannt alpinen Stil verzweifelt der anderen.

Die Bauherren hingegen kommen nicht etwa in den Genuß eines Massenrabatts, sondern müssen so tun, als habe der Architekt, oft der örtliche Bauamtsleiter, gerade die Baukunst neu erfunden. Aufpassen muß ein Architekt nur, wenn er seine Geistesergebnisse demselben Bauherrn mehrfach verkauft und danach mit derselben Chuzpe ans Kassieren geht wie bei den Bauherren in der Kleinsiedlung ums Eck: Das geht nämlich nicht, vorausgesetzt, der Auftraggeber, vielleicht eine Behörde, kommt ihm drauf.

Dieses Pech hatte 1991 ein Architekt, der in Mecklenburg-Vorpommern gleich mehrere Gebäude einer Kaserne instandsetzen sollte. Der Rechnungshof hielt ihm und dem Finanzministerium vor, die Arbeitserleichterungen nicht richtig berücksichtigt zu haben, obwohl die Gebührenordnung das vorschreibt. Von den 1,8 Millionen Mark Honorar wären 100000 Mark einzusparen gewesen. Das Finanzministerium zog sich auf das Chaos so kurz nach der Vereinigung zurück und versprach, mit dem Architekten über eine Minderung zu verhandeln.

Berlin

Nachschlag

In waldigen Nischen, etwa in Berlin, sind hier und da noch veritable Goldtöpfchen versteckt. Eines davon wird von den wirtschaftlichen Zwergen der Senatsverwaltung verwaltet, genauer gesagt von Mitarbeitern des Senators für Schule, Berufsbildung und Sport. Goldtöpfchen, wenn man kräftig darin rührt, sind unerschöpflich; um so ergiebiger auch, je kräftiger drin gerührt wird. Aber: Manche Zwerge sind fleißiger als die anderen.

Der Goldtopf des Schulsenators heißt »Waldbühne«. Dort findet eine Vielzahl hübscher, meist finanziell sehr erfolgreicher Veranstaltungen statt: Kinovorführungen und Musikfestivals zum Beispiel.

Mit dem Rühren des Topfes, sprich mit der Akquisition und der Organisation dieser Veranstaltungen hatte der Senator ein kommerzielles Unternehmen beauftragt und für die Nutzung der Bühne auch gleich einen Mietvertrag abgeschlossen.

Seit 1986 zahlte die Firma eine Miete zwischen 5000 Mark bei bis zu 2500 Besuchern und 25000 (ab 1990: 30000) Mark bei mehr als 25000 Besuchern. Das war ein sehr gutes Geschäft für die Veranstalterfirma. Denn der Berliner Rechnungshof kam darauf, daß in deren Kostenkalkulation der Posten »Mieten« häufig weit weniger als 20 Prozent der Bruttoeinnahmesummen ausmachte; in einem Fall nicht einmal drei Prozent.

Nun ist nichts dagegen zu sagen, wenn einer aufgrund niedriger Mieten eine gutgehende Firma führt – es sei ihm gegönnt. So manche Familie, die extrem hohe Gebühren für einen Kindergartenplatz bezahlen muß, vielleicht weil die Mieten so hoch sind, wird jedoch nicht begreifen wollen, warum die Stadt sich hier so kulant verhalten hat.

Als der Rechnungshof daranging, diesen Zustand ein wenig genauer zu durchleuchten, wachten wohl auch die Zwerge des Schulsenators auf. Flugs kündigten sie den alten Vertrag und schrieben die Nutzung der Waldbühne aus – zum erstenmal seit langer, langer Zeit. Zum erstenmal sollten sich demnach die Mieten nicht an der Besucherzahl, sondern an den Bruttoeinnahmen orientieren.

Wer sich auch an der Ausschreibung beteiligte: Die Firma, die bisher schon in der Waldbühne das Sagen hatte. Sie erhielt den Zuschlag und zahlt seit 1993 rund 1,8 Millionen Mark Miete an die Stadt – dreimal soviel wie bisher. Der Rechnungshof zeigt sich erschüttert über das Ausmaß der verschenkten Einnahmen.

Rheinland-Pfalz

Teure Technik, kein Personal

Das Landesamt für Umweltschutz und Gewerbeaufsicht in Rheinland-Pfalz ist offensichtlich so arm, daß es betteln gehen muß. Um zum Beispiel im Fall kleinerer oder mittlerer Umweltkatastrophen feststellen zu können, mit welchen Giften die Luft und der Boden wie stark belastet sind, beschaffte es sich ein Massenspektrometer. Nicht etwa aus eigenen Mitteln, sondern mit dem Geld des Ministeriums für Inneres und Sport sowie des Ministeriums für Umwelt.

Das Innenministerium gab 450000 Mark für das Analysegerät; das Umweltministerium, die direkte vorgesetzte Behörde, bezahlte 140000 Mark für die Anschaffung eines geländegängigen Fahrzeuges, auf welches das Gerät montiert wurde.

Der Gag: Das Gerät stand zum Zeitpunkt, als die Mitarbeiter des Rechnungshofes ihre neugierigen Nasen in die Angelegenheit steckten, ungenutzt herum. Nicht, weil es nicht gebraucht würde (nebenbei: eine Kosten-Nutzen-Analyse vor der Investition hat gar nicht erst stattgefunden), sondern weil kein fachkundiges Personal bereitstand.

Inzwischen fallen aber allein aufgrund der Existenz des Spektrometers jährlich 90000 Mark Kosten für Abschreibung, Kapitalverzinsung und Wartung an.

Zeigen denn wenigstens die involvierten Ministerien Einsicht? Mitnichten. Sie geben dem Rechnungshof auf Anfrage die Antwort, es handle sich um die Vorsorge für einen Katastrophenfall. Da hätten wirtschaftliche Erwägungen beiseite zu stehen. Wohl wahr. Nur: Vorsorge ohne die nötige fachlich-personelle Kompetenz?

Außerdem ist mindestens erwägenswert, was der Rechnungshof vorschlägt: Das Gerät, mitsamt dem teuren Fahrzeug darunter, könnte kontinuierlich für die Überwachung von Grundwasser, also im kommunalen Auftrag, genutzt werden.

Bayern

Polizei, privat bewacht

Als Vorreiter der Privatisierung scheut der Bayerische Oberste Rechnungshof vor keinem kreativen Einfall zurück. In seinem Jahresbericht 1993 fordert er, die Bewachung der Unterkünfte, in denen die Polizisten des Landes untergebracht sind, privaten Sicherheitsdiensten zu überlassen.

Die Überlegung hat so ihren eigenen Charme: nicht nur, daß dabei 155 Beamte einem sinnvolleren Dienst, etwa der Parkplatzüberwachung, zugeführt werden könnten. Es macht darüber hinaus besondere Freude, sich vorzustellen, wie ein junger Polizist in Räuberzivil, der seine Herzallerliebste bis weit über den Zapfenstreich hinaus beglückt hat und der jetzt seinen Weg über Mauer und Zaun sucht – wie der von schwarzen Sheriffs niedergemacht und, samt Hundebißspuren, auf die nächste Wachstube geschleift wird.

Ernsthaft sollten die Finanzpolitiker aber einmal darüber nachdenken, was denn einen Polizeibeamten so teuer macht, daß er sich im Vergleich zu seinem privaten Kollegen nicht mehr rechnet.

Nordrhein-Westfalen

Lehrermonopol

Was die Ober-Lehrer am Institut für Schule und Weiterbildung in Soest sich so Feines ausdenken und was später seinen Niederschlag im Unterricht finden soll, das braucht auch eine professionelle verlegerische Aufbereitung und einen eingespielten Vertrieb. Das sieht auch der Rechnungshof Nordrhein-Westfalen so und hat im Prinzip gegen die Dienste des privatwirtschaftlich arbeitenden Soester Verlagskontors nichts einzuwenden.

Kritisch äußert sich der Rechnungshof allerdings darüber, daß das Institut sich nicht an die allgemeinen Vorschriften zur Vergabe öffentlicher Aufträge hält, nach denen solche Arbeiten eigentlich ausgeschrieben werden müßten.

Daß dem nicht so ist, mag wohl daran liegen, daß es einen nahezu unübersehbaren Aufwand mit sich bringen würde, jeden kleinen Druckauftrag neu auszuschreiben, die Bewerbungen zu bewerten und einen formvollendeten Vertrag auszufertigen.

Warum aber kommt es nicht wenigstens zu einer Globalausschreibung über, sagen wir einmal, ein Jahr? Dann ließen sich die Kosten von 1,8 Millionen Mark (1991) sicherlich erklecklich senken. Es geht auch nicht an, Druckauftrag und Vertrieb der Schriften so mir nichts, dir nichts zu verbinden, meint zumindest der Rechnungshof.

Werden beide Aufträge aber dennoch geblockt und ist der Verlag vertraglich gebunden (wie in diesem Fall), seine Aufwendungen und die Vertriebsergebnisse eines jeden Druckwerks offenzulegen, damit über die Verwendung der Erträge entschieden werden kann, dann sollte das eigentlich auch so geschehen.

Trotzdem mußte der Rechnungshof feststellen, daß aus den Unterlagen des Instituts nirgends hervorgeht, welche Schrift in welcher Auflage vertrieben wurde.

Der rätselvollen Geschäftspraktiken gibt es aber noch mehr. So ist der Verlag befugt, auf eigene Rechnung Nachdrucke zu fertigen und zum eigenen Gewinn zu vertreiben.

Das ist offensichtlich regelmäßig und in erheblichem Umfang geschehen. Was den Rechnungshof besonders ärgert: Das Institut und damit der Staat und letztlich die Steuerzahler gehen bei diesen Einnahmen leer aus. Obwohl es sich um Schriften handelt, die auf Steuerzahlers Kosten im Institut erarbeitet wurden.

Brandenburg

Zum Fenster raus

Ein Federstrich genügt – und schon machen sich 216 Millionen Mark davon. Das brachte ein Mitarbeiter des Ministeriums für Stadtentwicklung, Wohnen und Verkehr des Landes Brandenburg im Jahre 1991 zuwege, indem er die Subventionen, die das Land den Vermietern gewährte, von damals 60 auf 95 Mark pro Wohneinheit und Monat erhöhte.

Einfach so, ohne das Finanzministerium gehört oder gar dessen – zwingend notwendige – Zustimmung eingeholt zu haben. Der Zeitpunkt dafür war überaus pikant: Damals, im September, waren bereits 75 Prozent der für die Wohnungswirtschaft bereitgestellten Mittel verbraucht gewesen; das Ministerium wäre mit den genehmigten 60 Mark gerade so eben ausgekommen. Jetzt hatten die Beamten alle Hände voll zu tun, das Geld irgendwo anders zusammenzukratzen.

Was geschah mit dem Verantwortlichen? Das Ministerium gibt sich kryptisch: Es wurden personelle Konsequenzen gezogen.

Berlin

Komplizen?

Da sind die Beamten hart: Firmen, die sich bei Preisabsprachen zu Lasten der öffentlichen Auftraggeber ertappen lassen, kommen für eine ganze Weile auf die schwarze Liste. Das ist die Theorie. In Berlin bekommen die Unternehmenschefs, wenn überhaupt, freundliche Schreiben.

1991 hat der Senator für Wirtschaft und Technologie gegen 16 Firmen Bußgeldbescheide erlassen, weil sie gegen das Verbot der Preisabsprache verstoßen hatten. Es ging um neun Unternehmen der Berliner Markisen-, Jalousien- und Rolladenbranche und um sieben Tiefbauunternehmen. Das Land Berlin erlitt durch die Preisabsprachen erhebliche Schäden, wie die Rechnungsprüfer betonen. Die Bußgeldbescheide sind alle rechtskräftig geworden. Eigentlich müßte das reichen, um die betroffenen Unternehmen für eine Zeitlang aus der Liste der bietberechtigten Firmen zu nehmen.

Was aber tatsächlich geschah, beschreibt der Bericht des Rechnungshofes, aus dem sich auch ein wenig hilfloser Zorn herauslesen läßt: »Die Senatsverwaltung für Bau- und Wohnungswesen hat lediglich den vier beauftragten Firmen im Frühjahr 1992 Schreiben übersandt, in denen sie den Firmen mit dem Ausdruck des Bedauerns mitteilte, daß sie gezwungen sei, die Unternehmen befristet aus dem ULV (Unternehmer- und Lieferantenverzeichnis; der Verfasser) zu streichen, wenn weitere Bußgeldbescheide gegen sie erlassen würden ... Gegenüber den anderen zwölf Firmen ... hat die Senatsverwaltung überhaupt nicht reagiert.«

Soweit ist es mit dem preußischen Beamten also schon gekommen: merken, wie sie über den Tisch gezogen werden, und drohen trotzdem nur mit dem Ausdruck des tiefen Bedauerns mit dem kleinsten Finger!

Rheinland-Pfalz

Aus der Ferne gemolken

Einerseits muß sich das rheinland-pfälzische Landesamt für Umweltschutz und Gewerbeaufsicht Gelder für die Beschaffung eines teuren Massenspektrometers, nämlich 590000 Mark. zusammenbetteln, andererseits verschenkt es Zehntausende, indem es Rechnungen zu spät verschickt und Zinsverluste hervorruft.

Passiert ist das laut Rechnungshof zumindest in den Jahren 1988 bis 1991. Beziffert wird ein Zinsschaden von insgesamt 950000 Mark. Die Causa: Das Landesamt mißt in der Umgebung von Kernkraftwerken, ob dort irgendwelche ungewöhnlichen Strahlenbelastungen auftreten. In Rheinland-Pfalz handelt es sich um die Umgebung des Kraftwerkes Mülheim-Kärlich, das bis jetzt noch nicht am Netz ist.

Es beteiligt sich zugleich an der Fernüberwachung von Kernkraftwerken, in deren möglichem Einflußbereich bei Störfällen das Land liegt. Dabei handelt es sich vor allem um die Kraftwerke Biblis und Cattenom in Frankreich. Die Kosten dafür müssen die Kernkraftwerksbetreiber bezahlen, also die Elektrizitätswerke und die an ihnen beteiligte Industrie.

Daran besteht auch beim Landesamt für Umweltschutz und Gewerbeaufsicht kein Zweifel. Nur: Es dauert elend lange, bis die entsprechenden Gebührenbescheide draußen sind.

Beispiele: Rechnungen über Abschlagszahlungen für die Kalenderjahre 1988 und 1989 über insgesamt eine Million Mark wurden erst im Dezember 1989 verschickt, den endgültigen Gebührenbescheid über 4,3 Millionen Mark für die Jahre 1988 bis 1990 erhielten die Kraftwerksbetreiber erst im Dezember 1991.

Die Verzögerungen hatten durchaus Methode. Nicht eine einzige Rechnung wurde, wie die Fachleute sagen, »zeitnah« verschickt. Das soll sich zwar jetzt ändern, ebenso wie der Umstand, daß manche Gebührenrechnungen nicht kostendeckend erstellt wurden.

Baden-Württemberg

Verludert

Seit nun sieben Jahren läßt eine Gemeinde in Baden-Württemberg ein landwirtschaftliches Anwesen verkommen, das sie damals gekauft hatte, um es in ein »Haus des Gastes« umzubauen. Dafür erhielt sie vom Land vor sieben Jahren 256000 Mark Zuschuß – nur wurde bislang nicht einmal der erste Spatenstich gesetzt. Es ist auch nicht zu erwarten, daß es zu der Sanierung kommt, denn inzwischen ist die Bausubstanz hoffnungslos desolat und die Stadt zu wenig reich, um überhaupt ein tragfähiges Sanierungskonzept aufstellen zu können.

Was besonders verwundert an diesem Fall: Der Rechnungshof mußte erst das zuständige Regierungspräsidium nachhaltig auffordern, die Zuschüsse plus die angefallenen Zinsen zurückzufordern.

Rheinland-Pfalz

Strahlenlecks?

Es gibt einen ganz einfachen Trick, mit dem schädliche Stoffe gehindert werden, in die Umwelt zu entweichen: Man sorgt dort, wo sie gelagert werden, für einen Unterdruck. Entsteht irgendwo im Lager ein Leck, dient die Druckdifferenz sozusagen als unsichtbarer Dekkel. Wenn auch nur für kurze Zeit. Denn irgendwann werden sich die Druckverhältnisse ausgeglichen haben.

Diesen Trick wandten auch die Ingenieure der rheinland-pfälzischen Sammelstellte für radioaktive Abfälle in Ellweiler an. Sie bauten eine Halle, in der große Pumpen für einen stetigen Unterdruck sorgten; oder besser: sorgen sollten.

Denn die Halle wies von Anfang an ein oder mehrere Lecks auf. Die Pumpen konnten nur mit Mühe den notwendigen Unterdruck herstellen. Es wurde daher ständig daran herumgebastelt, die Lecks durch zusätzliche Abdichtarbeiten in den Griff zu bekommen. Das kostete von 1987 bis 1992 immerhin rund 300000 Mark. Da sind die zusätzlichen Heizkosten von 5000 Mark jährlich fast ein Klacks.

Und was sagen die verantwortlichen Ingenieure und Techniker beim Staatsbauamt dazu? Sie wenden ein, daß es sich bei dem Bau um eine neuartige Leichtbauweise gehandelt habe, »zu deren luftdichter Ausbildung keinerlei Erfahrenswerte herangezogen werden konnten« (Zitat nach dem Bericht des Landesrechnungshofes aus dem Jahre 1993).

Da fragt sich der besorgte Ellweiler Bürger und überhaupt der Rest der Republik zusammen mit dem Rechnungshof: Wieso werden in einem solch hochsensiblen Bereich nicht ausschließlich ausreichend getestete Bauweisen eingesetzt?

Bayern

Millionenpfütze

»Flößertropfen« gibt es für alle Teilnehmer, bevor sie sich in Wallenfels/Oberfranken auf ein aus rohen Holzbalken zusammengezimmertes Wassergefährt begeben, um eine Stunde lang die Wilde Rodach entlangzufahren. Zwischendurch fließt selbstverständlich Bier vom Faß bis zum Ins-Wasser-Kippen, was die mitfahrende Blaskapelle mit einem lustigen Tusch feiert. Und auch hinterher läßt sich der Veranstalter nicht lumpen: ein letztes Bier in einem Keramikkrug, den der leicht Angeheiterte sogar mit nach Hause nehmen darf.

Wer das alles durchgestanden hat, darf sich noch auf einen Hüttennachmittag freuen und zum Abend »je 1 Steak und 1 Paar Bratwürste« (Prospektwerbung) zu sich nehmen. Gegen 19 Uhr wird der typisch bayerische Abend dann beendet. Der Busfahrer darf anschließend die Bescherung aufwischen.

Seit 1977 geht das schon, und bislang hat das Wasser im Wildbach stets ausgereicht, die Floßbagage dorthin zu treiben, wo sie hin soll. Wenngleich auch ab und zu nicht einmal mehr eine Handbreit Wasser zwischen Floßunter- und Bachbettoberseite vorhanden war.

Das brachte dann im Prinzip wasserrechtliche Probleme mit sich, weil die Floßfahrten eigentlich nur bei ausreichend Wasser um die Hölzer herum genehmigt werden dürfen. Aber das sahen die Ämter nie so eng, wenn sie auch hier und da ein gewisses Bauchgrimmen verdrängen mußten.

Jetzt sollen die Aufsichtsbeamten aber bald wieder ruhig schlafen dürfen. Denn das Landratsamt möchte den Flößern einen Wasserspeicher spendieren, den sie in trockenen Zeiten nur anzustechen brauchen: einen kleinen Stausee im Nebenarm des Bächleins, versehen mit einem Schieber, durch den das klare Naß bei Bedarf in den arg zahmen Wildbach eingelassen wird.

Wer die alten Filme kennt, in denen dokumentiert wird, wie früher riesige Mengen frisch geschlagener Stämme zu Tal expediert wurden, wenn nach dem Anstich derartiger Wasserspeicher aus einem harmlosen Bächlein plötzlich eine brüllende, brodelnde Urgewalt entstanden ist, der möchte sich mit Behagen vorstellen, welch Horrorrafting den Honoratioren beschert sein möge, wenn sie die Jungfernfahrt auf der neugefüllten Bachrinne unternehmen.

Vielleicht schüttelt dem Landrat und seinen Kreisräten aber vorher doch noch einer den Gedanken aus dem Kopf, 9,5 Millionen Mark dafür auszugeben, daß ein paar Zugereiste eine Sauf- und ein paar Busunternehmer eine Abkassiergarantie erhalten.

Denn soviel soll das Rückhaltebecken kosten, dem der Bayerische Oberste Rechnungshof jede andere Berechtigung als die der Fahrwasserauffüllung aberkennt – vor allem die angeblich so wichtige wasserwirtschaftliche. Sogar Geld aus dem Europäischen Fonds für Entwicklung, 4,5 Millionen Mark, will die Bayerische Staatsregierung dafür an Land ziehen.

Die Regierung begründet diese Floßfahrtsubvention mit der Verpflichtung, die »Vorflutverhältnisse« des Baches verbessern zu müssen – was immer das bei einem Gewässer, das seit der Eiszeit fließt, auch bedeuten mag.

Die Talsperrenfans meinen auch, es könnte ein attraktives Erholungsgebiet geschaffen werden, was der Rechnungshof nicht nachvollziehen mag. Was, so die Kritiker, soll an einem See attraktiv sein, dessen Wasserstand möglicherweise von einer Minute zur anderen absinkt?

Endgültig abstrus wird die Floßfahrtsubventionierung, wenn die Baukosten auf die einzelnen Fahrten umgelegt werden: Der Rechnungshof zog die mittleren Wasserstände der letzten 45 Jahre zu Rate und kam zu dem Schluß, daß, hätte es damals die Floßfahrten schon gegeben und wären diese streng nach Recht und Verordnung durchgeführt worden, nur jede zwölfte Fahrt hätte zusätzlich unterspült werden müssen.

Was bedeutet: Jede Floßfahrt mit wassertechnischer Hilfestellung käme dann auf 300000 Mark Subvention. Da bleiben einem Bier, Flößertropfen, Steak und Bratwürste doch glatt im Halse stecken.

Baden-Württemberg

Spargeld vergessen

Der Anlaß war tragisch: Am 28. Juli 1990 stürzte in Baden-Württemberg ein Polizeihubschrauber des Typs BK117 ab. Das Luftfahrt-Bundesamt stellte später fest, daß sich wahrscheinlich ein Bolzen gelöst hatte, der für die Steuerung des Heckrotors wichtig war. Das Bundesamt kam zugleich zu der Meinung, daß der Auslöser ein Wartungsfehler bei der Firma Messerschmitt-Bölkow-Blohm MBB (heute Eurocopter), München, in der Form gewesen sein muß, daß die Mechaniker vergessen hatten, nach Arbeiten an der Steuerung die Mutter des Bolzens wieder mit einem Splint zu sichern. So steht es im Bericht des Landesrechnungshofes aus dem Jahr 1993.

Schrecklich genug. Was der Rechnungshof aber zu den Umständen der Lieferung des später verunglückten Hubschraubers so ganz nebenbei herausgefunden hat und was er zur Beschaffung eines Ersatz- und eines zusätzlichen Hubschraubers dokumentiert, das muß selbst den bestwilligen Steuerzahler das Gruseln lehren.

Der verunglückte Hubschrauber hat, als er im Jahre 1986 angeschafft wurde, exakt 5146712 Mark gekostet. Als wichtige Sonderausstattung (das gibt es also auch bei Flugzeugkäufen!) waren ausgemacht: ein Autopilot (438900 Mark) als Navigationshilfe und eine Außenlautsprecheranlage (51539 Mark). Beide wurden zwar nicht geliefert, aber anstandslos bezahlt.

Offenbar hatte das Innenministerium es auch nicht sonderlich eilig, die angeblich so bedeutenden Sonderausstattungen einsetzen zu können: Erst drei Jahre, nachdem der Termin für den

Rücktritt vom Kauf verstrichen war (1. Juli 1987), sollten, am 20. August 1990, die fehlenden Gerätschaften eingebaut werden. Dazu kam es dann nicht mehr. Warum das jedoch nicht zum Termin jener Wartung geschehen ist, bei der der verhängnisvolle Fehler mit dem Bolzen am Heckrotor begangen wurde und die am 4. Juli stattgefunden hat, also fünf Wochen vorher, wird wohl nie mehr zu klären sein.

Die Firma MBB hat dann anscheinend schnell eingesehen, daß sie nun am Zug war, die finanziellen Folgen des Absturzes zu mildern. Sie hat, so der Rechnungshof, »den Anspruch auf Ersatz des Zeitwertes ... von 4029280 Mark anerkannt«, das wird sie wohl nur getan haben, weil ihr die Beweislage, erhoben vom Luftfahrt-Bundesamt, eindeutig erschien. Trotzdem stellte sie als Ersatz lediglich einen Hubschrauber desselben Typs gegen Zahlung der »Selbstkosten«, was auch immer damit gemeint sein mag, zur Verfügung. Wohl im Gegenzug verzichtete das Innenministerium auf die Zahlung der Nutzenausfallentschädigung. Begründung: schwierige Beweislage.

Was ist jetzt richtig: Verschulden der Herstellerfirma, wie sie der Laie aus der Anerkennung des Zeitwertersatzes ableitet, oder doch zweifelhafte Sachlage, wie der Hinweis »schwierige Beweislage« aus dem Innenministerium nahelegt?

Tröstlich, daß die Firma MBB sich wenigstens bereit erklärte, 36000 Mark an Zinsen aus jenem Darlehen herauszurücken, das das Innenministerium dadurch bereitgestellt hatte, daß es die Nichtlieferung der Sonderausstattungen tolerierte.

Wie auch immer – ein neuer Hubschrauber mußte her. Die Beschaffer des Innenministeriums wurden schnell fündig: eine Maschine vom Typ Sikorsky S76. Es scherte die Beamten bei dieser Entscheidung nicht, daß es sich hier zumindest für das Land Baden-Württemberg um eine Erstanschaffung dieses Typs handelte, die den Zwang einer aufwendigen Ersatzteilbeschaffung nach sich zog sowie aufwendige Einweisungslehrgänge für Piloten und Mechaniker erforderlich machte.

Es mußten auch gleich zwei neue Vögel sein – offensichtlich braucht die Polizei des Landes besonders viel Höhenluft. Entsprechend hoch die Kosten: 12,5 Millionen Mark wurden in den Haushaltsplan des Jahres 1991/92 direkt eingesetzt sowie weitere 12,5 Millionen Mark an »Verpflichtungsermächtigung«. Die wird erteilt für die Bezahlung einer später zu erwartenden Rechnung. Für den Hubschrauberkauf waren demnach 25 Millionen Mark vorgesehen.

Unterlassen wurde bei diesem Vorgang die eigentlich zwingend vorgeschriebene Bedarfs- und Wirtschaftlichkeitsanalyse; die wurde erst im September 1990 vorgenommen. Und siehe da: Es stellte sich heraus, daß aus polizeitaktischen und finanziellen Gründen die Anschaffung des herkömmlichen Typs, eben des BK 117, der günstigste war. Unter finanziellen Gründen versteht der Rechnungshof die Einsparung von neun Millionen Mark Anschaffungs- und jährlich 900000 Mark Unterhaltskosten.

Jetzt könnte der Beobachter eigentlich annehmen, daß die Beamten des Innenministeriums alles taten, um die entsprechenden Positionen im Haushaltsansatz schnellstmöglich zu aktualisieren. Denn am 19. Oktober sollte der Haushalt im Finanzausschuß abschließend beraten werden. Jedoch, es kam wie meist: nichts geschah.

So verfügte das Innenministerium nach der Verabschiedung des Haushaltes über ein schönes Finanzpolster. Da das aber nicht sein durfte, tat man so, als wolle man die Affäre bei der Vorlage eines Nachtragshaushaltes bereinigen. Jetzt endlich kam der, theoretisch richtige, Kaufpreis aufs Tapet: 16,2 Millionen Mark. Was aber vergessen wurde, das war die Verpflichtung der Herstellerfirma, dem Innenministerium noch die rund vier Millionen Mark Entschädigung zu zahlen. So hätte es im Nachtragshaushalt auch nicht 16,2, sondern 11,6 Millionen Mark heißen müssen.

Eigentümlich, nicht? Später haben die Beamten dann verlauten lassen, im Prinzip wäre dem Steuerzahler nichts erspart geblieben, hätten sie den Haushaltsansatz korrekt verfaßt. Denn das Geld, die vier Millionen Mark, hätten sie sowieso für andere, wichtige Ausgaben gebraucht.

Schön schnoddrig, diese Argumentation. Denn es ist immer noch Sache der Abgeordneten, zu entscheiden, welche Ausgaben sie für wichtig erachten und welche nicht. Eine Vorwegnahme der Entscheidung wirft ein bezeichnendes Licht auf die Verfassungsnähe der baden-württembergischen Exekutive.

Zumindest sollten die Parlamentarier bei der nächsten Haushaltsberatung einmal genauer hingucken, wo das Innenministerium überall Luftinvestitionen eingebaut hat.

Bund

Rad weg

Die Deutsche Bundesbahn war schon immer allergisch gegenüber konkurrierenden Beförderungsmitteln. Daß sie die LKWs und die PKWs noch heute als das Grundübel ihres Untergangs ansieht, ist noch verständlich. Daß die Leute von der Bahn aber Fahrräder so hassen, daß sie insgesamt 250 Millionen Mark auszugeben bereit sind, Bahnreisende, die es wagen, ein Fahrrad transportieren zu lassen, um ihren Drahtesel zu erleichtern – das muß aber doch verblüffen.

Die große bundesweite Fahrradvernichtungsaktion begann 1989, als ein neues Gepäck- und Expreßgutsystem eingeführt wurde. Das war aber nur Tarnung; damit ihnen der Fahrrad fahrende Bahnkunde nicht auf die Schliche kam, nahm das Management es gerne in Kauf, daß auch verderbliche Güter nach überlanger Lagerung in dumpfen Frachthöhlen das Gammeln anfingen, daß eilige Waren nicht ausgeliefert wurden und daß Touristen ihr Gepäck statt zu Ferienbeginn zu deren Ende zugestellt wurde.

Was hingegen hundertprozentig klappte, das war die Fahrradvernichtung. Durch rüde Behandlung, falsches Stapeln, weite Würfe wurden so viele als Reisegepäck aufgegebenen Fahrräder zerstört, daß bereits 1989 die auszuzahlende Entschädigungssumme höher war als die Beförderungsentgelte.

Welch heimlicher Triumph! Was hatte die Verwaltung nicht alles getan, um ihr Ziel zu erreichen: Zuerst die Planungsunterlagen nicht pünktlich fertiggestellt, dann die Gepäckwagen und Gabelstapler viel zu spät geordert, die Sortieranlagen nicht richtig zusammengebaut und endlich, das Wichtigste, sich beim Personalbedarf meilenweit verschätzt! So effizient kann die Bahn sein.

Irgendwie hatten die Personalplaner aber doch den richtigen Riecher. Denn es ist wohl Gottes Wille, daß das Güteraufkommen seit Einführung des neuen Systems rapide sank. Im Jahr 1990 bereits um 14 Prozent gegenüber dem Vorjahr, 1991 um weitere 18 und 1992 noch einmal um 29 Prozent. Die Erlöse im Zeitraum 1989 bis 1992 blieben um mehr als 200 Millionen Mark hinter den geplanten Erlösen von 1,5 Milliarden Mark zurück. Was braucht man da noch groß Personal?

Eigentlich dürfte es in der Bundesrepublik niemanden mehr geben, der noch ein Fahrrad mit der Bahn versenden möchte. Von daher könnte die Aktion eigentlich eingestellt werden. Aber wie das so ist: Beamte sind manchmal richtige Perfektionisten. Sie rechnen daher auch immer mit dem Schlimmsten. Etwa damit, daß doch noch ein versprengter Irrer, etwa aus Neufundland, ein Fahrrad an den Schalter schiebt und sein Gefährt von, möglicherweise, Hamburg nach Cuxhaven expediert sehen möchte. Deshalb ist es verständlich, daß auch heute noch die jährlich 200 Millionen Mark teure Fahrradvernichtungsaktion fortgesetzt wird. So lange, bis man sich überlegt hat, wie sich mit Hilfe neuer Reisegepäckbeförderungssysteme auch LKWs und PKWs, Flugzeuge und Schiffe vernichten lassen. Das walte Dürr!

Nordrhein-Westfalen

Verflixte Immobilie

Ein ungetrübtes Verhältnis zur Natur – das möchte das Ministerium für Umwelt, Raumordnung und Landwirtschaft den jungen Bürgern des Landes Nordrhein-Westfalen nahebringen. Dazu dienen ihm Jugendwaldheime, in denen Kinder für ein paar Tage untergebracht werden, und wo sie eine Art öko-gelenkte Freizeit erleben. Ein schönes Angebot, das auch entsprechend beliebt ist. Eine beachtliche Warteliste beweist das.

Weil diese Liste so lang ist, begab sich das Ministerium oder vielmehr die ihm zugehörige Landesforstverwaltung auf die Suche nach einem Standort für ein neues Jugendwaldheim. Und sie wurde fündig: in der Eifel. Dort kam die Verwaltung an ein Gebäude, das schon eine einigermaßen skandalträchtige Vergangenheit hinter sich hat: ein seit langem nicht mehr genutztes Landschulheim, das die dortige Stadtverwaltung einem Wohnungsbauunternehmen für 550000 Mark verkauft hatte. Und damit zu einem Preis, der bei der Bevölkerung dort für einiges Aufsehen und Stirnrunzeln sorgte; man hielt ihn schlicht für weit unter dem tatsächlichen Wert.

Wie recht die Kritiker hatten, erfuhren sie, als der Preis ruchbar wurde, den die Landesforstverwaltung nun zahlen sollte: 1,4 Millionen Mark. Ein Sachverständiger schätzte den Wert der Immobilie vor dem Weiterverkauf trotz des darauf stehenden recht heruntergekommenen Gebäudes auf immerhin noch 1,28 Millionen.

Da konnten sich die Forstbeamten glücklich schätzen, daß ihnen das Wohnungsbauunternehmen Gelände und Gebäude schließlich für gerade einmal eine Million Mark überlassen wollte.

Allerdings hing an dem großherzigen Entgegenkommen ein Pferdefuß, der wohl den Rechnungshof und möglicherweise die Gerichte und am Schluß das Parlament noch einige Zeit beschäftigen wird: Das Wohnungsbauunternehmen schien nur verkaufswillig zu sein, wenn die Forstbehörde den Bau vollständig renoviert, das heißt schlüsselfertig saniert übernehmen würde. Dafür seien noch einmal rund 1,5 Millionen Mark zu zahlen.

Es sieht so aus, als habe sich die Forstbehörde den günstigen Preis für die Immobilie dadurch erkauft, daß sie der Wohnbaugesellschaft die Übernahme bestimmter Planungs- und Bauleistungen garantierte. Dann hätte eine Hand die andere gewaschen. An sich keine ungeschickte Konstruktion, wurde doch nicht die Wohnbaugesellschaft später als Generalübernehmer aller Arbeiten bestimmt, sondern eine andere Firma. Wie weit diese mit der Verkäuferin in welcher Weise liiert war, entzog sich auch dem strengen Blick der Prüfer des Landesrechnungshofs. Zumindest nahm alles seinen korrekten Lauf, als die Überwachung der Bauarbeiten dann der staatlichen Baubehörde übertragen wurde und zu zahlende Gelder stets direkt an den durchführenden Generalübernehmer ausgezahlt wurden.

Das alles tangierte daher den Rechnungshof gar nicht. Dort stieß man auf eine andere Merkwürdigkeit: die Art der Mittelbeschaffung.

Es erging im September eine Bitte des Ministeriums für Umwelt, Raumordnung und Landwirtschaft an das Finanzministerium, bis zum Ende des Jahres doch schnell noch 2,5 Millionen Mark herauszurücken. Andernfalls gehe dem Land das günstige Schnäppchen durch die Lappen. Das Finanzministerium willigte ein und zahlte – auf zwei Notarkonten: eine Million Mark für den Kauf und 1,5 Millionen Mark für die erforderlichen Bauarbeiten.

Was dem Finanzministerium dabei verborgen blieb: Da der Kauf erst im Dezember 1990 rechtskräftig wurde, konnte auch nicht vorher mit dem Bauen begonnen werden.

Und hier liegt der Hase im Pfeffer: Die Landesforstbehörde hatte sich zweckgebundenes Geld besorgt, für das gar kein Zweck vorlag – wie hätte binnen eines Monats das marode Gebäude bis auf die Grundmauern renoviert werden können?

Was da geschehen ist, ist keine Lappalie. Denn: Hätte die Forstbehörde korrekt gehandelt (alles nach Sicht des Rechnungshofes), hätte das Finanzministerium im Jahr 1990 nur die eine Million für den Kauf der Immobilie locker gemacht.

Das restliche Geld hätte über den Haushaltsplan aufgebracht werden müssen – und bei dessen Beratung hätte sicher der eine oder andere Abgeordnete angefragt, was denn das Land Nordrhein-Westfalen mit einem weiteren Jugendwaldheim wolle, wo doch viel dringlichere Ausgaben anstünden!?

Wahrscheinlich wäre die Affäre ganz anders gelaufen: Die Wohnungsbaugesellschaft hätte sich von ihrer Immobilie unter diesen Voraussetzungen niemals getrennt. Sie hätte wohl ihre ursprüngliche Absicht wahrgemacht, in dem alten Gemäuer Asylbewerber einzuquartieren, der Bürgermeister hätte einen Haufen Zoff in der Stadt gehabt und die so schön eingefahrenen politischen Verhältnisse hätten sich geändert.

Wer war daran wohl nicht interessiert?

Baden-Württemberg

Kostenfreiflug nach oben

»Da kann man sagen, was man will – halten tut sich keiner dran«, mögen sich die Prüfer des baden-württembergischen Rechnungshofes gedacht haben, als sie zu ergründen versuchten, warum der Anbau einer Fachhochschule so sehr aus dem Kostenrahmen gelaufen ist. Eigentlich war den Leuten vom Bau vorgegeben worden, auf keinen Fall mehr als 55 Millionen Mark auszugeben. Exakt soviel Geld stand nämlich im Rahmen eines Sonderhaushaltstitels zur Verfügung.

Von den 55 Millionen Mark Gesamtbaukosten sollten 42 Millionen für die »reinen Baukosten« ausgegeben werden, also für die schieren Baumaßnahmen. Es gab auch weitere Vorgaben, die das Finanzministerium zunächst einmal als verbindlich vorgegeben hatte. Unter anderem diese, daß in die Substanz des Altbaus so wenig wie möglich eingegriffen und damit eine Störung des Unterrichtsbetriebs weitestgehend vermieden werden sollte.

1991 kam es dann zum Architektenwettbewerb, bei dem – oh Wunder – ein Entwurf eingereicht wurde, der mit 53,3 Millionen Mark sogar noch unter dem Deckel für die Gesamtbaukosten und mit 43,1 Millionen nur geringfügig über dem Deckel für die reinen Baukosten lag.

Was auch immer die Juroren gebissen hat – dieser Entwurf kam am Schluß nur auf Rang zwei. Zum Sieger kürte das sicher sehr sachkundige Gremium einen Entwurf, der um 2,5 Millionen Mark über den verlangten reinen und um 5,2 Millionen Mark über dem Deckel für die Gesamtbaukosten lag. Hinzu kam, daß dieser Entwurf ganz erhebliche Eingriffe in den Altbau vorsah, der Unterrichtsbetrieb also, wie sich später bestätigte, erheblich gestört würde.

Aus den Gesetzen der Baukostendynamik war abzuleiten, daß die von den Architekten angegebenen Kostenschätzungen weniger im Bereich der Realität, dafür mehr im Bereich der Träume liegen würden. Inzwischen, wir reden vom Haushaltsplan 1993/94, wurden für den Umbau der Fachhochschule 68 Millionen Mark bereitgestellt. Wie teuer die zugegebenermaßen prachtvolle architektonische Leistung bis zum Ende der Bauarbeiten noch kommen wird, wagt noch niemand so recht abzuschätzen.

Bund

Riesenstaatsmänner

Leere Kassen und trotzdem ein übersteigertes Repräsentationsbedürfnis? FDP-Chef und Außenminister Kinkel macht vor, wie sich Eigeninteressen zu Lasten der Staatskasse finanzieren lassen. Als im Herbst 1993 ein außenpolitischer Kongreß der FDP (ja, dieser kaum noch wahrnehmbare Verein) stattfand, da mußten aus aller Welt Kollegen des Proporzministers her, um der Veranstaltung ein wenig internationalen Rahmen zu geben. Statt aber die erschreckend leeren FDP-Kassen anzugreifen (die FDP verfolgt säumige Beitragszahler schon mal per Gerichtsvollzieher), lud Minister Kinkel die Kollegen zu kurzen »Arbeitsvisiten« ein – und dafür zahlt üblicherweise der Steuerzahler. Der kommt zugleich für den Aufwand auf, den die Botschafter der Bundesrepublik treiben mußten, um die meist widerstrebenden ausländischen Politiker dazu zu überreden, bei einer Werbeveranstaltung einer winzigen deutschen Partei aufzutreten.

Rheinland-Pfalz

Honorarkünstler

Ein besonders hohes Maß an Risikobereitschaft zeigte ein Architekt, der in Rheinland-Pfalz beauftragt wurde, eine Schule umzubauen: Er verzichtete zu Arbeitsbeginn vollständig auf Verträge und vertraute der Lauterkeit von Verwaltung und Politikern, die ihn doch nicht hängenlassen würden. Taten sie auch nicht: Kurz vor Abschluß der Arbeiten kam es dann zu Brief und Siegel und zu einem geregelten Verhältnis.

Nun muß Risikobereitschaft auch besonders honoriert werden; das wissen zumindest all jene, die einmal bei wackliger Bonität einen Kredit beantragt haben: Der kostet bekanntlich besonders hohe Zinsen.

Bei dem Architekten war das ähnlich. Zunächst einmal stiegen die ursprünglich ins Auge gefaßten Baukosten um 57 Prozent auf 22 Millionen Mark. Das lag größtenteils daran, daß der Architekt bei der Analyse der vorhandenen Bausubstanz nicht richtig hingeguckt hatte. Das Gemäuer war an vielen Stellen so marode, daß an eine preisgünstige Sanierung nicht zu denken war. Es mußte abgerissen und neu errichtet werden. Das Honorar des Architekten wuchs entsprechend mit in die Höhe.

Der Architekt profitierte auch davon, daß die Bauspezialisten in der beteiligten Kreisverwaltung fachlich sehr versiert waren und bestimmte Leistungen gerne selber übernahmen. Trotzdem schrieb der Architekt darüber Rechnungen im Wert von insgesamt 60000 Mark. Da es keine vertraglichen Vereinbarungen gab, wie die Leistungen der Beamten verrechnet werden sollten, wird die Verwaltung diese Summe wohl in den Mond schreiben müssen.

Andererseits hat die Verwaltung davon abgesehen, Leistungen, zu denen sie ohne weiteres befähigt gewesen wäre, auch kostenmindernd in die Waagschale zu werfen. Dazu gehörte zum Beispiel die Planung der Einrichtung, etwa des Mobiliars. Hier war keinerlei hochwertige innenarchitektonische Kunst gefragt; immerhin kann die Schulverwaltung auf eine Vielzahl attraktiver und genormter Systeme zurückgreifen. Die Lieferanten wären sicher gerne bereit gewesen, kostengünstige Nachhilfe zu erteilen, ging es doch um Aufträge von insgesamt 3 Millionen Mark.

Nein, die Beamten des Kreises überließen die Vorbereitung der Beschaffung lieber dem Architekten, zumindest über den Großteil des Auftragsvolumens – 2,5 Millionen Mark. Das Honorar dafür: 136000 Mark.

Schließlich langte der Architekt auch noch bei der Planung der Freianlagen (Pausenhöfe, Gärten etc.) kräftig hin: Als »Umbauzuschlag« verlangte und bekam er 10000 Mark. »Unberechtigt«, meint der Rechnungshof.

Schließlich war es der Kreisverwaltung bis 1991 nicht gelungen, die Schlußabrechnung des Architekten zu prüfen; das Gebäude war aber bereits fünf Jahre zuvor schon mit großem Pomp bezogen worden. Sollte es der Verwaltung jetzt noch gelingen, Honorarkürzungen durchzusetzen und zuviel gezahlte Gelder wieder herbeizuschaffen, hätte sie zumindest einen Zinsverlust.

Die Prüfung des Rechnungshofes gibt den Beamten einige Hinweise, wo sie den Forderungsstift anzusetzen hätten: 117000 Mark an Honorar für Leistungen, über die weder schriftliche Aufträge noch andere Nachweise vorliegen; 23000 Mark überhöhte Forderungen aus der Beschaffung von Einrichtungen; 23000 Mark doppelt gestellte Forderungen und das gesamte Honorar, das auf die Kosten für Installation, zentrale Betriebstechnik und betriebliche Einbauten in nicht spezifizierter Höhe entfallen ist. Diese dürfen nämlich laut Honorarordnung der Architekten nicht in voller Höhe zugrunde gelegt werden.

Und was sagt die Kreisverwaltung: Sie hat »zugesagt, die Endabrechnung zu kürzen«. Warten wir ab, was draus wird.

Rheinland-Pfalz

Subventionierte Räusche

Wenn eine Gemeinde eine Stadthalle baut, ein Schwimmbad oder eine Sportanlage, plant sie stets Möglichkeiten ein, die Gäste auch zu verpflegen. Es entstehen Restaurants, Imbißbuden und Cafeterien. In der Regel werden diese Etablissements vermietet, und in der Regel verdienen die Pächter dort auch gutes Geld.

Der Profit ist natürlich um so interessanter, je niedriger die Pachtsumme ist, und hier zeigen sich viele Kommunen von der spendablen Seite. Der Rechnungshof des Landes Rheinland-Pfalz hat herausgefunden, daß die Pachtentgelte (meist werden die Verträge mit Brauereien abgeschlossen, die dann unterverpachten) seit vielen Jahren stabil geblieben sind – in einem Fall bei 1,75 Mark pro Quadratmeter. Die Entgelte sind auch nicht, wie das die Brauereien dann später gerne mit ihren Unterpächtern abmachen, an die aktuellen Erträge gebunden.

Es tut sich also mit zunehmend gutem Besuch ein geradezu ungehemmter Gewinnbrunnen auf, an dem die Stadt nicht partizipiert. Vielmehr trägt sie meist das Risiko der Bausubstanz, der Einrichtung und des Mobiliars.

Berlin

Zeitgewinn

Der Tritt in den Allerwertesten, den der Berliner Rechnungshof bereits 1987 den Beamten der Bauabteilung an der Technischen Universität versetzt hatte, war nicht von schlechten Eltern. Der Tritt schmeckte nach unprofessioneller Bauaufsicht, mangelhafter Planung und nicht fachgerchter Ausführung von Arbeiten in der Dreifachsporthalle an der Waldschulallee.

Doch Beamtenhintern sind nun einmal extrem gefühlsinaktiv. Es tat sich lange Zeit gar nichts Erkennbares. Unverständlich, denn schließlich ging es um rund 900000 Mark Wiederherstellungskosten – also um fast eine Million Mark, die der Technischen Universität eigentlich an Geld aus der Garantiepflicht zustanden.

Bis Oktober 1989 herrschte Schweigen in der Waldschulallee. Erst da, die Schäden waren bereits im Sommer 1987 aufgetreten, reichte die Universitätsverwaltung Klage ein. Es dauerte dann bis Oktober 1992, bis ein Vergleich zustande kam: 450000 Mark Schadensersatz; kaum die Hälfte der Kosten für den Wiederaufbau der Dusch- und Umkleidekabinen. Was ist bloß los in einer Verwaltung, die monatelang über gravierende Bauschäden hinwegsieht und, nachdem sie endlich von den Realitäten Kenntnis genommen hat, weitere zwei Jahre braucht, um eine Schadensersatzklage einzureichen?

Bund

Rentenverwalter Ost: etwas teurer

Während darüber spekuliert wird, ob die Renten überhaupt noch sicher sind, ist eines ganz sicher: Daß die Angestellten der Rentenanstalten stets ein wenig mehr bekommen als andere im öffentlichen Dienst Beschäftigte. Das gilt für die Rentenverwalter Ost wie West gleichermaßen. Argument der Personalchefs: Wir brauchen die besten Leute, und die müssen wir uns gegenseitig abwerben.

Die Rentenverweser Ost hatten gegen diesen Bazillus auch nicht die rechten Abwehrkräfte und ließen sich genehmigen: statt der üblichen Anhebung der Gehälter Ost auf 60 Prozent der Gehälter West zum 1. Juli 1991 eine Höherstufung bereits am 1. Januar 1991 (bei der Kranken- und Unfallversicherung sowie bei der Landesversicherungsanstalt Brandenburg). Und bereits seit dem 1. Januar 1992 zahlen die Bundesknappschaft und die Landesversicherungsanstalten 75 Prozent der Westgehälter. Der übrige öffentliche Dienst kam laut Tarifvertrag hingegen erst am 1. Mai auf 70 und am 1. Dezember 1992 auf nur 74 Prozent.

Teure Höherstufungen: Die Bundesknappschaft kostete sie 80000 Mark im Monat, rund eine Million Mark im Jahr. Dafür muß eine alte Frau ganz schön lange stricken.

Bund

Rohrkrepierer

Die von der Bundeswehr lassen es ganz gerne einmal krachen – und an neuem Gerät sind sie grundsätzlich sehr interessiert. So auch an dem Beutestück BMP-1, einem Schützenpanzer, den sie von der ehemaligen Nationalen Volksarmee geerbt hatten. 763 Stück davon standen auf den Kasernenhöfen und verrieten niemandem, wie schrottreif sie tatsächlich waren.

Es ist so eine zweischneidige Sache mit den Beutewaffen: Mit den eigenen Typen sind sie selten kompatibel; niemand kann zudem garantieren, ob sie auch wirklich funktionieren; und die, die das Gerät bis dahin bedient hatten, haben sich in alle Winde zerstreut.

Trotzdem wollte das Verteidigungsministerium gerne mit den Schützenpanzern ein wenig in Wald und Heide herumballern, und sei es auch nur, um den Rekruten Abwechslung vom Kartoffelschälen zu verschaffen.

Daher entschied der Minister bereits im Januar 1991, zunächst einmal 100 Fahrzeuge für 30 Millionen Mark so umrüsten zu lassen, daß sie westlichen Sicherheitsbedürfnissen entsprachen. Womit beileibe nicht eine Feuerkraft gemeint war, die jedes anstürmende Hunnenheer hätte aufhalten können. Nein, die gepanzerten Badewannen mußten erst einmal ihrer Lebensgefährlichkeit für die Mannschaft entschärft werden. Und das nachdrücklich, denn bis die Ex-Volksarmisten mit dem hochmodernen Marder 2 herumkariolen dürfen – das dauert noch bis 1996.

Im März 1991, als sich die Wehrtechniker von ihren Lachanfällen leidlich erholt hatten, stand fest, daß BMP-1 nicht einmal die mitgeerbte Übungsmunition verschießen konnte. Die war nämlich so unsicher, daß die vorhandenen 80000 Schuß erst noch technisch umgebaut werden mußten. Wenn schon, denn schon, wurden auch noch drei Millionen Schuß Maschinengewehrmunition nachgedrechselt, damit der Bordschütze nicht mehr vor jedem Einsatz vor Angst in die Hosen machen mußte. Kosten: Zusätzliche 12,8 Millionen Mark.

Als das alles in die Wege geleitet war, am 15. April 1991, kam der Truppen-TÜV und hätte die Kiste fast gänzlich aus dem Verkehr gezogen, ließ sich dann aber doch auf eine beschränkte Nutzungstauglichkeit ein. Wer die kennt, wird nicht erwarten, daß die Ostpanzergrenadiere sich jemals von dem damals erlittenen Minderwertigkeitstrauma werden erholen können.

- Der BMP-1 durfte auf öffentlichen Straßen überhaupt nicht fahren. Im Gelände wurde er bei rasanten 40 km/h abgeregelt – ein Go-Kart, selbst ein gepanzertes in schwerem Gelände, schafft mehr.
- Die Kameraden hatten sich auf Kampf aus nächster Distanz einzustellen. Denn statt ihre Gegner aus 2000 Meter Entfernung knacken zu können, mußte die dann bestimmt arg verunsicherte Crew einen feindlichen Tank auf 600 Meter am Tag und auf 400 Meter bei Nacht heranrasseln lassen, bis sie einen Schuß abgeben durfte. Dann erst war das Scheunentor für die Richtoptik groß genug. Das Panzerabwehr-Lenkflugkörper-System, das Schüsse aus größerer Distanz hätte ermöglichen sollen, war unbrauchbar.
- Geschossen werden durfte nur im Verteidigungsfall. Was zwar bei der strategischen Ausrichtung der Bundeswehr schon Sinn gemacht hätte. Aber der Begriff »Verteidigungsfall« steht hier für »äußerster Notfall«, also für den Fall, daß nichts anderes mehr geht – zum Beispiel weglaufen. Der Grund: Die Gefechtsmunition war selbst den harten Kanonieren immer noch zu gefährlich.
- Zwar gab es Schießluken, aber die eigneten sich nicht, um daraus zu schießen. Was die Schützen in den Blechkisten den lieben langen Gefechtstag lang tun sollten außer Skatspielen, bleibt dahingestellt. Denn:
- Der »aufgesessene Kampf« war absolut nicht möglich.

So weit der Beitrag zum Thema »hochgerüstetes Ostbündnis«.

Obwohl das Bundesamt für Wehrtechnik und Beschaffung spätestens im Mai 1991 von den gravierenden Problemen Kenntnis hatte, änderte sich nichts an der Entscheidung, zunächst 100 BMP-1 Natotauglich zu mustern. Keine Zweifel regten sich auch in den Bonner Gehirnen, ob es überhaupt Sinn machte, den gesamten Schrotthaufen noch einmal hochzupäppeln. Daher war es auch sehr logisch, daß das Bundesamt bereits im Oktober 1991 einen Vertrag über die Umrüstung weiterer 500 BMPs abschloß. Ein Heeresinstandsetzungskommando wollte sich über die restlichen 160 BMPs hermachen.

Ungestört werkeln durften die Umrüster bis Juli 1992. Damals wurde die Zahl der benötigten BMPs auf 670 reduziert. Als erstes mußten die Männer im Heeresinstandsetzungswerk die Schraubenschlüssel aus der Hand legen. Ob sie das gerne taten, läßt sich jetzt nicht mehr feststellen; wahrscheinlich aber nicht. Denn die Umrüstung war so recht eine Herausforderung für Typen, die vor nichts Angst und vor allem viel Zeit hatten.

Im Januar 1993 dann der große Befreiungsschlag: Weil das Geld knapp wurde und Theo Waigel auch vom Verteidigungsminister ein wenig Anpassung an die neuen Zeitläufte abforderte, ging das BMP-Projekt plötzlich in Luft auf. Mit ihm 30 Millionen von ursprünglich geplanten 50 Millionen Mark Umrüstkosten – die waren unwiederbringlich ausgegeben worden.

Da bietet sich eine makabre Rechnung an: Wieviel (finanziellen) Schaden in der damals noch kleineren Bundesrepublik hätten die BMPs im Falle einer Ost-West-Auseinandersetzung eigentlich anrichten können? Sicher nicht einen Bruchteil von dem, der nach der Wende dann aufgetreten ist.

Rheinland-Pfalz

Chaotische Geldvernichtung

Was in einer kleinen pfälzischen Gemeinde beim Bau des dortigen Klärwerks wirklich passiert ist, das konnte bislang noch niemand endgültig aufklären. Der Rechnungshof des Landes Rheinland-Pfalz konnte in seinem 1993 vorgelegten Bericht nur die Fakten feststellen. Wie es zu der Geldvernichtung im einzelnen gekommen ist und vor allem, welche politischen Seilschaften da möglicherweise Nutzen gezogen haben – das konnte (und wollte) der Rechnungshof nicht aufklären.

Die sechs Sätze, mit denen der Rechnungshof einen unglaublichen Skandal beschreibt, lauten kühl und distanziert:

»Beim Bau von Kanalleitungen und eines Klärwerks wiesen Ausschreibung, Vergabe und Abrechnung gravierende Mängel auf. Die tatsächlichen Leistungen wichen erheblich von dem ausgeschriebenen Leistungsumfang ab. Angebote wurden fehlerhaft bewertet, der preisgünstigste Bieter erhielt häufig nicht den Auftrag. Ausgaben von mindestens 700000 Mark hätten vermieden werden können. Außerdem sind in den Abrechnungen – vorsichtig geschätzt – 650000 Mark strittig. Vielfach wurden unberechtigte Forderungen anerkannt und geltend gemachte Leistungen nicht ordnungsgemäß nachgewiesen.«

Hinzu kommt, daß Vertragsstrafen in Höhe von 878000 Mark, die eigentlich wegen unpünktlicher Fertigstellung fällig gewesen wären, noch offen sind.

Ja, waren denn die vom Abwasserzweckverband von allen guten Geistern verlassen? Oder hatten sie nur einen Geist zuviel, einen bösen Geist sozusagen, den der Rechnungshof mit »ein Ingenieurbüro« anonymisiert?

Denn dieses private Büro war mit der Erstellung der Ausschreibungsunterlagen, der Wertung der Angebote und der Bauleitung beauftragt. Und dort passierte Merkwürdiges.

Zum Beispiel bei der Ausschreibung für die Erdarbeiten für die Bauwerksgründung. Diese war so eigenwillig abgefaßt, daß sie von den Anbietern streckenweise überhaupt nicht verstanden wurde. Dadurch kamen, erkennbar, Irrtümer zustande, die zu erheblichen Preisunterschieden führten.

Eigentlich sehen die Verordnungen vor, daß in solchen Fällen die Irrtümer aufgeklärt werden und der Anbieter eine neue Chance erhält, sich am Rennen zu beteiligen. Das geschah nicht.

Die Mitarbeiter des Ingenieurbüros heilten die Mängel auf ihre eigene Weise: Ist ein Anbieter zum Beispiel von einem zu kleinen Auftragsvolumen ausgegangen, hat er also zu niedrige Preise kalkuliert, rechneten die Ingenieure die fehlende Summe von sich aus einfach drauf. So weit, so fragwürdig.

Völlig grotesk wurde der Vorgang jedoch, als diese Korrekturen nicht überall durchgeführt wurden, so daß der, dessen Irrtum »übersehen« wurde, natürlich als der günstigere Bieter erschien und der Auftragsvergabe sehr nahe kam.

Selbst die den Ausschreibungen zugrunde liegenden Planungen waren offensichtlich falsch. So stellte der Rechnungshof fest, daß 88 der insgesamt 196 Positionen der Ausschreibungen später dann doch nicht ausgeführt wurden. Aus den ursprünglich veranschlagten 2334000 Mark Ausschreibungsvolumen wurden am Schluß 1126320 Mark. Das sieht zunächst einmal gut aus. Wäre es aber nicht besser gewesen, gleich mit einer exakten Schätzung für unmißverständliche Unterlagen gesorgt zu haben?

Die Kostensenkung ist auch nur die eine Seite der Medaille: denn als Ausgleich für den Wegfall überflüssiger Positionen mußten Mengenangaben in 58 Positionen nach oben korrigiert werden. Dadurch vergrößerte sich das Volumen wieder um 794000 Mark.

Jetzt zählte der Rechnungshof die Fehler bei den Schätzungen zusammen und kam zu der Folgerung, daß sich die Ingenieure allein bei der Ausschreibung um 82 Prozent (48 Prozent nach oben, 34 nach unten) verschätzt hatten. Im bundesweiten Durchschnitt liegen derartige Fehlschätzungen jedoch bei zehn Prozent – besonders qualifiziert hat das Ingenieurbüro also nicht gearbeitet.

Folge dieses Chaos: Es erhielten schon einmal Anbieter einen Auftrag, die bei korrekter Wertung erst an dritter Stelle gelegen hätten. In einem Fall ergatterte ein Bauunternehmer einen Auftrag, der 111000 Mark teurer als der zweitbilligste und gar um 235000 Mark teurer als der billigste gewesen wäre – hätte das Büro korrekt gerechnet.

In einem anderen Fall betrug die Differenz zum günstigsten Bieter gar 328000 Mark.

Das Chaos hatte Methode. Im Leistungsverzeichnis für die Verlegung eines Kanals wurden 610 Kubikmeter Beton angegeben. Gebraucht wurden dann aber nur 5,5 Kubikmeter. Aus dieser fulminanten Fehlberechnung erwuchs ein Schaden in Höhe von 127000 Mark zu Lasten der Bürger, die im Einzugsbereich des Klärwerks leben.

Auch terminliche Schlampereien führten zu vermeidbaren Mehrausgaben. Da wurde es zum Beispiel nötig, Rohre unter einem Bahndamm durchzuführen. Die schwierigen Rohrvortriebsarbeiten sollten – günstigstes Angebot – 244000 Mark kosten. Die Verwaltung ließ die gesetzlich vorgeschriebene Zuschlagsfrist um satte fünf Tage verstreichen. Das hatte zwei sehr unliebsame Folgen: Der Anbieter wäre, hätten die Arbeiten begonnen, nicht mehr an sein Angebot gebunden gewesen und hätte am Schluß Mondpreise abrechnen können.

Daher mußte neu ausgeschrieben werden, mit der Folge, daß das niedrigste Angebot jetzt bei 283000 Mark lag.

Als es dann daranging, die Angebote zu werten, hat sich das Ingenieurbüro erneut vertan. Da gab es ein Angebot, das offenbar so frisiert wurde, daß es den Politikern, die den Auftrag dann erteilen sollten, als das günstigste erscheinen mußte. Das war laut Rechnungshof ganz einfach: »In die Wertung waren ... Positionen einbezogen, von denen feststand, daß sie nicht zur Ausführung kommen würden.« Es handelte sich um eine jener Positionen, die, wie zuvor bereits beschrieben, zuviel in das Leistungsverzeichnis der Ausschreibung eingesetzt worden waren.

Jetzt, in der Wertung, ergab sich für das Bündel der angebotenen Arbeiten natürlich ein phantastischer Preis – 131000 Mark unter dem des nächstgünstigen Unternehmers. Der auf billig getrimmte Jakob erhielt natürlich den Auftrag. Der Rechnungshof: »Bei sachgerechter Ausschreibung und Wertung hätte seine Angebotssumme um 63000 Mark über der des Mitbieters liegen müssen.«

Schließlich kamen Schlampereien vor, die den Auftraggeber, den Abwasserzweckverband, möglicherweise noch teuer zu stehen kommen. So war es kein Einzelfall, daß auf den Bauverträgen das Datum und das Dienstsiegel fehlten. Passiert jetzt etwas mit der Kläranlage, was auf fehlerhafte Bauarbeiten zurückführen ist, läßt sich nicht mehr genau feststellen, wann die Garantie abläuft.

In anderen Verträgen war ein Preisspielraum von bis zu 30 Prozent über der vereinbarten Summe vorgesehen. Laut Vergabeordnung des Landes sind jedoch nur zehn Prozent erlaubt.

Später wurde bei den Zahlungen eine sehr obskure Praxis die Regel, welche die Beteiligten in ein ganz eigenartiges Licht rückt: Statt, wie in der Ausschreibung angegeben, Abschlagszahlungen nur zu 90 Prozent des Wertes der erbrachten Arbeiten herauszugeben, wurden später 100 Prozent ausgezahlt. Der Rechnungshof dazu: »Die Bieter mußten ... von einer laufenden Vorfinanzierung in Höhe von zehn Prozent der erbrachten Leistung ausgehen. Durch die Vertragsveränderungen entstanden den Auftragnehmern unberechtigt finanzielle Vorteile ... In einem Fall hätten 43000 Mark an Zinsen eingespart werden können.«

Für einen Staatsanwalt würde sich jetzt die Frage stellen, ob der, der den Zuschlag bekommen hat, von den späteren Änderungen in den Konditionen gewußt hat. Dann hätte er diese von vornherein in die Kalkulation einbeziehen können.

Zu guter Letzt sei noch erwähnt, daß in den Verträgen oft genug Garantieklauseln fehlten. Wenn jetzt etwas kaputtgeht in der Kläranlage – dann stinkt's nicht nur aus den Becken.

Nachwort

Das Fronjahr ist vorbei, lieber Leser. Jetzt dürfen Sie wieder rund ein halbes Jahr in den eigenen Geldbeutel wirtschaften. Und: Die Wahlschlachten sind geschlagen. Jetzt beginnen die alten Hasen unter den Abgeordneten, ihre neuen Kollegen in die Kunst des parlamentarischen Wegguckens einzuweisen – oder vielleicht doch nicht? Sollten die Politiker vielleicht bemerkt haben, daß der Unmut an ihrem Gebaren tatsächlich wächst? Und mehr bewirkt, als die Popularisierung des Schlagwortes »Politikverdrossenheit«? Daß sie vielleicht doch lieber der Exekutive auf die Finger schauen sollten, statt sie zu dekken oder in Scheinopposition auszubrechen? Wir wollen das Beste hoffen.

Hans G. Möntmann

Raubritter in Glaspalästen

Obskure Praktiken in der Kreditwirtschaft

Band 12631

Wachsamkeit ist geboten! Hinter spiegelnden Hochhausfassaden lauern oft moderne Wegelagerer. Ihre Strategie ist die des Mittelalters: Sie ködern arglose Mitmenschen, indem sie Hilfe und Schutz versprechen; sie kassieren für Rat und Tat saftige Maut, die heute Gebühren heißt; sie nehmen Bürger als Geiseln, die sie bei Bedarf liquidieren; sie wohnen in prächtigen Burgen voll dienstbaren Gesindes. Doch die heutigen Raubritter erkennt man nicht sofort an glänzenden Rüstungen – dieses Buch zeigt, was die Kreditwirtschaft anrichten kann, beschreibt ihre Fallen und nennt die Verbündeten.

»Der deutsche Wirtschaftsjournalist Möntmann hat eine ganze Reihe drastischer Beispiele zusammengetragen.«
Der Standard

Fischer Taschenbuch Verlag

fi 105 / 5

Wirtschaft

Herausgegeben von Bert Rürup

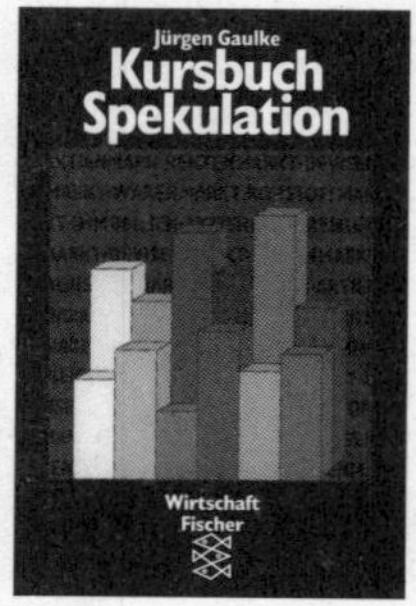

Rolf Behrens/
Reiner Merkel
Fusionsfieber
Das Milliardengeschäft Mergers & Acquisitions
Band 11119

Jürgen Borchert
Renten vor dem Absturz
Ist der Sozialstaat am Ende?
Band 11624

E. Brandt/
M. Haack/
Bernd Törkel
Verkehrskollaps
Diagnose und Therapie
Band 11349

Günter Buttler
Der gefährdete Wohlstand
Deutschlands Wirtschaft braucht Einwanderer
Band 10297

Christian Fälschle
Kursbuch Finanzen
Zum Umgang mit Geld und Vermögen
Band 12360

Heinrich Franke/
Friedrich Buttler
Arbeitswelt 2000
Strukturwandel in Wirtschaft und Beruf
Band 10296

Jeffrey E. Garten
Der kalte Frieden
Amerika, Japan und Deutschland im Wettstreit um die Hegemonie
Band 12600
(in Vorbereitung)

Jürgen Gaulke
Kursbuch Altersvorsorge
Band 12361
Kursbuch Baufinanzierung
Band 11800
Kursbuch Versicherung
Risikovorsorge auf dem Prüfstand
Band 11353
Kursbuch Spekulation
Band 11682

Fischer Taschenbuch Verlag

fi 1362 / 5 a

Wirtschaft

Herausgegeben von Bert Rürup

Udo Perina
Kursbuch Geld 1
Anlagemöglichkeiten: Chancen und Risiken
Band 10130
Kursbuch Geld 2
Schulden: Nutzen und Gefahren
Band 10847

Gerhard Preyer/Jakob Schissler
Neue Führungsstrategien
Strukturwandel im Management
Band 11618
(in Vorbereitung)

Richard Reichel
Markt oder Moral?
Entwicklungspolitk auf die ökonomischen Füße gestellt
Band 11957

Joachim Riecker
Ware Lust
Wirtschaftsfaktor Prostitution
Band 12171

Bert Rürup
Fischer Wirtschaftslexikon
Band 10628

Lothar Schemmel
Kursbuch Steuern
Band 11576

Renate Schubert
Ökonomische Diskriminierung von Frauen
Band 10279

Hans See
Kapital – Verbrechen
Die Verwirtschaftung der Moral
Band 10865

Ulrich Steger
Future Management
Europäische Unternehmen im globalen Wettbewerb
Band 10280

Jochen Struwe
EG 92 – Europa der Unternehmer?
Die sozialpolitischen Perspektiven des Binnenmarktes
Band 10414
Kursbuch Betriebswirtschaftslehre
Band 11131

Stefan Wichmann
Wirtschaftsmacht Rauschgift
Band 10978

Fischer Taschenbuch Verlag

fi 1362 / 2 c